대항지구화와 '아시아' 여성주의

트리컨티넨탈 총서를 발간하며

　서구의 근대 자본주의의 역사는 자기모순으로서의 식민주의의 역사를 갖는다. 따라서 (포스트)식민적인 트리컨티넨탈 세계는 서구에서 기원하는 근대성의 대상화된 타자임과 동시에 그것의 굴절된 거울이다.

　공식적인 식민주의가 사라진 오늘날, 그러나 자본 권력의 전지구적 지배가 세계 도처에 있는 트리컨티넨탈 민중들의 삶을 강등시키고 있고 식민 지배의 여전한 사후적 효과로 이들의 정신적, 문화적 종속 상태가 끈질기게 지속되고 있는 오늘날, 저 근대적/식민적인 현실의 권력관계 혹은 인식체계의 은밀하거나 공공연한 작동을 트리컨티넨탈 세계의 시선으로 비판하고 거기에 대항하는 것은 우리 모두의 과제가 된다. 그러므로 하나의 이론적 개념으로서의 '트리컨티넨탈'은 단순히 특정한 지리적 공간을 가리키고 구획하려는 이름이 아니다. 그것은 우리 모두의 삶과 정신을 지배하는 조건들과 가치들을 아래로부터 그리고 왼쪽으로부터 변화시키려는, 그렇게 함으로써 정치적으로나 경제적으로나 문화적으로 세계의 질서를 전위시키려는, 세계를 구성하는 인종과 민족과 지역과 젠더와 계급 등의 요소들을 재배치하려는 대항적 인식들에 관한 일반적 이름이다.

　트리컨티넨탈 총서는 이 일반적 이름으로 명명될 수 있는 작업들을 드러내고자 하는 기획이다.

기획위원들을 대신하여
김택현

[TRICONTINENTAL] 01

COUNTER-GLOBALIZATION AND 'ASIAN' FEMINISM

대항지구화와 '아시아' 여성주의

태혜숙 지음

울력

ⓒ 태혜숙 2008

대항지구화와 '아시아' 여성주의 트리컨티넨탈 총서 01

지은이 | 태혜숙
펴낸이 | 강동호
총서 엮은곳 | 트리컨티넨탈 총서 기획위원회
펴낸곳 | 도서출판 울력
1판 1쇄 | 2008년 4월 25일
등록번호 | 제 10-1949호 (2000. 4. 10)
주소 | 152-894 서울시 구로구 오류1동 11-30
전화 | (02) 2614-4054
FAX | (02) 2614-4055
E-mail | ulyuck@hanafos.com
값 | 15,000원

ISBN | 978-89-89485-62-9 93800

· 잘못된 책은 바꾸어 드립니다.
· 지은이와 협의하여 인지는 생략합니다.

책머리에

가난하고 비참한 자들이 더욱 많아지는 21세기의 첫 십 년인 것 같다. 그 막막한 어둠과 절망은 끝날 줄 모르는 고통과 무기력을 낳으면서도 또 한편에서는 새로운 운동과 이론을 움트게 하는지 그 싹 틔우는 소리가 들리는 듯하다. 이 책을 출간하게 된 것은 그 소리가 환청이 아니라는 것을 외치고 싶은 마음에서였던 것 같다. 그래서 그 마음을 부여잡고서 『한국의 탈식민 페미니즘과 지식생산』(2004년 12월)이 간행된 이후 여러 곳에 실렸던 글들과 새로 쓴 9장 「다문화주의, 민주주의, 한국의 이주여성」을 묶어 한 권의 책으로 선보인다.

이 책을 하나의 기획으로 꾸려내게 한 문제의식은 '대항지구화,' '아시아 여성주의,' '젠더화된 하위주체'라는 개념들에서 드러난다. 우선 제목이 암시하듯 이 책은 대항지구화라는 실천적 의제와 '아시아' 여성주의라는 이론적 방법론적 틀의 접목 과정을 다룬다. 그 과정은 다음 네 가지 논점에 따라 세부적으로 밝혀진다. 제1부 "대항지구화와 여성주의"에서는 2000년 이후 우리의 주된 화두인 지구화 흐름에 대응하는 데 필요한 여성주의의 입장을 여성주의 주체생산 문제(1장), 혼성적 대항능력(2장), 초국가적 지식능력(3장)을 중심으로 점검하는 글들로 되어 있다. 제2부 "생태여성주의의 문제설정"은 대항지구화와 관련해 여성주의에서 중요한 요소로 대두된 '생태적 인식'을 '사회적인 것 안의 자연적인 것'(4장), 일상노동 및 자연과 결부된 '영성'(5장), 미국 남부 하위주체의 자급/생존능력(6장)이라는 테제를 통해 살펴보는 글들로 되어 있다.

제3부 "한국 민주주의와 여성주의"에서는 자본주의를 민주주의로 재코드화하는 지구화 현실에서, 한국 진보 남성들이 주장하는 생태문화 민주주의(7장)에, 지구적 민주주의(8장)에, 또 한국 부르주아 권력 엘리트의 관 주도형 다문화주의(9장)에 여성주의 입장에서 개입하여 본다. 마지막으로 제4부 "'아시아' 여성주의와 문학/문화연구"에서는 지구-지역이라는 시대인식에 따라 중요하게 대두된 '아시아'라는 권역region에서의 아시아 여성주의와 문학/문화연구의 관계 재설정 작업을 지역성의 정의(10장), 아시아 디아스포라 여성의 위치(11장), 문학/문화연구의 방향(12장)을 모색하는 가운데 살펴본다. 에필로그에서는 이 책의 전체 구상에 핵심적인 요소들을 좀더 넓고 깊은 시각에서 일목요연하게 제시함으로써 새로운 이론과 운동이라는 장을 열어보고자 하였다. 다른 세상을 꿈꾸는 독자들과 동료 학자들과 소통하는 장을 통해 지금과는 다른 방식으로 '지식'을 구성하고 '활동'을 하기 위한 디딤돌을 놓아보자는 마음을 담아본 것이다. 이 책의 전체 주장을 먼저 간명하게 파악하고 싶은 독자들은 에필로그부터 읽기를 권유한다.

이 책의 핵심 화두는 '대항지구화'이다. 좀더 널리 쓰이고 있는 반세계화, 대안적 세계화라는 용어 대신에 '대항지구화'라는 용어를 쓰는 이유는 먼저 반세계화의 '안티'는 그 대당인 세계화 구조와 공모하거나 현 세계화의 역전된 합법화를 본의 아니게 꾀하는 결과를 초래하기 쉽기 때문이다. 다시 말해 반세계화가 세계화를 주류이자 규범으로 설정한다는 점에서 '안티'는 이론적 한계를 갖는다. 그래서 비판적critical, 대립적oppositional 입장을 포괄하면서 동시에 규범/주류 자체를 비틀어내는/내파하는 운동성을 지닌 좀더 적극적인 대항적counter이라는 용어를 택한 것이다. 대항의 입장은 제국주의와 자본주의 지배구조 안에서 그 구조에 균열을 내고 내부를 파열시키는 계기를 찾아 거기서 대안을 만들어 가자는 입장이다. '대안적 세계화'라는 용어는 대항적 입장이 함축하는 좀더 생동하는 운동성에서 떨어진다고 생각된다. 또한 세계화 대신 지구화라는 용어를 쓰는 것은 지구화를 통제하여 지구globe를 고쳐 쓸 수 있는 것으로서 행성planet의 지평을, 행성의 사유를 환기하기 위함이다.

　'아시아' 여성주의라는 방법론에서 부상되는 '아시아'는 하나의 문제틀로서 제시될 뿐만 아니라 하나의 문제가 된다는 의미에서 따옴표가 쳐진다. 대항지구화의 실천/운동을 구성하는 하나의 핵심 세력으로서 '아시아'라는 맥락에서는 아시아가 하나의 의미 있는 문제틀로 작동할 수 있다. 탈식민의 사유와 인식이 반영된 '제3세계'라는 문제틀을 구성하던 아시아, 아프리카, 중동, 라틴 아메리카가 이제 각기 하나의 대륙으로서, 하나의 권역으로서 그 내부의 다양성과 이질성에 천착하는 데로 시선을 돌릴 때는 그렇다. 그런데 그 선회에서 특히 아시아에 집중되는 관심은 '제3세계'가 지녔던 제국주의적 자본주의에 대한 비판적 태도를 실종한 채, 전지구적 자본주의 가부장제 경제발전에 편승하는 아시아를 간과하는 측면을 갖는다. 따라서 아시아인들 안에 있는 아시아주의에 내재하는 엘리트 남성 위주의 욕망은 지속적인 비판적 성찰을 요하는 '문제'가 된다. 아시아에 쳐진 따옴표가 환기하는 비판적인 문제의식은, 전지구적 자본주의 가부장제 경제발전에 동참하지 않고 다른 사회구성을 실험하였던 지역들의 다양한 모색들을 밝혀낼 것을 촉구한다. 이 과제를 담당하는 데서 젠더인식은 필수적인 요소라고 보아 '아시아' 여성주의라는 용어를 쓴다.

'아시아' 여성주의라는 이론적, 방법론적 틀을 구성하는 핵심은 저자가 십여 년간 씨름해 온 '하위주체subaltern' 개념이다. 이 개념은 '다중' 혹은 '민중'과 달리 이질성과 복수성을 저항의 동력으로 작동시키는 개념이다. 이 개념에 젠더화 과정을 개입시킨 '젠더화된 하위주체'의 중요성은 부자와 빈자가 심지어 10:90으로 재편되고 있는 사회에서, 몸을 혹사하더라도 경쟁에서 이기면 10%에 들어갈 수 있다는 헛된 꿈을 유통하는 사회에서, 그 꿈에 시달리는 90%의 편에서 상상하되 그 '다중'을 또한 젠더화하는 대안 개념의 가능성을 갖는다는 데 있다. 다시 말해 '젠더화된 하위주체'에는 무수한 다중의 다양한 얼굴, 이름, 섹슈얼리티, 몸, 사유, 행위, 생존/지식/자급능력을 감지하고 언어화하고자 그 관점과 위치에 감정이입함으로써 거기서 대항지구화를 위한 새로운 지식과 문화, 사유의 원천에 다가가 보려는 시좌standpoint가 새겨져 있다. 90%의 입장이 함축하는 공통의 고통에 대한 공감능력으로써, 타인의 고통을 방치하지 않는 고통의 연대감으로써 다시 상상해 내는 지구화에서 '젠더'는 특수한 경우에만 적용되는 것이 아닌, 하나의 일반적 범주로서 작동된다. 이처럼 상당히 거창한 문제의식을 조밀하게 다루어낼 연구방법의 정밀화 작업과 다양한 대항영역들의 구체적인 분석 사례들은 추후의 과제로 남아 있다.

이 책이 나오기까지 그동안 많이 싸우면서도 우정과 연대의 끈을 놓지 않고 정신적, 이론적, 정서적 자원과 힘을 실어주고 보태준 여성문화이론연구소의 여러 동료 선생님들에게, 비정규직 노동자의 고단함에 기죽지 않고 생동하는 기운을 아까운 줄도 모르고 듬뿍 부어준 연구소의 젊은 친구들에게 고마움을 전한다. 또한 이 책의 구상을 실현하는 데 견인차 역할을 할 〈트리컨티넨탈 총서 기획팀〉과, 좀더 나은 책을 만들기 위해 여러 번잡한 일들을 기꺼이 도맡아준 울력의 여러분들에게 감사한다. 가슴속 깊은 고마운 마음은 이 책을 살아남게 할 생명력으로써만 갚아질 수 있을 것 같다.

봄의 소리에 귀 기울이며
2008년 4월 태혜숙

이 책에 실린 글들의 출처는 다음과 같다.

1. 대항지구화와 여성주의 주체생산 모델(『여/성이론』 17호, 2007)
2. 젠더화된 서발턴 여성의 혼성성과 대항능력(「젠더화된 서발턴의 혼성성과 대항지구화의 정치」, 『트랜스토리아』 6호, 2006)
3. 여성주의 문화정치학과 초국가적 지식능력(2005년 인하대 출판부 간행 『현대문화론의 이해』 중 「스피박의 문화론: 탈식민 페미니즘의 문화정치학」)
4. '사회적인 것 안의 자연적인 것': 여성주의 노동이론(『여/성이론』 15호, 2006)
5. '영성'의 생태 여성주의적 재설정: 영성-자연-노동이라는 연속체(「'영성,' 에코페미니즘, 「사냥」」, 『영미문학 페미니즘』, 2006년 봄호)
6. 미국 남부 서발턴의 자급적 노동/생존능력과 생태여성주의: 『콜드 마운틴』(「『콜드 마운틴』에 나타난 '자급적 서발턴 여성의 관점'」, 『영미문학 페미니즘』, 2007년 봄호)
7. 생태문화민주주의의 여성주의적 재구성을 위하여(『문화/과학』 2007년 봄호)
8. '운동'으로서의 민주주의와 그 주체구성의 문제(『황해문화』 2007년 여름호)
9. 다문화주의, 민주주의, 한국의 이주여성(이 책을 위해 새로 씀)
10. 아시아 토착 여성문학의 지역성(『오늘의 문예비평』, 2007년 여름호)
11. 아시아 디아스포라, 민족국가, 젠더: 『딕테』("Diaspora, Gender, and Nation: The Case of Theresa Hak Kyung Cha's *Dictée*," *Asian Journal of Women's Studies* [2005년 봄호, 국역])

12. 〈아시아 여성주의 문화연구〉를 구축하기(2007년 6월 영미문학페미니즘 학회 제4차 국제학술대회 발표문 중 일부 국역)

앞의 글들을 수정·보완해 게재하도록 허가한 『여/성이론』, 『트랜스토리아』, 인하대출판부, 『영미문학 페미니즘』, 『문화/과학』, 『황해문화』, 『오늘의 문예비평』, AJWS에 감사드린다.

[TRI CONTINENTAL] 01 **Counter-globalization and 'Asian' Feminism**

차 례

책머리에_5

제1부 대항지구화와 여성주의

1. 대항지구화와 여성주의 주체생산 모델: 몸-섹슈얼리티-노동-자본-자연 _17
2. 젠더화된 서발턴 여성의 혼성성과 대항능력 _39
3. 여성주의 문화정치학과 초국가적 지식능력 _59

제2부 생태여성주의의 문제설정

4. '사회적인 것 안의 자연적인 것' : 여성주의 노동이론 _87
5. '영성'의 생태여성주의적 재설정: 영성-자연-노동이라는 연속체 _111
6. 미국 남부 서발턴의 자급적 노동/생존능력과 생태여성주의: 『콜드 마운틴』_135

제3부 한국 민주주의와 여성주의

7. 생태문화민주주의의 페미니즘적 재구성을 위하여 _163
8. '운동'으로서의 민주주의와 그 주체들의 구성 문제: 지구촌 민주주의론에 대한 여성주의적 개입 _177
9. 다문화주의, 민주주의, 한국의 이주여성 _203

대항지구화와 '아시아' 여성주의

제4부 '아시아' 여성주의와 문학/문화연구

10. 아시아 토착 여성문학의 지역성 _235
11. 아시아 디아스포라, 민족국가, 젠더: 『딕테』 _253
12. 〈아시아 여성주의 문화연구〉를 구축하기: 비교문화적 사유와 상상력 _283

에필로그: 한국 여성주의자의 상상력으로 그려보는 이론과 운동의 새로운 지형도 _303

참고문헌 _315

일러두기

1. 이 책은 지은이의 뜻에 따라 용어와 띄어쓰기 등을 표기하였다.
   * 서발턴subaltern은 '하위주체'라고 표기하는데, 2장, 6장은 글을 쓸 당시의 용어 서발턴을 그대로 썼다.
   * 여성주의와 페미니즘도 어느 하나로 통일하지 않고 각 글을 쓸 당시에 썼던 대로 그냥 두었다.
   * 마르크스/마르크스주의는 맑스/맑스주의로 표기하였다.
2. 책과 잡지, 영화 등은 『 』로, 논문이나 기사는 「 」로 표시하였다. 원서 그대로 표기할 때는 책과 잡지 등은 이탤릭체로, 논문이나 기사 등은 " "로 표시하였다. 그리고 본문 중에 연구회, 학술 모임, 모델, 주제 등은 〈 〉로 표기하였다.
3. 본문 중에 인용 출처와 관련된 것은 각 글 각주에 언급하였으므로 참고하기 바란다.

[제1부]

대항지구화와 여성주의

1

대항지구화와 여성주의 주체생산 모델:
몸-섹슈얼리티-노동-자본-자연

1. 대항지구화, 차이들의 정치, 여성주의 주체생산

21세기 하이퍼 극소 전자기술 시대에, 지구적 금융자본주의 시대에 대한민국의 대다수 사람들은 기술과 자본이 누리는 만큼의 자유를 누리고 있을까? 하고 싶지 않은 노동을 가치화하려고 애쓰지 않는 사람이 얼마나 될지 문득 궁금해진다. 대학에 몸담고 있는, 아직은 그럴듯한 전문직에 속하는 교수가 요즘 하고 있는 학계 노동만 봐도 놀고먹는 교수라는 말은 아득히 먼 옛날이야기일 뿐이다. 2000년 이래 지식의 상품화, 자본화 추세로 인해 대학의 자율성은 사라져가고 감시와 평가는 더욱 교묘해지는 사이 연구노동의 강도 또한 더욱 강화되고 있기 때문이다. 소위 공적 노동의 무자비한 경쟁과 속도는 소위 사적 노동의 속절없는 변신들(돌봄노동, 친밀노동, 감정노동 등)과 맞물려 이성애자 기혼 여성으로 하여금 안락함과 문화생활을 누리게 하기는커녕 거의 매일 이리 뛰고 저리 뛰는 피폐한 생활세계를 살아가게 한다. '좋은' 일자리를 지키고 있더라도 또 하고 싶은 일자리가 제대로 주어지지 않아서 사막을 건너는 심정으로 살고 있을 사람들이 2007년 가을 한국 사회엔 많은 것 같다. 그런 만큼 설령 신기루일망정 오아시스를 갈구하는 욕망 또한 클 터인데, 이 욕망을 어디로 어떻게 방향 잡아 나갈 것인가?

현재 한국의 현실을 규정하는 핵심동력은 '전지구화'이다. 지구화 시대가 좋다고 하는 편과 힘들어서 못 살겠다고 하는 편이 20:80, 아니 10:90이라고 한다면 지구화라는 현실이 아무리 막강하더라도 한번 싸워볼만 할 것 같다. 그런데 왜 싸움은 이렇게도 지난하기만 하고 미미하기만 한 것인가? '발전'과 '개발'의 편에 서서 소위 위로부터의 지구화 세력이 지구화의 효과를 긍정적이라고 보편화하는 담론 권력을 갖고 전지구적 자본주의 체제를 더욱 공고하게 하고 있기 때문일 것이다. 아래로부터 보면 이 체제는 신제국주의이다.

이 체제에 맞서는 방법으로 주로 두 가지가 제시되어 왔다. 첫 번째는 '주변부,' '차이'를 인정, 환호, 찬양하면서 그 차이를 말해 보라고 선심 쓰는 중심의 길들이기 논리를 짚어볼 겨를 없이 차이들을 열심히 다양하게 말하기라는 전략이다. 이 전략에서는 포섭과 배제의 정치에 기반하고 있는, 제1세계/북반구의 자유주의적 다문화주의에 말려든 면이 크다. 두 번째는 중심과 자명하게 대립적인 위치에 있는 주변을 중심에 오염되지 않은 것으로 설정하는 안티anti 입장에 따라 중심의 논리를 비판하고 극복한다는 것이다. 이 전략은 제국과 식민지의 관계를 대립으로 파악하는 데서 설정되는 반제국주의나, 자본과 노동의 관계를 대립으로 파악하는 데서 설정되는 반자본주의 입장일 텐데, 그 비판적 의도는 타당하더라도 이분법적 대립관계 설정은 역전에 의한 합법화라는 위험을 감수하는 셈이다. 따라서 두 가지 방법 모두 성, 계급, 인종차별을 재구조화하여 남녀의 몸, 섹슈얼리티, 노동을 통제하는 국가적 또 초국가적 권력착취 체계를 건드리지 못한다는 점에서는 마찬가지이다. 이 한계를 인식하고 인정하면서, 다시 말해 우리 모두 기존 체제 안에서 이미 항상 자본과 국가에 연루되어 있는 현실을 비판적으로 경계하면서 밖을 지향하는 자세가 필요하다. 이렇게 기존 체제의 안에서 밖을 향하는 태도를 대항counter[1]의 입장이라고 부르고자 한다.

오늘날 대다수 한국 사람들이 처한 메마른 사막 같은 삶의 연원에 특정 성, 특정 계급, 특정 인종에게 유리한 "전지구화"가 있다면 그것을 바꾸어내기 위해 '대항지구화'라는 의제를 전면화할 필요가 있다고 본다. 그렇다면 대항지구화에 임하는 세력을 어떻게 정의하느냐 하는 문제가 중요해진다. 현재를 '지구화'로 시대규정을 하게 된 이후, 한 국가에서뿐만 아니라 전지구적으로 서구중심적, 성차별적, 동성애 차별적, 인종차별적 지배체계에서 배제된 타자들, 소수자들, 비체들이 대항지구화의 새로운 세력으로 부각되어 왔다. 이들은 한 국가에서나 전지구적으로나 온당한 권리를 누리는 '시민'과 거리가 멀고 대부분 빈곤한 자들로서 생산·재생산 권리의 획득과 사회적·자연적 자원의 재분배를 열망한다. 그런데 이들이 표방하는 소위 '차이들의 정치'는 종래 반자본 입장의 노동진영과도, 차이들과도 적대와 경계를 넘어 적극 제휴, 결집, 연대하는 데로 나아가지 못했다. 이러한 분산과 분열은 차이들의 비판적 에너지와 욕망을 자본과 국가로 회수시키거나 자본과 국가를 현 상태 그대로 방치하게 한다.

그러한 결과에서 벗어나는 전환점을 마련하기 위해 대항지구화라는 의제 앞에 노동진영은 물론 차이들의 진영에서도 이론과 운동의

---

[1] resistant는 비판적 저항을, oppositional은 대립적 대항을, counter는 대항적 대안으로 구분해 볼 수 있을 것이다. 대항의 입장은 제국주의와 자본주의 지배구조 안에서 그 구조에 균열을 내고 내부를 파열시키는, 즉 안을 내파하는 계기를 찾아 대안을 만들어가자는 입장이다.

여성주의적 재편을 꾀할 때가 온 것 같다. 전지구화 시대의 중심체제는 자본주의 체제일 뿐만 아니라 또한 가부장 체제이기 때문이다. 이 점을 인정한다면 가부장제에 대한 인식을 여전히 부문화, 부차화하는 경향[2]을 비판하면서 다양한 차이들 사이의 경계를 잠정적으로 넘어서는 동맹의 비전[3]을 갖고 대항지구화에 필요한 여성주의적 주체생산 모델을 제시해야 한다고 본다.

 이 생각에 따라 이 글에서는 몸-섹슈얼리티-노동-자본-자연 모델이 제시된다. 이 모델의 다섯 지점을 중심으로 그동안 진전된 여성주의적 인식의 풍부화와 세부화를 반영하는 개념화를 꾀함으로써 차이들을 여성주의적 주체로 생산하기 위한 큰 그림을 그려본다. 모델의 각 지점은 서로 다각도로 연결된다. 그러한 연결로써 새로 구성되는 영역들은 여성주의 주체생산의 방향과 내용을 예시할 것이다. 이러한 구도 속에서 지구화 시대 여성주의적 주체생산을 위한 하나의 방법론적 거점으로서 남반구 국가의 토착지역 하위주체 여성의 위치를 제시하고 그것의 형상화 문제를 논의하고자 한다.

---

[2] 가부장제 및 여성문제를 둘러싼 남성이론가들의 논의 궤적은 '각주의 정치학'이라고 부를 만하다. 그 문제를 아예 무시하긴 그렇고, 따라서 각주에서 살짝 언급하고 넘어가는 사이드, 네그리와 하트, 바트 무어-길버트, 구하, 가라타니 고진의 '각주의 정치학'을 써보는 것은 재미있을 것 같다. 국내 진보적 남성이론가들에게서 나타나는, 차이를 무마하며 '우리는 하나'라는 논법을 비판하는 글은 이 책의 8장 「'운동'으로서의 민주주의와 그 주체들의 구성 문제」 참조.

[3] 제3세계/남반구와 제1세계/북반구 여성들 사이의 "구분된 경계를 넘는 잠재적인 동맹과 협조"(찬드라 탈파드 모한티, 『경계 없는 페미니즘』, 문현아 옮김, 도서출판 여이연, 2005, 77쪽)를 좀 변용한 용어이다. 이 글의 대항지구화 입장은 모한티의 반제국주의 반자본주의 입장과 거리를 두는 것이지만, 차이들을 연대하게 해줄 모한티의 '공통의 차이들common differences', '투쟁하는 공통의 맥락common context of struggle'은 유효한 개념이라고 생각한다.

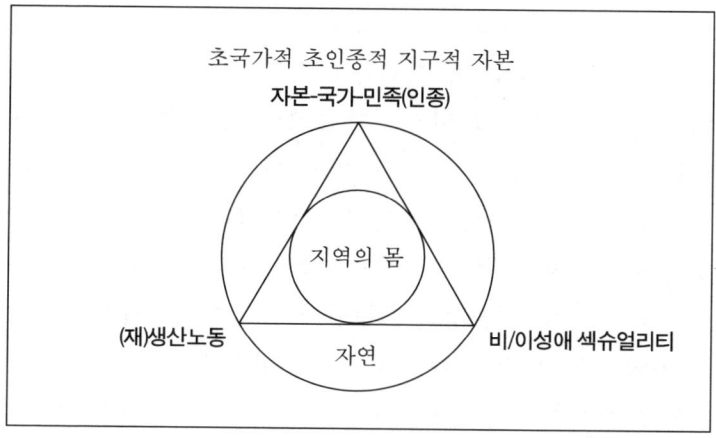

그림 1. 몸-섹슈얼리티-노동-자본-자연 모델

2. 몸-섹슈얼리티-노동-자본-자연

이 모델(그림 1 참조)은 새로운 인식론의 토대로서 몸을 중심으로, 몸에서 촉발되는 섹슈얼리티와 노동, 이 세 지점을 통괄하는 자본=국가=민족(인종),[4] 이 모든 것을 에워싸고 있는 자연으로 구성된다. 몸, 섹슈얼리티, 노동은 주체 문제를 피해갈 수 없는 최근 이론에서 핵심 축이자 개념으로서 거론할 수밖에 없는 지점이다. 이 축들을 여성주의 입

---

[4] 가라타니 고진은 서로 보완하는 세 가지 교환형태인 자본제=네이션=스테이트(Capitalist=Nation=State)의 관계를 =로 표기함으로써 그 관계를 삼위일체로 연상시키고 실제로 그렇게 부르고 있다. 이 관계는 자본제, 네이션, 스테이트가 수학적 등식으로 표기될 정도로 서로 교체가능하다기보다 각기 다르면서도 하나로 뭉치게 되는 구도를 표상한다. 고진의 목표는 이렇게 뭉쳐져 강력한 힘을 발휘하는 삼위일체에 대항하는 운동을 구상하는 것이기 때문이다. 필자는 고진의 이 개념구도를 차용하되 인종을 덧붙여 자본-국가-민족(인종)이라고 표기한다. 가라타니 고진, 『트랜스크리틱: 칸트와 마르크스 넘어서기』(송태욱 번역, 한길사, 2005)의 4장 「트랜스크리티컬 대항운동」 참조.

장에서 연결시킨 몸-섹슈얼리티-노동의 삼각구도는 『여/성이론』 창간호에서 제시된 바 있는데,[5] 그러한 연결을 제시한 것은 여성주의 패러다임의 구축에 커다란 의미가 있다고 본다. 여기서의 모델은 대항지구화라는 의제 앞에 그 삼각구도를 발전, 확장시키자는 뜻에서 자본-국가-민족(인종), 자연이라는 축을 적극 배치하고 구도화할 필요성을 반영한다. 삼각형의 각 꼭지를 이루는 비/이성애 섹슈얼리티, 자본-국가-민족(인종), (재)생산노동은 그동안 진척된 여성주의 주체 이해의 핵심 축이었던 젠더, 인종, 계급과 서로 엇비슷하게 맞물린다. 여기서 제시하는 모델은 몸에서 출발하되 젠더-인종-계급의 상호교차적 틀[6]을 비판적으로 수용하면서 확대하고자 한 것이다. 젠더-인종-계급의 상호교차적 틀은 다음 측면에서 각기 비판되고, 그 비판을 바탕으로 다음과 같이 그 의미망이 확대된다.

1. 몸은 정신과 육체의 편협한 이분법적 관계를 새로 짤 수 있게 하는 출발점이다. 그러한 맥락에서 지구화 시대 주체이론에 필요한 새로운 인식론의 토대로서 몸은 여성주의 주체생산 모델의 중심에 위치 지어진다. 몸은 그저 자연적 대상도, 또 문화에 대립적인 것도 아니다. 몸은 주체성을 주조하고 억압과 착취의 체험을 각인하는 곳일 뿐만 아니라 다양한 욕망을 현시하며 감성을 내장하는 곳이자, 주체의 섹스/젠더/섹슈얼리티, 인종, 계급의 측면에서 규정되는 특수한 차이들이

---

5) 이수자, 「여성주체 형성의 삼각구도: 몸-섹슈얼리티-노동」, 『여/성이론』 1호 (1999) 참조.
6) 이 틀을 주장한 논자들로는 벨 훅스, 오드리 로드, 패트리샤 콜린즈, 안젤라 데이비스와 같은 흑인 여성주의자들, 가야트리 스피박, 트린 민하, 찬드라 탈파드 모한티와 같은 제3세계 출신 디아스포라 여성주의자들, 다너 해러웨이와 마리아 미즈와 같은 백인 여성주의자들을 들 수 있다. 이들은 억압의 다중성과 동시성, 다중적 경계적 횡단적 주체를 공통적으로 주장하는데 유물론 인식에서는 상당한 편차를 보여주고 있다.

다중적으로 각인되는 구체적인 장소이다. 따라서 몸은 고정된 본질이나 자연적 소여가 아니라 다중적 코드들이 횡단하는, 그래서 운동성을 가질 수 있는 물질적 '장'이다. 그래서 몸에 미치는 젠더, 인종, 계급 규범들의 효과가 아무리 강력하더라도 우리 몸의 구체적 과정들이 그 규범들을 반복적으로 수행하는 가운데 그것들을 다시 작업할 여지 또한 갖는다.[7]

몸의 이러한 문제틀에서는 다른 모든 모델들을 판단하는 규범(이성)으로서 특정한 유형의 몸에 기초를 둔 모델을 상정하지 않으며, 가능한 몸 유형들의 복수적이고 다중적인 장을 제시할 수 있다.[8] 여기서 '장'이란 불연속적이고 비동질적인 것이며, 다양한 퍼스펙티브들과 관심사들에 따라 확립되고 또 조정되는 유연하고 탄력적인 것이다. 그래서 몸은 자본-국가-민족(인종)에 의해 만들어지고 착취되고 소비되기도 하지만 다양한 섹슈얼리티와 노동들을 촉발시키는 열린 유연한 생성적인 '장'이 되기도 한다. 이렇게 몸의 과정들을 주체생산과 직결되는 것으로, 사회역사적 변화와 생성에 개방된 것으로 볼 때, 몸은 기존 인식의 틀을 전복할 수 있는 강력하게 전략적인 지점으로서 활용될 수 있을 것이다. 이러한 몸은 일반적이거나 추상적인 것이 아니라 구체적이고 개별적으로 존재하는 특정 지역의 몸으로서, 주체생산의 지역-국가-지구[9]라는 다차원을 복잡하게 결집하는 매트릭스이다. 이

---

7) 주디스 버틀러는 『물질인 몸들 Bodies that Matter』(Routledge, 1993)에서 젠더 규범의 강력한 효과를 재구성하는 몸의 수행성을 강조한 바 있는데, 제3세계 여성주의자들에 의해 젠더에 단일한 초점을 두고 인종, 계급을 고려하지 않는 백인중심적인 논의라고 비판받는다.
8) 필자는 이것을 '몸의 유물론'이라고 불러 왔다. 좀더 자세한 내용으로는 졸고 『탈식민주의 페미니즘』(도서출판 여이연, 2001) 중 3장 참조.
9) 허성우, 「지구화와 지역 여성운동 정치학의 재구성」, 『한국 여성학』 제22권 3호(2006) 참조. 요즘 많이 쓰이고 있는 '지구지역'이라는 용어가 빠뜨리고 있는 '국가'에 대해 좀더 세밀한 점검이 요청된다. '지구지역' 용어에 비판적 계보학적 접

런 점에서 몸을 중심에 놓을 필요가 있다.

  2. 그동안 젠더의 축은 성별의 사회적 구성이라는 젠더 개념에 전제되어 있는 이성애 섹슈얼리티를 문제시하지 않음으로써 다양한 형태의 섹슈얼리티를 은폐하고 비가시화하는 데 부지불식간에 공모하여 왔다. 다시 말해 젠더는 주체의 내밀한 미시적 공간에서 일어나는 섹슈얼리티와 욕망의 문제를 편협하게 축소하는 결과를 빚어 왔다. 이 결과를 반복하지 않기 위해 그동안 성정체성 이해에 핵심 역할을 하여온 젠더 개념에 깔려 있는, 자연화되고 본질화된 섹스 및 강제적 이성애 이데올로기를 문제로 제시할 뿐만 아니라, 주체생산에서 섹슈얼리티가 지니는 중요성을 인정하고 인식할 필요가 있다.[10] 그러한 인식을 담기 위해 '비/이성애 섹슈얼리티' 라는 용어를 쓴다. 이 용어는 주체형성의 한 축인 섹슈얼리티에 집중하는 최근 섹슈얼리티 담론이 곧잘 취하는, 성적 정체성의 해체라는 방향을 경계하고 젠더적 인식을 견지하려는 지향을 담는다.

  최근 섹슈얼리티 담론은 여성들 사이의 분열을 조장하는 부정적인 징조라기보다 여태껏 봉합되었던 목소리들의 분출을 신호한다. 이 신호는 그동안 여성주의적 주체에 상정되어 온 집단화된 주체의 단일성, 통합성이 억눌러왔던 주체 내부의 비일관성, 분열, 취약성을 드러내게 해준다. 그러나 성적 억압을 젠더 개념에 전제된 이성애중심주의

근을 하고 있는 글로는 Laura Hyun Yi Kang, "Traffic in 'Aisan Women': Glocal Circuit of Visuality, Visibility, and Knowledge," 11월 1일 한국 여성연구원 30주년 기념 국제학술대회 발표문 참조. 또한 "오늘날의 세계가 얼마나 초국가화 혹은 전지구화될 수 있든 간에, 한 시민사회의 경계들은 여전히 개별국가를 뚜렷이 나타내고 여전히 국가로 정의된다"(『포스트식민 이성비판』, 544쪽)라고 하면서 탈국가주의에 반대하는 스피박의 주장도 새겨들을 필요가 있다.

10) 주디스 버틀러가 섹슈얼리티 담론 형성에 미친 파장은 아무도 부인하지 못할 것이다. 그 자세한 내용은 임옥희, 『주디스 버틀러 읽기』(도서출판 여이연, 2006) 참조.

에만 두는 배타적 초점은 오히려 주체를 젠더 정체성이라는 개념정의에 국한시킴으로써 일상 삶의 미시적 차원, 개인의 내밀한 차이와 경험을 정치적 문제가 아니라 개별적 삶의 스타일 문제로 축소시킬 우려가 있다. 따라서 최근 섹슈얼리티 논의가 제시한, 섹슈얼리티 억압과 착취의 조건으로서 이성애중심주의와 강제적 이성애에 대한 비판적 성찰을 어떻게 해야 여성주의적 주체이론의 기반으로 삼을 수 있을지 모색하는 작업이 중요할 것이다.

지구화 시대에 필요한 여성주의 주체생산을 위한 비/이성애 섹슈얼리티 지점은 지구적 자본주의 가부장제 경제를 작동시키는 이성애 핵가족 제도의 이념적 기반인 이성애중심주의에 속박되지 않은 자율적 섹슈얼리티를, 비이성애 섹슈얼리티의 다양한 성적 실천들을 도착이나 퇴폐가 아닌, 주체의 욕구와 욕망의 새로운 차원으로 자리매김하도록 해준다. 그러면서 이 지점은 이성애자와 비이성애자의 비핵가족 구도나 새로운 가족/공동체 모델에서도 여전히 수행되어야 하는 일상적 노동의 분담 문제나 국가의 이주민 '다문화' 가족정책 또한 문제지점으로 떠오르게 한다. 그런 점에서 최근 섹슈얼리티 담론의 정치성은 폭넓은 해방투쟁의 일부로서 인종과/이나 계급과의 관련 속에서 일상생활의 유물론적 정치학에 기반하고 이에 의해 채워져야 한다.[11] 그러기 위해 이 모델에서처럼 비/이성애 섹슈얼리티는 한편으로 (재)생산노동, 또 다른 한편으로 자본-국가-민족(인종)의 지점과 복합적 관계성 속에 놓여야 한다.

3. 그동안 민족(인종)의 축은 주로 유색여성주체를 구성하는 소위 에스닉한 것, 민족적인 것, 인종적인 것을 부각하기 위해 논의되어 왔

---

11) 모한티, 87-8쪽.

던 측면이 크다. 미국 흑인 여성주의 이론가들과 제3세계 여성주의 이론가들이 서구 여성주의 이론의 백인중심성을 비판하는 맥락에서 젠더-계급-인종의 상호교차적 틀을 여성주의 주체모델로 제시하여 왔기 때문이다. 그 과정에서 민족(인종)의 축이 자본과 국가와 삼위일체를 이루는 가운데 노동과 섹슈얼리티의 착취 체계를 조직하고 강화하여온 양상은 충분히 다루어지지 않았다. 예컨대 거대한 성산업(유흥산업, 포르노 경제)을 주도함으로써 손쉬운 잉여가치의 원천이 되는 여성의 몸과 섹슈얼리티로부터 엄청난 이윤을 거둬들이고 있는 민족-국가-남성 자본은 북반구, 남반구를 막론하고 공통된 현실의 주축을 이루고 있다. 이 현실을 타개하기 위해서는 몸, (재)생산노동, 비/이성애 섹슈얼리티를 전방위적으로 통제하는 이 삼위일체를 대항지구화의 인식론적 지평 속에 두어야 한다. 그런 뜻에서 자본-국가-민족(인종)을 여성주의 주체생산 모델의 꼭지에 놓는다.

이러한 일국의 삼위일체를 매개로 그것을 포섭·확대하며 상호상승적인 이윤을 꾀하는 〈초국가 초인종적 지구적 자본〉이 바로 위로부터의 지구화 세력을 구성하며, 남반구 남녀의 일상적 생존노동과 섹슈얼리티에 대한 초과착취를 갈수록 강화하고 있다. 〈초국가적 초인종적 지구적 자본〉은 일국의 자본-국가-민족(인종) 연합체와 달리 특정 민족국가, 특정 인종, 특정한 성별을 벗어나 있고 초월하는 듯하지만 실상은 그렇지 않다. 이 지구적 자본의 북반구 백인남성 헤게모니에 맞서는 대항주체의 공간은 〈초국가적 초인종적 지구적 자본〉의 남성주의와 대면할 때 구축된다. 그러므로 〈초국가적 초인종적 지구적 자본〉은 지구화에 대항하는 여성주의 주체생산에서 필수적으로 고려되어야 할 뿐만 아니라 여성주의 주체생산 모델의 상위 꼭지점에 놓여야 할 항목이다.

자본제=민족=국가의 삼위일체라는 구도에 대항하는 운동을 주장해 온 가라타니 고진은 생산중심주의인 자본주의적 노동과 국가 개념에 남성중심주의가 내포되어 있음을 인식하고 그것에 대항하지 않는 '남성적=혁명적' 운동은 무엇이건 자본과 국가에 대한 진정한 대항운동이라고 할 수 없다고 비판한다. 그러면서 그는 이 중요한 사안을 "진정한 의미에서 가부장제에 대한 투쟁은 자본제에 대한 대항운동에서만 가능하다"고 각주[12]를 통해 한마디로 선언하는 것으로 끝낸다. 이렇게 가부장 체제의 문제를 각주를 통해 처리해 버리는 방식은 가라타니 고진 역시 남성중심적 위치에서 누군가에 의해 일상적으로 행해지는 겹겹의 자급노동, 생명생산노동, 친밀노동, 돌봄노동을 간과하는 구도 안에 있음을 말해 준다.[13] 이러한 구도를 비판적으로 경계하는 자세를 유지할 때, 자연과 제4세계를 속속들이 공략함으로써 남반구 하위층 남녀의 생존과 일상을 위협하는 지구적 자본에 대응하기 위한 생산적인 이론적 기반으로서 유물론적 여성주의가 부분적, 부문적 수준이 아니라 대항운동 전체를 틀짓는 수준에 있어야 함을 알 수 있다. 그러므로 비단 남성이론가뿐만 아니라 여성이론가도 이미 연루되어 있고 공모하게 하는 정치경제적인 또 담론적인 체계가 있음을 인정하고, 북반구에 있건 남반구에 있건 지식인을 형성해 온 체계 안에서 그 안을 파열시킬 수 있는 비판적 자원을 찾아보는 태도가 중요하다고 하겠다.

4. 계급의 축에 함축된 노동은 그동안 생산/재생산노동의 이분법을 그대로 둔 채 여성노동을 생산노동의 일부로 통합해 버렸으며, 소위 재생산노동력의 다른 생산성이라는 의제를 차단하여 버렸다. 사실

---
12) 고진, 488쪽 각주 22번.
13) 네그리와 하트의 그러한 면모에 대해서는 이 책의 제3장 「젠더화된 서발턴 여성의 혼성성과 대항능력」 참조.

재생산은 생산과 확고하게 변별되는 영역이 아니라, 자본주의적 생산을 활성화하기 위해 필수적인 것인데도 '구성적 외부'[14]라고 설정되어 왔을 뿐이다. 재생산은 그저 생산에 봉사하기 위해 있는 사후 영역이 아니다. 생산과 재생산은 상호 의존하는 관계이다. 하지만 요즘 한국에서처럼 저출산이 심화될 경우 생산이 재생산을 적극 지지하고 봉사해야 할지도 모른다. 그렇다면 생산/재생산이라는 이분법적 용어 자체가 수정되어야 할 것이다. 위계적이고 대립적인 경계를 함축하는 남성/여성의 이분법과 강력하게 연관되어 있는 생산/재생산의 남성중심적 자본주의 패러다임은 여성주의 시각에서 돌파되어야 한다.[15] 그런 뜻에서 생산노동과 재생산노동의 경계를 허물고 가로지른다는 인식적 지평과 실천적 지향을 담는 재/생산노동이라는 용어를 쓸 수 있겠다. 여기서는 이 용어를 이어받아 모든 노동은 나름대로 생산적이지만 종래 재생산이라고 치부되어 온 영역이 아직 잔재하므로 (재)생산노동이라는 용어를 쓴 것이다.

이렇게 생산/재생산노동에 담긴 대립적인 경계를 해체하는 태도는 남성/여성의 노동력에 대한 기존 정의 및 분류를 허문다는 지향을 갖고서 성별과 상관없이 적용될 수 있는 (재)생산노동력이라는 용어의 사용을 또한 촉구한다. (재)생산노동력은 모든 노동력이 나름대로 '생산적인' 것인데도 자본주의적 남성중심적으로 사회화되는 노동만 '생산적'인 것이라고 간주하게 해온 구도가 배제하여 온, 몸[생명]의 영역에서부터 시작해 여러 보존, 보전 활동들로 우리의 시야를 넓히도록 만든다. 그리하여 자본과 무관한 별개의 비생산, 무임금 영역으로

---

14) 'constitutive outside'란 내부의 통합적 일부이면서도 '내부' 자체의 권위와 지배, 자기 동일성을 확립하기 위해 '외부'로 설정되고 규정되는 주변화의 영역(내부-안의-외부)을 일컫는다.
15) 그 돌파 시도들과 관련해 좀더 자세한 내용으로는 이 책의 제4장 「'사회적인 것 안의 자연적인 것」 참조.

1. 대항지구화와 여성주의 주체생산 모델 **29**

치부되어 온 가사노동, 임신·출산·육아노동, 교육노동, 소비노동, 성적 서비스노동 등의 다양한 노동 형태들을 가시화하게 해준다. 그리하여 이 노동들을 다시 자본-국가-민족(인종)의 축과 연결시켜 보도록 한다.[16] 이 연결은 사회복지를 개인의 책임으로 떠넘기는 신자유주의 경제체제의 사유화 경향 속에서 소위 돌봄/감성/친밀노동과 같은 (재)생산노동을 성, 계급, 인종적으로 하위에 속하는 여성뿐만 아니라 남성들에게도 전지구적으로 재배치시키는 현실에 관심을 갖도록 한다.

현재 그러한 (재)생산노동력의 영역들은 남김없이 임노동의 영역이 되고 철저하게 사회화되면서 불평등한 권력착취 체계를 재구조화하고 있다. 그 다양한 영역들이 지구적 정치경제 속에서 더 큰 구조적 불평등을 유지하고 반영하는 범주가 되는 양상들은 파헤쳐져야 한다.[17] 동시에, 지구적 가부장적 자본의 논리에 환원 불가능한 계기로

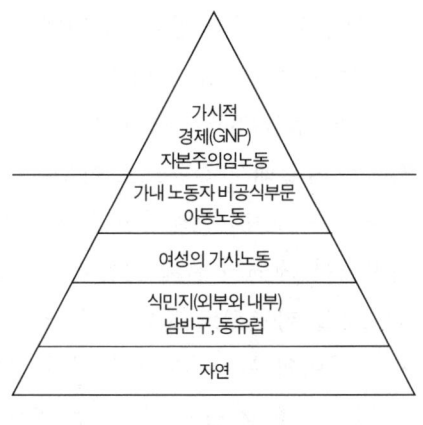

---

16) 마리아 미즈는 자본주의 가부장제 경제 구도를 빙산 모델로 그리고 있다. 거기서 농부의 자급 노동과 여성의 가사노동은 가시적인 자본주의 가부장제 경제를 지탱해 주고 있는데도 물밑에 있어 보이지 않는 영역으로 나온다. 〈자본주의적 가부장제 경제의 빙산모델〉은 옆 그림과 같다. Maria Mies and Veronika Bennholdt-Thomsen, *The Subsistence Perspective: Beyond the Globalised Economy*, Patric Camiller, Maira Mies, Gerd Weih trans. (Zed Books, 1999), p. 34.

17) 그러한 맥락에서 친밀노동을 집중적으로 다루는 학술행사가 2007년 10월 4일에서 6일까지 미국 캘리포니아 대학(산타 바바라)에서 Intimate Labors: An Interdisciplinary Conference라는 제목으로 열렸다. www.ihc.ucsb.edu/intimatelabors 참조.

서 (재)생산노동력의 저항적 잠재력 같은 것을 사유할 수 있을 때, 대항지구화에 나서는 여성주의 주체생산을 상상할 수 있을 것이다.

5. 자연은 인간의 인식과 활동과 상관없이 처음부터 이미 물질세계로 덩그러니 있는 실체나 대상이 아니다. 자연은 언제나 우리의 인식, 즉 사회적으로 매개되는 인식을 통한 상호교섭들과 분리불가능하다. 우리가 인식하고 상호작용하는 자연이란 그것의 사회적 구성에 앞서 우리 외부에 미리 존재하는 것이 아니다. 이런 점에서 물질세계이자 담론적 구성물이라는 두 층위는 자연이 포괄하는 내용을 명시하기 위한 편의적 구분일 뿐, 실제로는 구분되지 않는다. 물질세계이자 담론적 구성물인 자연에 인간은 그 통합적 일부로서 상호작용한다. 따라서 외부세계로부터 고립된 개인(데카르트의 '코기토')이라는 근대적 개념은 몸의 유물론적 틀에서도, 자연의 개념화를 통해서도 폐기되어야 한다.

인간은 자연과 상호작용하며 복잡한 네트워크를 이룬다. 이 네트워크는 사회화된 노동 범주를 넘어서는 자연과 인간 사이의 물질대사 작용, 또 생물학적 성장과 소멸의 구조화된 과정들과 인간 사이의 광범위한 물질대사 작용으로 이루어진다. 따라서 인간과 자연 사이의 물질대사는 노동을 통해서만이 아니라 모든 생활과정에서, 살아 있는 전 과정에서, 자연의 전체 순환에서 착취와 통제라기보다 존중과 협력과 상호성을 바탕으로 일어날 수 있다. 이와 같은 '물질대사'는 인간과 자연 사이의 복잡하고 역동적인 상호의존성과 상호교환성을 함축하는 질적 교환 개념을 함축하는 셈이다.[18] 그렇다면 지구화 시대 여성주의 주체생산 모델에 기입해 넣고자 하는 자연이라는 지점은 생산

---

18) 여기서 '물질대사' 개념은 맑스에게서 나온 것이다. 좀더 자세한 논의로는 「'사회적인 것 안의 자연적인 것'」의 제2절 참조.

및 개발중심의 자본주의적 경제와 노동 개념과 그에 따른 인간 개념에 함축된 것보다 훨씬 광범위하고 깊은 인식론적 지평을 상정한다고 하겠다.

자본주의적 임노동·생산중심 사회에서 (남성)노동은 자연을 대상화하는 폭력을 행사함으로써 자연조건들로부터 인간의 소외를 야기하여 왔고, 양적 교환가치 형태로써 사회화된 노동의 헤게모니는 그 외의 다양한 여러 보존, 보전 활동들, 자급노동, 생명생산노동을 가려왔다. 요즈음 지구화 현실에서는 이것들도 남김없이 사회화되고 있는 한편, 남성주의적 자본주의 이데올로기에 의해 다시 자연적인 것으로 (재)발명되고 있다. 그러므로 '자연적인 것'이 또다시 자연으로 본질화되지 않도록, 남성주의적 방식으로 여성적인 것과 강하게 연관되는 '자연적인 것'을 여성주의 시각과 입장에서 재전유하는 '자연적인 것'으로 이동시키는 인식과 실천이 요청된다고 하겠다. 그런 뜻에서 여성주의 주체생산 모델에서 자연이라는 축은 설정되고 그 이론적 의미가 심화되어야 한다. 소위 여성적인 어떤 특성을 지녀 온 노동력의 잠재력을 규명하고 그것을 대항지구화의 자원으로 배치한다는 의제는 (재)생산노동이 그저 착취되기만 하는 것이 아니라 차이들 사이의 접점이 되리라고 보기 때문이다.

이와 같이 다섯 지점을 중심으로 그려본 여성주의 주체생산 모델은 지구화 시대의 변혁주체와 운동을 여성주의적으로 재구성하기 위한 새로운 이론적 노력을 반영하는 가운데, 각 지점 사이의 다차원적 연결을 열어놓음으로써 여성주의 주체생산을 위한 좀더 균형 잡힌 포괄적인 틀을 제공하고자 한 것이다. 거칠게 윤곽만 제시된 여성주의 주체생산 모델의 각 지점은 앞으로 좀더 정밀하게 다듬어져야 할 것이다. 현재로서는 주체들을 생산하는 지점들을 여성주의적 문제의식을 반영하도록 개념화하고 어느 한쪽에 정향되기 쉬운 차이들이 서로 서로 각 위치를 조망하게 하는 큰 틀을 제시하는 것에 이 모델의 의의를 둔다. 이 큰 틀 속에서 자본-국가-민족(인종)과 그것의 상위 구조인 〈초국가적 초인종적 지구적 자본〉이 초래하는 공통된 억압과 착취에 대항하기 위해 남녀 사이에, 또 여성들 사이에 있는 경계를 잠정적으로 넘어서 서로 연대하고 제휴하는 것을 가능하게 할 접점의 지평이 시사될 것이라고 본다.

3. 남반구 국가의 토착지역 하위주체 여성들의 위치와 그 형상화 문제

앞의 모델에서 몸을 중심으로 제시된 주체생산의 지점들과 지점들 사이의 연관을 보건대, 전지구적 자본주의 가부장제 체제가 생산해 내는 다양한 차이들은 '민중' 개념에 함축된 것보다 훨씬 넓고 깊은 인식론적 지평을 필요로 함을 알 수 있다. 먼저 동일성 위주의 '민중'과 비교되고 대조되는 '차이들'을 지구화 시대의 변혁주체로 새로 개념화하는 용어들 중에 하위주체subaltern[19]를 간략하게 언급하고자 한다. 그람시에서 유래된 하위주체는 계급과 함께 사회적 종속의 다양한 축들

---

19) 필자는 subaltern을 '하위주체'로 번역하다가 그 용어가 전지구적 자본주의 가부장제 사회에서 주체성보다 더 강하게 각인되어 있는 존재의 부정성을 가린다고 보아 '서발턴'으로 대체하여 써 왔다. 지금은 다시 '하위주체'로 되돌아간 셈인데, 억압과 착취가 야기하는 존재의 부정성에 혼재되어 있으면서 상승 작용을 하기도 하는 주체의 긍정성을 살리기 위함이다. 다시 말해 자신을 하위의 존재라고 말할 수 있게 된 것 자체가 반드시 중심에 의해 규정된 '하위'만이 아니라 존재의 자신감과 대항의식을 드러내는 측면이 있다고 본다. 좀더 자세한 논의가 필요하겠지만, '소수자minority'는 주로 성적 소수자에, 주체의 섹슈얼리티 측면에 치중해 그것을 자본주의와 노동에 대한 유물론적 인식과 연결시키지 못하고, '다중multitude'은 '제국' 시대의 억압성과 착취를 훌쩍 뛰어넘는 존재의 긍정성을 '비물질 노동'의 새로운 특성을 통해 다소 일면적으로 강조한다.

을 포괄함으로써 전지구상에 흩어져 있는 다양한 이질적 영역들의 종속적 주체들을 다룰 수 있게 한다. 이 개념을 인도의 탈식민 상황에 적용해 보려한 〈인도 하위주체 연구회〉는 지배헤게모니 안에 있지만 지배구조가 다 전유하지 못하는 타자성을 갖는, 그래서 혼성적이고 양가적이며 가변적인 형태의 저항성을 갖는 하위주체의 양상에 천착해 왔다.[20] 이 양상은 지배체제의 바깥에서 지배체제를 비판할 수 있는 양하는 투명한 입장이라는 것은 하위주체를 역사의 주체로 복원하려는 지식인에게도 가능하지 않음을 시사해 준다. 그래서 하위주체와 지식인 양자의 내부에 있는 남성중심성을 비판적으로 인지시키는 여성주의적 입장에 따라 하위주체와 지식인을 성적 주체로 위치짓고 젠더문제를 구조적인 쟁점으로 제기하는 태도가 필수적이라고 생각된다.

이러한 맥락에서 지구화에 대항하는 여성주의 주체생산을 위한 하나의 방법론적 지점 혹은 거점으로서 남반구 국가의 토착지역 하위주체 여성들의 위치를 주장하고자 한다. 우선 이들의 위치는 지구적 자본주의 가부장제의 제국주의와 인종차별주의의 역사 속에서 구축된 국가의 특정지역에서부터 여성주의 주체의 포지션을 잡아나가도록 한다. 갖가지 '글로벌' 담론은 지역의 구체적인 면면을 가린 채, 지구성으로 비약하게 만든다. 그러므로 지역의 층위에서 출발해 지역에 따라 특수하게 정의되는 개별 국가 및 '글로벌'의 의미를 탐색해 낼 필요가 있다. 그렇게 하는 것은 단순한 경험주의적 지역주의를 넘어서 지역-국가-지구의 다차원을 붙들도록 해준다. 그리하여 여기서 주장하는 남반구 국가의 토착 지역은 집단적인 (에스닉) 민족 정체성주의나 본질에 고착된(폐쇄된) 토착주의를 넘어 '차이'와 유동적 현재에 열려 있는 것이 된다.

---

20) 『트랜스토리아』는 이 작업을 창간호부터 하여 왔다.

남반구 국가의 하위주체 여성들은 각기 특정 지역의 역사적 조건과 맥락에서 다양한 형태의 보전, 보존 활동과 노동을 하면서 생존해 왔다. 그들은 쇠락을 거듭하면서도 살아남아, 식민주의, 제국주의, 가부장주의, 신식민화로 얼룩진 남반구 지역들의 공통성을 기반으로 하면서도 각기 다른 역사적 조건과 맥락 속에 위치해 있다. 북반구 사람들이나 성차별, 인종차별, 계급차별적인 사람들에게는 잘 보이지 않을지 모르겠지만, 각 위치에는 하위주체 여성들의 몸들이 한결같이 각인되어 있다. 이 몸들을 재각인해 내는 작업은 지역에 거주해 왔고 거주하고 있지만 배제되고 추방된 보이지 않는 유령적인 하위주체 여성을 물질화하고 가시화하는 것이다. 이 과제는 그동안 주변화되어 온 지역의 하위주체 여성들에게서 전통·유산·가치·계보의 맥을 전승/변형하는 실제 행위주체성agency을 재각인해 내는 것이며, 지역 역사의 주체로 되어가는 다양하고 지난한 과정을 형상화하는 것이다.

이 형상화야말로 바로 주체를 생산하는 작업이기도 하다. 이 작업은 배제된 타자들을 대변하자는 것이나 그들의 의식을 복원하자는 것이 아니다. 전유된 부적절해진 '하위체적 타자'가 전유되지 않고 부적절해지지 않고 주체로 되어가는 과정을, 지배적인 것과 싸워왔고 지금도 싸우고 있는 그들의 능동적인 문화적 규약과 가치들을 상상해 그들의 주체성을 현재의 시점에서 소통 가능한 언어로 풀어보자는 것이다. 거기서 지구적 자본주의 가부장제가 명령하는 것과 다른 발전의 길을, 아래로부터의 지구화를, 그들의 경험을 체계적으로 종속화해 온 권력체계들이 새기려 드는 것과 다른 '타자'로 되어가는 경위와 역학을 볼 수 있다. 따라서 그들이 겪어온 착취와 빈곤은 현 지배체제의 권력과 착취 구도를 타파하는 데 필요한 가장 정확하고도 포괄적인 관점을 제공해 줄 수 있다. 그래서 그들은 대항지구화 전선을 형성하는 데서 핵심적인 구성요소가 되며, 그들의 위치에 주목하고 그것을 형상화하는 것은 지구화 시대 여성주의 주체생산의 중요한 영역이 된다.

그런데 이 형상화 작업을 누가 어떻게 할 것인가? 하위주체에게 관심을 갖고 말을 걸고 그 내용을 언어화하는 것은 아무래도 엘리트 지식인이다. 그런데 북반구 지식인은 물론 제국주의 문화와 접촉하며 그 인식소episteme[21] 속에서 형성된 남반구의 토착 남성/여성 지식인들의 편력은 하위주체의 편력과 급격하게 달라져 버린다. 그래서 토착 지역의 지식인은 우월한 위치에서 계몽된 동정심을 갖고 낭만적으로 하위주체를 대변하고자 하거나, 지적 호기심을 유발하는 하나의 신기한 차이로서 하위주체를 전유하는 식으로 대상화하기 쉽다. 이러한 궤도 속의 담론화로써는 하위주체의 말은 제대로 소통되지 못한다. 더욱 근본적으로는 지식인이 아무리 좋은 의도와 자기비판적 의식을 갖고 있어도 하위주체의 말을 정확하게 완벽하게 재현할 수 없다는, 형상화 작업 자체에 불가피한 인지적 실패가 버티고 있다.[22]

그렇다고 하위주체에게 시혜적으로 주체성을 부여하면서 그들 스스로 말할 수 있으니 이제 지식인이 나설 필요 없다는 논리도 하위주체의 말하기[23]를 담론의 장으로 끌고 들어오기보다 그 침묵과 비가시

---

21) 서구 자본주의가 제국주의화하기 시작한 18세기 말 이래 식민지 국가들에 대한 경제적 탈취를 가리기 위한 제국주의적 법과 교육으로 구성된 인식소가 학식과 문명으로 오도되는 가운데 식민지 국가들에 안착된다. 이 제국주의적 인식소란 대립적인 이원구조로 되어 있으며, 경제를 약화시키는(그래서 경제적 착취를 가리는) 관념론, 보편주의적 휴머니즘, 자유주의, 본질론으로 되어 있고, 이것들의 요즘 결정체가 자유주의적 다문화주의이다.
22) 졸역 『다른 세상에서』(도서출판 여이연, 2003)의 12장 「하위주체연구: 역사기술을 해체하기」, 402-7쪽 참조.
23) "하위주체가 말할 수 있는가?"라는 수사적 질문을 제기하는 논문의 핵심은 하위주체의 말이 제대로 들릴 수 없도록 하는 지배담론체계의 구도를 밝히는 데 있다. 그런데 그 논문에서 "하위주체는 말할 수 없다"고 단언한 스피박의 한 구절로 하위주체 개념의 무효성을 주장하는 것은 문제가 있다고 생각된다. 이진경, 「소수자와 반역사적 돌발: 소수적인 역사는 어떻게 가능한가?」, 부커진 『R』(창간호, 2007년 4월), 243쪽 참조.

화 구도를 그대로 방치할 확률이 크다. 그러므로 지식인의 재현 작업이 지식인의 물적 토대에 따른 제한된 과제일 수밖에 없다고 하더라도 계속 임해야 여성주의 주체생산의 길도 열 수 있다. 그렇다면 하위주체들이 자신들을 위해서 스스로 말한다 혹은 말할 수 없다는 생각이나, 그들을 위해 급진적인 이론가들이 대신 말한다는 식의 양분된 생각 자체가 잘못이다. 하위주체와 지식인은 함께 다언어로 말하기를 실천한다. 하위주체의 여성주의를 지식인의 언어로, 지식인의 여성주의를 하위주체의 언어로 말하는 것이다. 이 함께 말하기를 가능하게 하는 것은 무엇이 우리를 침묵시키는가를 염두에 두면서 하위주체에 대한/하위주체의/하위주체를 위한(이 세 가지는 서로 불연속적이다) 연구를 집요하게 지속하는 태도이다. 그렇게 할 수 있으려면, 하위주체 여성들의 몸들이 드러내는 어두운 현실을 모면하고자 그런 현실에 대한 집단적이고 고의적인 망각에 빠지지 않도록 경계를 게을리 해서는 안 된다. 그 몸들은 잘 드러나지 않으면서 결국 드러나고 마는 최종 심급이다.

강력한 자본과 제국의 힘에 모두 다 포획되지 않는 하위주체 여성들의 삶의 편린들을 보건대, 하위주체에게 삶의 법칙이란 그저 자기보존이 아니라 끊임없이 무엇인가로 생성되기 위해 자라고 확장하고 발전하려는 욕망 혹은 개별 존재의 힘을 향한 의지의 발현으로서 억압의 극복이다. 때로 하위주체에게는 생존과 생존을 알리는 것 자체가 억압의 극복이자, 새로운 주체생산 양식이 어디서 나올 수 있는가를 보여주는 지표가 된다. 하위주체는 말할 수 있고 언제나 존재로 말하며 행동으로 역사를 만들어간다. 중층결정적인 억압의 한복판에서 온갖 멍에를 지고 모든 위대한 문명들을 떠받쳐온 익명의 하위주체들은 억압 속에서 언제나 억압을 넘어서는, 역사의 공백으로서 존재를 증명하는 대항역사의 계보 속에 있다.

민족국가로 독립해 탈식민화에 매진해 온 남반구 국가의 토착지역 하위주체 여성들은 외형적인 국민국가적 형식 속에 불균등하게 삽입되었다. 그들은 1) 국가발전과 지역개발을 주장하며 내부식민화를 꾀하는 지역 부르주아 권력계열들, 2) 민족-국가주의에 맞서 탈민족-국가주의를 부르짖는 전지구화 세력, 3) 북반구와 남반구 엘리트 여성들 사이에 끼어 있다. 그들은 민족주의적 배타적 지역주의, 탈국가주의적인 공허한 글로벌 민주주의, 엘리트 여성들의 자유주의적 다문화주의에 각각 휘둘리기도 하면서 끈질기게 살아남아 왔다. 그들은 거의 언제나 생존에 급급하지만 세 세력 사이를 쑤시고 다니면서 '하위주체 여성주의'라 할 새로운 주장과 운동을 펼치고 있다.[24] 그들은 자본과 국가의 지배구조 속에 포개어져 있으며 공모하기도 하지만 그 지배구조와의 지속적인 비판적 협상을 통해 부단한 싸움에 임할 것이다. 그들의 대항은 동일성-차이의 배제적인 단일한 논리보다, 비가시성-비존재-비틀린 감성/비판-이론-운동이 공존하고 상호작용하는 복잡한 논리를 따른다. 이러한 존재들의 새로운 결들로 인해 착취와 빈곤으로 인한 부정성을 넘어 긍정성을 발현하는 행위주체로 거듭날 수 있을 것이다. 그리하여 그들과 함께 말하고 행동하려는 우리 시대의 '차이들의 정치'가 지구화 시대 여성주의 주체생산의 첩경이 되리라고 본다.

---

24) 한국의 경우, 민성노련의 성노동자 운동을 그 대표적 예로 들고 싶다.

2
젠더화된 서발턴 여성의 혼성성과 대항능력

1. 전지구화, 서발턴, 혼성성

전지구화 현실에서 주체, 저항, 노동, 차이, 제국, 지역, 식민 등을 새로 이해하기 위한 개념들로서 서발턴, 다중, 노마드 등이 종전의 민중을 대신해 사용되고 있다. 서발턴, 다중, 노마드가 각기 다른 이론적 실천적 지향을 갖지만, 공통된 맥락을 들자면 단일하게 통합된 주체 개념과 그것의 근간에 있는 이분법을 넘어서서 좌파 정치를 새로 구성한다는 것이다. 이러한 구상에서 중요한 자리를 차지하는 개념이 바로 혼성성이다. 이 글에서는 서발턴의 혼성성이 어떠한 모습을 보이며 대항지구화의 잠재력을 어떻게 시사하는지를 성적(性的) 주체로서 서발턴이라는 페미니즘적 문제설정을 중심으로 살펴보고자 한다.

그람시가 감옥에서의 검열을 피하기 위해 프롤레타리아 대신 썼던 '서발턴'은 그의 의도를 넘어 계급 개념보다 훨씬 폭넓은 층위에서의 종속과 관련되는 사회적 범주와 권력구조를 제시함으로써 맑스주의나 민족주의와 같은 해방 서사들에 의해 무시되어 왔던 다양한 집단들의 저항과 투쟁 형태들을 지시하게 된다. 민중을 서발턴이라고 칭하면서 서발턴 집단들과 그 구성인자들을 엘리트와의 차이로 광범위하게 정의한 구하[1]도 서발턴의 포괄성을 피력한 셈이다. 서발턴은 프롤레타리아, 민중, 민족 범주들과 겹쳐 있으면서 그것들을 초과하는 영역을 지시한다.

〈인도 서발턴 연구회〉가 보여준 바, 서발턴의 개념화는 서발턴을 지배담론/권력체계의 바깥에 놓고서 서발턴을 타자화·외재화하는 구도를, 즉 서발턴을 지배구조의 밖에서 지배구조에 저항하는 자율적 존재로 설정하는 태도를 비판함으로써 서발턴의 이중적 위치를 인식하는 데로 나아간다. 그리하여 "서발턴은 권력기능의 외부로부터 침해받지 않은 타자성이 아니라 그것의 내부로부터 대항헤게모니의 가능성을 제시하면서 지배담론에 모순과 탈구를 강요하고 내재적 비판의 원천을 제공한다"[2]고 주장된다. 다시 말해, 서발턴은 지배헤게모니 안에서 그것에 균열을 내고 파열시킬 수 있는, 지배구조에 포획되어 있으면서도 거기에 저항하는 타자성을 지녀 지배담론이 완전히 전유할 수 없는 것으로 개념화된다.

이처럼 지배헤게모니 안에서 그 헤게모니에 대항하는 서발턴의 양가성은 특정한 층위에서 단일한 본질로 구성되는 자명한 현존으로서 민중이 아니라 민중을 구성하는 요소들의 불확정성, 모호성, 이질성, 혼성성을 시사한다. 따라서 권력 관계에 포획되어 있으면서도 저

---

1) Ranajit Guha, "On Some Aspects of the Historiography of Colonial India," Ranajit Guha & Gayatri Spivak (eds.), *Selected Subaltern Studies* (New York, Oxford University Press, 1988), p. 44: "'민중'과 '서발턴 계급'이라는 용어는 동의어로 쓰여 왔으며… 이 범주에 속하는 사회집단들과 구성인자들은 우리가 엘리트라고 묘사해 온 모든 사람들과 전체 인도 인구 사이의 인구학적 차이를 나타낸다."
2) Gyan Pracash, "The Impossibility of Subaltern History," *After Colonialism: Imperial Histories and Postcolonial Displacements* (Princeton: Princeton University Press, 1995), p. 288.

항적 행위주체로 출현하는 서발터니티subalternity의 저항 양식도 일관성, 연속성, 통합성보다 가변성이나 잠정성을 띠는 불연속적이고 파편화된 양상을 지닐 것이다. 서발턴에 대한 이러한 개념화는 식민시대에 엘리트에 비해 제국주의 문화로부터 그나마 어느 정도 거리를 둘 수 있었던 서발턴과는 다른 '새로운 서발턴'[3]을 표상한다. 이 서발턴은 오늘날 제국과 자본의 영향 하에 모든 잔여적인 것들을 공략하는 신자유주의적 세계 경제 체계라는 지배구조와 자유주의적 다문화주의라는 담론체계의 안팎과 전후를 논의할 수 있도록 해준다. 특히 오늘날 대항지구화의 가능성이라는 맥락에서 서발턴의 개념적 유효성을 검토한다고 할 때 이러한 새로운 서발턴의 존재를 상정할 필요가 있다고 본다.

전지구화 시대 서발턴적 저항의 정치는 서발턴의 혼성성을 언급한 바바의 논의로부터 다시 맥락화할 수 있다. 바바의 혼성성은 1990년대 이후 미국 학계를 중심으로 포스트식민적 세계의 지배적 패러다임으로서 자리잡았고 포스트식민적 조건을 특징짓는 개념으로서 큰 영향력을 행사하여 왔다. 바바가 강조하는 문화 간의 접촉·번역·충돌을 통한 안-사이in-between 공간, 제3의 공간, 경계적 존재의 저항적 잠재력에 대해서는 상반된 두 입장[4]으로 나뉘어 논의되어 왔다. 어느

---

3) Gayatri Spivak, "The New Subaltern: A Silent Interview," *Mapping Subaltern Studies and the Postcolonial*, ed. & intro. Vinahak Chaturvedi (Verso, 2000), pp. 324-40 참조. 새로운 서발턴 집단은 이질적인데 1) 제2차 세계대전 이후에 본격 존재하게 된, 한국 전쟁, 베트남 전쟁 및 중국혁명으로 인한 아시아 디아스포라, 시오니즘으로 인한 중동 분쟁이 야기한 아랍 디아스포라, 영국 및 프랑스 거주 아프리카계 흑인들과 같은 디아스포라 서발턴diaspora subaltern, 2) 최근 중국의 경제성장을 가능하게 하기 위해 수탈되는 중국 농민들과, 인도, 중국과 같은 전지구적 자본의 하청노동 시장의 지역 서발턴local subaltern, 3) 2000년대 이후 각 대륙 안에서 초국가적으로 이주하는 초국가적 서발턴transnational subaltern 집단을 들 수 있겠다. 뒤에서 논의되겠지만 서발턴은 다중, 민중과 달리 이러한 이질성과 복수성을 저항의 동력으로 작동시키는 데 유효하다.

입장을 취하건 바바의 혼성성이라는 개념의 운명은 포스트식민 이주민들의 에스닉한 문화적 차이들의 정치로 휩쓸려 들어간다. 바바의 혼성성이 함의하는 차이들의 문화정치는 소위 다문화주의/신사회운동/소수자 운동과 연결되는데, 거기서 상정되는 것은 정치경제의 재구조화에 주력하는 민중적 주체라기보다 문화적 차이들의 권리 인정에 주력하는 시민적 주체[5]이다. 여기서 전지구화 시대에 정치경제의 재구조화란 자본주의적 경제 개념에 국한되지 않으며, 시민적 주체의 경우 국가 안에서 국가에 청원하는 태도뿐만 아니라 탈국가주의post-nationalism라는 새로운 양상도 야기하고 있음에 주목해야 한다.

바바가 주장하는 이질적이고 다원적인 혼성적·문화적 차이들은 제1세계에 기반을 둔, 온갖 종류의 차이들을 다원주의적으로 부가하는 담론들을 유포하면서 계급상승을 꾀하는 미국 강단의 자유주의적 다문화주의 경향에 접수되며, 토착 서발턴들을 가리는 결과를 빚는다. 비버리의 주장대로 "사회적 주체들은 혼성화의 지형 안에서 작동할지라도, 사회적 모순과 투쟁들(시민사회에서의 문화 속의 투쟁이기도 한)은 지배와 종속의 논리에 의거한다"[6]면, 자연과 사회의 자원들에 대한 재분배의 정치는 대항지구화 전선에서 중요하다. 따라서 전지구화 시

---

4) 여하한 통일성도 없이 분열과 결핍으로 얼룩진 채 흉내내기만 일삼는 바바의 혼성적 주체에 저항적 가능성이란 애초부터 불가능하다고 비판하는 아마드Ahmad와 같은 맑스주의자들과, 승리에 도취한 혼성주의라고 부를 만큼 문화적 역사적 혼성의 저항가능성을 지나치게 낙관하는 경향의 메트로폴리탄 이주 엘리트들로 된 문화주의적 포스트식민주의자들이 있다.
5) 시민적 주체 안에 부르주아적-보수적, 민중적-급진적 성향이 혼재할 수 있는데, 사회전반에 프롤레타리아화가 진행될수록 후자의 성향으로 나갈 것이다. 바바의 혼성적 주체는 다원주의적pluralistic 주체에 반대하는 것만은 분명하지만 두 성향에 걸쳐 있음으로써 지구화 시대의 좌파에 대한 입장 표명이나 그 이론적 탐색을 회피하는 인상을 준다.
6) John Beverley, *Subalternity and Representation: Arguments in Cultural Theory* (Durham and London: Duke University Press, 1999), p. 129.

대 서발턴적 저항의 정치란 민중의 구성요소들 사이에 있는 차이들을 어떠한 동일성으로도 환원되지 않을 '특이성'으로 인정하는 가운데 통합, 융합, 동화가 아닌 방식으로 사회적 불평등과 착취구도를 자본주의적 경제보다 훨씬 넓고 깊은 '경제' 개념에 따라 재편한다는 좌파적 지향을 살려내는 것이어야 할 것이다. 거기서 자유주의적 다문화주의의 유혹에 빠질 수 있는 시민적 주체의 국가귀속적 입장이나 탈국가적 입장 대신 전지구화 흐름 속에 있는 지역으로서 개별 국가 안에서 국가와 비판적 협상을 지속적으로 벌여 그 국가를 바꾸어낸다는 입장이 필요하다.

이질적, 복수적, 다문화적, 다인종적, 혼성적 민중으로서 해석될 수 있는 서발턴 집단들 사이의 차이들은 서로 적대하거나 갈등하는 면을 갖는다. 그렇더라도 특정 주체집단을 중심화·특권화하기보다 변혁주체들을 확대하되, 그 다양한 집단들을 어떻게 서로 소통·협력·제휴하게 하여 전지구화의 반생명적·반생태적인 자원분배에 대항하는 힘으로 결집시킬 것인가 하는 것이 대항지구화의 의제로 제기될 수 있을 것이다. 이 문제에 대한 답을 찾아나가는 일환으로 이 글에서는 서발턴 남성과 여성 사이의 차이 지점을 젠더화의 문제틀을 개입시킨 빈곤과 노동문제를 통해 살펴보고자 한다.

2. 젠더화된 서발턴 여성의 빈곤

전지구화가 본격화되기 전에는 서발턴 여성은 제1세계의 식민지였던 제3세계 여성을 주로 가리켰다. 전지구화 시대에 이르러 종래 제3세계는 탈식민화되었다고 봐서 제1세계/제3세계 구분은 '북/남' 국가들로 대체되어 쓰이고 있는 추세이다. 북/남 구분의 위험을 인정해야 하겠지만, 남반구 국가들 중심으로 열리고 있는 〈세계사회포럼〉이 현 단계 대항지구화의 주요한 활동이라는 점에서 북/남 구분에 일정한 가치는 있다고 본다. 하지만 필자의 입장은 그 구분만을 유효하다고 보기보다 그것과 함께 '제3세계' 개념과 혼용해서 쓰는 편이 현 신식민주의로부터의 탈식민화에 유효하다고 본다.[7]

그렇다면 서발턴 여성을 남南의 빈곤국들에 살고 있는 토착 비엘리트 여성들과 함께 북 내부에 다양하게 형성되고 있는 새로운 '제3세계들'의 여성들을 포괄한다고 보되, 제1세계에 살고 있는 후자의 여성들이 사회적 계층 상승을 꾀해 담론 권력과 지식생산을 주도해 가는 추세를 경계해야 할 것이다. 따라서 전지구화 시대에 서발턴 여성은 엘리트가 아닌 여성을, 자본주의적 가부장제[8] 사회의 헤게모니적 남성 권력구조로부터 서발턴적 위치에 있는 여성을 가리킨다. 이러한 범주화에서 여성들 사이의 공통성보다 차이를 부각시키는 것은 대항지구화를 위한 서발턴적 정치의 가능성 탐색이 현 국면에서 주요한 의제라고 보기 때문이다. 서발턴 여성이라는 용어에서 '서발턴적'이라는 형용사가 내포하는 서발터니티 subalternity 양식은 서발턴 여성을 본질론적 정의로 회귀하지 않도록 해주면서 여성 삶과 생활을 구체적으로 파고들 수 있게 한다.

한편 젠더화된 서발턴은 자본주의적 가부장제 사회를 관철하는 젠더 관계로 구조화된 서발턴을 가리키며 남성, 여성을 포괄한다. 이

---

7) 이 책의 제1부 3장 「여성주의 문화정치학과 초국가적 지식능력」의 각주 3 참조.
8) Capitalist Patriarchy는 마리아 미즈에 의해 널리 쓰이게 된 용어로 가부장제가 완전히 자본주의적인 성격을 갖고 세계 경제의 기본적인 정치적 구성요소의 일부가 된 체제를 말한다. 남南의 여성뿐만 아니라 북의 여성들까지 억압과 착취에 노출되는 근본 원인들은 가부장제가 하나의 사회체제로서 지속되었을 뿐만 아니라, 지속적인 축적과 성장, 개발과 발전을 목표로 삼는 자본주의 제도와 내적으로 연결되어 있다. Maria Mies, *Patriarchy and Accumulation on a World Scale: Women in the International Division of Labour* (Zed Books, 1986), p. 4.

개념은 자본주의적 가부장제 사회구조 및 경제를 작동시키는 원리인 젠더화를 서발턴적 주체와 연결시킴으로써 페미니즘적 문제의식을 각인하는 동시에 서발턴들 사이의 제휴와 네트워킹을 가능하게 하는 구심점으로 활용될 수 있다.[9] 그렇지만 젠더화된 서발턴들 중에서 남성이냐 여성이냐에 따라 다른 특징적인 삶의 양상들은 구분되기보다 뭉뚱그려질 수 있다. 바로 그러한 일반화가 여성억압과 차별을 재생산하는 기제이기도 하다. 그러므로 젠더화된 서발턴 개념의 유효성을 인정하되 서발턴 여성과 상호보완적으로 사용되어야 할 것이다. 그러한 생각을 반영하는 범주가 젠더화된 서발턴 여성이다.

전지구화 시대 서발턴 여성을 규정하는 핵심적인 현실은 빈곤이다. 사실, 계급을 막론하고 여성이 남성보다 더 빈곤한 현상을 가리키는 용어로 '빈곤의 여성화'는 1978년에 피어스Pearce에 의해 이미 제기되었다. 빈곤의 여성화란 빈곤 인구 중에서 여성이 차지하는 비중이 절대적으로 증가하는(70%) 현상을 지칭하기도 하지만, 상시적으로 오랜 시간 다양한 노동을 하면서도 가구구성과 임금구조 상 빈곤의 악순환 속에 있는 여성적 빈곤이 사회전반에 더 광범위해지는 경향을 의미한다.[10] 2000년 이후 여성가구주의 증가로 더 심화되는 이 경향은 3중, 4중의 노동을 감당하면서도 더 빈곤해지는 서발턴 여성들에게서 단적으로 드러난다. 여기에는 남성을 부양자로, 여성을 가정주부로 정의하고 신비화하는 젠더 이데올로기가 개입되어 있다. '여성의 가정주부화'[11]는 주부의 일 외에도 여러 가지 일을 하는 여성의 노동현실을 은폐하고, 여성을 생산과 거리가 먼 소비주체로 제한하는 젠더 분

---

9) 그 좋은 예로는 정미옥, 「젠더화된 서발턴들의 소통문제와 재현의 정치」, 『트랜스토리아』 4호(2004년 하반기), 70-81쪽 참조.
10) 한혜경, 「빈곤의 여성화와 생산적 복지」, 『여/성이론』 3호(2000년 하반기), 41쪽. 70%라는 비율은 의미심장하게도 최근 비정규직 노동자의 여성 비율이기도 하다.
11) 이 용어는 마리아 미즈의 앞의 책에서 처음으로 나옴.

리를 고착화함으로써 여성의 빈곤을 재생산하는 기제를 말한다.

    이와 관련해 '노동의 가정주부화'[12]는 가정에서 주부가 대부분 감당하는 가사노동, 생명생산 양육노동, 돌봄노동이 무급이며, 가정 밖의 임금구조로 들어간 주부의 임금이 저임인데다 시간제, 임시직, 비정규직이며, 가사 외에 주부가 하는 일의 노동형태가 가내노동이나 재택근무임을 표명한다. 다시 말해 가정주부화는 노동력 재생산노동에 임금을 지불받지 않는다는 것뿐만 아니라 가내노동이나 그와 유사한 노동관계에서의 생산적인 일도 가장 적게 지불받는 것을 의미한다. 노동의 가정주부화는 비단 서발턴 여성뿐만 아니라 서발턴 남성에게도 적용된다. 이렇게 볼 때, 노동의 대가가 제대로 지불되지 않고, 강제되면서 비가시화되는 다양한 그림자 노동이 남녀를 막론하고 젠더화된 서발턴들에게 증대되어 갈 것이며, 그들은 더욱 초과착취될 것이다.

    그렇지만 노동의 가정주부화라는 비유에는 문제가 있다. 젠더화된 서발턴들이 전지구화 시대에 공통되게 빈곤 상황에 내몰리고 있지만, 서발턴 여성이 겪는 특별한 형태의 상시적 구조적 빈곤 또한 있기 때문이다. 그러므로 이 비유가 초래하는 서발턴 여성의 빈곤에 대한 은폐를 경계하면서 그 특징적인 양상을 구체적으로 규명할 필요가 있다. 그런 점에서 이 글에서는 전지구화 시대 젠더화된 서발턴 여성의 빈곤과 그 대안을 새로운 주체 이해와 대항지구화의 잠재력 탐색에서 중심 의제로 설정한다. 젠더화된 서발턴 여성의 빈곤 문제를 재검토함으로써 전지구적으로 20:80(심지어 10:90)으로 가는 상황에 대한 비판적 개입과 다른 상상력은 벼려질 수 있기 때문이다.

    무보수로 인적 자원의 재생산 및 유지를 대부분 감당하는 것은 젠

---

12) Maria Mies and Veronika Bennholdt-Thomsen, *The Subsistence Perspective: Beyond the Globalised Economy*, Patric Camiller, Maira Mies, Gerd Weih (trans.) (Zed Books, 1999). p. 47

더화된 서발턴 여성(장보기, 요리, 가사, 육아, 노약자 간호)이다. 북반구 국가이건 남반구 국가이건 상층 엘리트 여성들은 이 부분을 대부분 지역 혹은 이주 서발턴 여성들에게 임금(저임)을 주고 해결한다. 한편 서발턴 여성들은 1) 가구, 공동체, 지역 수준에서, 2) 개별 국가 수준에서, 3) 지구적 수준에서 더 많은 노동 부담을 지고 있다. 정보화로 인해 엄청나게 많아진 컴퓨터 입력을 담당하는 여성 사무노동자층을 구성하는 하층 엘리트 여성들[13]의 경우 가구에서나 생활에서의 작은 변화로도 쉽게 '서발턴화' 될 것이며, 자신의 생계를 위해 또 가족을 위해 포스트포디즘과 국제적 하청 하에 비조직 혹은 영원한 비정규직 노동 공간이나 성산업 공간으로 더 많이 내몰릴 수 있다.

최소한 가구 수준에서도 서발턴 남성들은 가사를 분담하지 않으려 한다. 이들에게 가사를 더 많이 분담하라는 권고는 먹혀들지 않는다. 변화하는 노동조건과 가중되는 업무로 과도한 스트레스를 받고 있는 데다 무급의 가사가 사회적이지 않고 사적이며, 또한 그것이 무급이면서 사적이기 때문에 변화를 촉진할 수 있는 사회적 인센티브 체계, 즉 보수 및 처벌체계가 존재하지 않는 한 그렇다.[14] 또한 서발턴 여성들이 생계를 꾸려나가기 위해 고군분투하고 있는 동안에도 남성들은 이러저러한 이유와 절차로써 술, 담배, 오락 등 개인적인 욕망에 지출할 수 있는 권리와 시간을 크게 줄이지 않는다. 여성들에게 가구의 자원에 대한 통제권이 없기 때문이다.

---

13) 어슐러 휴즈는 이 여성노동자층을 '싸이버타리아트'라 부르며 그 육체노동의 힘 듦을 부각하고, 정보화와 가사의 상품화가 여성의 노동시간을 줄이기는커녕 '소비노동'을 부가하고 있다고 주장한다. 『싸이버타리아트』, 신기섭 옮김(도서출판 갈무리, 2004) 참조.
14) 다이앤 엘슨, 「생존 전략에서 변혁 전략으로: 여성의 욕구와 구조조정」, 김숙경 번역, 『발전주의 비판에서 신자유주의 비판으로: 페미니즘의 시각』, 다이앤 엘슨 외 지음(공감, 1998), 121쪽.

그렇지만 가족 구성원들에게 음식, 의복, 주거를 제공하고 그들을 교육시키기 위해 가계의 자원을 관리할 의무와 책임은 대부분의 경우 여성들에게 주어진다.[15] 이러한 젠더 종속 구조야말로 저임의 비정규직 노동자로서 공장 일이나 여성의 성적 자원과 관련된 일들을 서발턴 여성들에게 할당하여 세계무역의 대들보로 삼아온 전지구적 자본주의 가부장제의 토대를 이룬다. 서발턴 남성과 다른 이 대목은 더 많이 가시화되고 더 깊이 있게 논의되어야 할 것이다. 또한 북北의 국가들의 젠더화된 서발턴 여성들보다 아무래도 더 열악한 처지인 남南의 역사와 현재 속에서 젠더화된 서발턴 여성의 빈곤문제를 환기하고 대안을 탐색하는 것은 더욱 중요하다.

여기서 젠더화된 서발턴 여성의 빈곤을 부각시키는 것은 현 임금 구조 안에서 여성노동에 대해 정당한 임금을 요구하기 위해서만은 아니다. 그렇게만 하는 것은 임금만이 가치를 생산하는 일의 유일한 표식이라는 관념을 근간으로 하는 생산노동중심의 경제구도를 답습하게 하기 때문이다. 지금 3중, 4중으로 힘든 노동을 감내해야 하는 서발턴 여성들이 겪고 있는 고통은 자본의 더 많은 축적을 바탕으로 생산과 상품화를 가속화해 더 많은 이익을 얻고 더 많이 소비한다는 성장과 개발 논리 탓이므로, 그것과 다른 대안 경제를 가능하게 하는 가치, 노동, 주체에 대한 근본적인 인식 변화가 필요하다.

그런데 이 인식 변화를 꾀하는 과정에서 특히 남南의 젠더화된 서발턴 여성의 몸과 정동[16]에 대한 무차별한 착취구도를 도외시하면서

---

15) 앞의 글, 117쪽.
16) 이성중심주의에 기반한 서양 철학사에서 몸의 문제에 천착하여 정동affect을 진지하게 다룬 스피노자에 따르면 느낌, 감정, 정서, 의지, 욕동drive, 정념, 전前의식적이고 전前담론적인 것을 포괄하는 상당히 역동적이고 복합적인 것이다. 정동에 관한 자세한 논의는 『비물질노동과 다중』(도서출판 갈무리, 2005)의 제1부 「정동과 비물질노동」 참조.

여성의 재생산노동과 밀접하게 결부되는 정동, 생명, 삶의 창조능력 자체를 존재론적으로 강조하는 것은 본의 아니게 전지구적 자본주의 가부장제의 착취구도에 동참하고 기생하는 결과를 빚을 수 있다. 성, 인종, 민족, 문화, 지역에 따라 각기 갖는 자원과 잠재력을 바탕으로 즐겁게 일하며 가치를 생산하는 주체 대신 인간의 몸과 정동을 소진시키며, 지역의 약초까지 속속들이 자본화하는 기업적인 전지구적 자본주의 가부장제에 맞서는 서발턴 여성의 저항적 잠재력을 규명하기 위해서는 재생산 관계와 생산 관계를 여성 일의 오랜 역사라는 관점에서 검토하고 다시 규명할 필요가 있다.

3. 여성노동에 대한 재맥락화

출산, 양육, 가사와 같은 생명생산 및 보전 노동과 그 외 갖가지 돌봄노동, 공동체 유지와 관련된 생존 및 자급활동을 담당하는 여성의 일은 자본가들이나 국가의 계산에서나 맑스의 이론에서나 나타나지 않았다. 오히려 모든 경제이론과 모델에서 생명을 생산하고 삶을 보전시키는 여성의 생존활동은 공기, 물, 햇빛처럼 처음부터 그냥 주어진 '공짜' 상품이나 자원으로, 여성의 몸에서부터 자연스레 흘러나오는 것으로 여겨져 왔다. 이에 따라 생산노동이 중심을 차지하면서 재생산노동은 주변화되고 은폐되는 위계가 문제시되지 않았고 생산노동의 중심성은 자명한 것이 되어 왔다.

이러한 인식구도에서 재생산노동을 담당하는 여성들의 무임 혹은 저임 상태는 무엇보다 가치를 생산하는 주체로서 여성을 정의하는 것을 막는다. 그동안 페미니스트들이 해온 여성노동의 중요한 역할에 대한 분석들은 여성노동의 가치와 주된 역할을 환기하는 데 기여해 왔지만, 재생산노동과 생산노동 사이의 위계를 기반으로 하는 현 전지구적 자본주의 가부장제 사회에 미미한 개선을 촉진했을 뿐 기본구조는 그대로이다. 사실 이 구조가 전지구화 시대 서발턴 여성들의 빈곤을 야기하는 핵심적인 요인이다. 따라서 서발턴 여성들의 저항성 논의도 이 구조 안에서 이루어져야 함을 앞에서 밝힌 바 있다.

그런데 인간의 노동은 어떠한 강력한 착취구도라도 넘어설 수 있는 적극적이고 생산적인 '삶능력'을 갖고 주체성을 생산하며 사회를 생산하고 삶을 생산한다는 노동 자체에 대한 새로운 개념화가 일각에서 이루어지고 있다.[17] 그에 따라 돌봄노동과 같은 여성노동도 정동의 생산과 재생산이라는 좀더 근본적인 측면에서 다시 파악됨으로써 새로운 가능성이 부여된다. 네그리와 하트는 『제국』 이후 소통과 서비스 중심의 하이퍼리얼한 전자사회에서, 전지구화 시대의 정보경제에서, 노동이 물질적이기를 그쳤다거나 생산물들이 비물질적이 되었다는 게 아니라 노동력의 새로운 비물질적·소통적·협력적·정동적 구성에 주목할 것을 주장해 왔다. 주체·노동의 착취-통제-종속 패러다임을 벗어나 자기가치화하고 변형하고 확장하는 행위능력인 정동 자체의 근본적인 생산성을 발현하는 새로운 주체를 구성하지 않고서는 제국에 대항할 수 없다고 보기 때문이다.

하트에 따르면, 새로운 주체들의 정동적 노동이 생산하는 것은 단순히 상품들이 아니라 "사회적 네트워크들, 공동체의 형태들, 삶능력"[18]이며, 여성노동에서 보듯 정동적 노동의 역사는 오래된 것이지만 현 단계 노동의 정동적 성격은 자본을 직접 생산할 정도이며, 경제의 광범위한 부분들을 통해 일반화되는 정도가 새로운 면모라고 한다(156).

---

17) 『비물질노동과 다중』은 그러한 노력의 결과물을 모아놓은 책이다.
18) 앞의 책 중 마이클 하트, 「정동적 노동」, 151쪽. 이후 이 글에서의 인용은 본문 중에 쪽수만 표기하기로 함.

그는 정동적 노동으로서 여성노동을 무조건 찬양하는 태도가 갖는 위험을 인지하고(156), "한편에서는 정동적 노동, 즉 삶의 생산과 재생산이 자본축적과 가부장적 지배의 필수적인 토대로서 견고하게 뿌리내렸다. 그러나 다른 한편, 정동, 주체성 그리고 삶의 형태를 생산하는 것 그 자체는 아마도 자기가치화의 회로[가치화의 자율적 회로]와 해방의 거대한 잠재력을 창출할 것"(157)이라며 여성노동의 양가성을 잘 짚어낸다. 그렇지만 그는 여성의 정동적 노동 내부에 분명히 있는 국제적, 성적, 인종적 분할을 언급하면서도(152) 더 이상 깊이 있게 다루지는 않으며,[19] 여성의 몸을 기반으로 한 여성노동의 대부분은 비물질적이라기보다 물질적이라는 점에 주목하지 않는다. 그리하여 그는 대항지구화 전선에 나서게 하는 힘인 '정동'을 따르자면, "생산과 재생산의 구분이 무너져 내린다"[20]고 선포한다.

그러나 가사경제와 정치경제 사이의 현실적 위계와 구분, 중심/주변 관계는 엄연히 존재한다. 그런데도 그것을 부정하는 결과는 그 관계를 통해 일어나는 자원에 대한 통제권을 둘러싼 엄청난 차별과 자원의 부당한 분배 문제를 생략하는 것으로 귀결된다. 가사경제를 주변화해 온 정치경제 구도의 바깥에 있을 수 있는 양 자신의 포지션을 거기에 두고서 현 정치경제를 척결할 수 있을 새로운 기획을 말하는 것은 가사경제를 또다시 현 정치경제구조에 포섭되도록 한다. 말하자면 남南의 젠더화된 서발턴 여성의 정동적 노동에 어떤 식으로든 기생하

---

19) 이러한 태도는 미국 학계가 맑스주의를 "explain away"하는 태도와 걸맞게 페미니즘을 "mention away"라고 할 만한 것이다.
20) 앞의 글, 156쪽. "생산노동과 재생산노동 사이의 구분이 희미해진다"(『제국』, 윤수종 옮김, 이학사, 2001년, 509쪽)는 선언이 더 강화되어 나타난 셈이다. 하트는 「포스트식민 연구의 모호한 의식」(안준범 역, 『트랜스토리아』 창간호[2002년 하반기], 109-17쪽)에서 제국의 실제 권력 작동기제 및 기구에 관한 스피박의 추상성과 모호함을 비판하는데, 이 선언이야말로 일상적으로 행해지는 노동에 관한 그의 추상성과 모호함을 드러낸다.

게 하는 구도에 이미 연루되어 있는 북의 남성 엘리트 이론가가 현실의 구분이 무너져 내린다고 선언할 때, 결국 그는 어느 편에 서게 되는가 하는 문제에 봉착한다.

스피박이 제3세계의 젠더화된 서발턴 여성이 행하는 '정동적으로 필요한 노동'이라고 불릴 수 있는 것의 저항성을 말할 때, 하트는 그것보다 현재 '필수적인 정동적 노동'의 잠재력을 탐색해야 한다고 본다. 하지만 하트가 주장하는 우리에게 필수적인 정동적 노동이라는 것은 사회화된 소비자본주의의 현 상태 안에서만 가능하며, 그것을 국제적 노동분업 관계 속에서 보지 않고서 노동 자체로 보는 견해를 제시한다면 그저 정치적 아방가르드에 그치고 말 것이다. 그러한 견해는 여성의 일을 잉여가치를 생산하지 않는 제로 일zero work로 보는 네그리의 이론과 함께 문제가 될 수 있다.[21] 비가시적인 무급의 여성의 일이야말로 잉여가치 생산의 지속적인 원천이기 때문이다. 그러므로 현실적으로 있는 구분을 없다고 할 것이 아니라 현재 가사경제를 포박하고 있는 정치경제 구도에 이론가 자신을 연루시키면서 그 구도를 주변으로 만들 정치가 어떤 모습일지 그려보는 일환으로 가치, 노동, 역사, 주체를 여성 일의 오랜 역사라는 시각에서 다시 검토하는 것이 바람직한 방향일 것이다. 이러한 맥락에서 자급의 관점, 자급의 정치를 주장하는 마리아 미즈의 견해를 살펴볼 필요가 있다.

미즈는 자연과 여성과 같은 타자들의 식민화와 착취에 기반을 둔 지배적인 경제 패러다임을 제대로 이해하고 근본적으로 비판하지 않고서는 전지구화가 서발턴 여성들에게 가하고 있는 압력들로부터 벗어날 수 없다고 본다. 미즈는 눈에 보이는 자그마한 꼭대기 부분을 비가시화된 대다수 민중의 노동으로 지탱하는 피라미드 식 빙산 구조[22]

---

21) 가야트리 스피박, 『다른 세상에서』, 졸역(도서출판 여이연, 2003), 333쪽.
22) *The Subsistence Perspective*, p. 34. 제1장 각주 16번 참조.

로써 현재의 자본주의 가부장적 경제의 모델을 파악한다.

　　미즈의 자급적 관점은 눈에 보이지 않는 커다란 부문에 제자리를 부여하는 새로운 경제 모델을 모색하는 과정에서 나온 것이다. 그 관점은 교환가치가 아니라 사용가치의 생산에 우선권을 둔다.[23] 그것은 전지구적 자유무역과 투자에 기초를 둔 현 세계경제 모델은 제한된 행성에서 끝없는 상품화를 꾀하는 교환가치 위주라서 많은 상품과 생산이 고루 분배된다기보다 자원의 무차별한 낭비와 환경의 파괴를 야기할 뿐이라는 인식에 근거한다. 따라서 자급의 관점은 현존하는 노동과 노동생산성 개념들을 근본적으로 비판하면서 이익과 축적의 시각에서 생산적인 노동들 대신 생명을 실제로 생산하고 삶을 유지하며 고양시키는 그러한 일들을 생산적이라고 본다.

　　자급적 일들의 생산물들은 지역의 필요에 따라 서로 직접 교환될 수 있으며, 돈의 관점에서가 아니라 그 자체로 가치를 가지므로 임금이 없으면 생계가 유지될 수 없는 그러한 속박과 불안으로부터 벗어날 수 있도록 하는 출발점이 된다. 따라서 자급적 관점은 '임노동 없이는 삶도 없다'는 신념을 포기하게 한다. 대신 "노동에 대한 새로운 개념과 무임금노동에 대한 새로운 가치화"[24]를 꾀하여 무임노동을 임노동보다 더 중요하게 여기는 인식의 전환을 촉구한다. 생명 보전과 자급을 위한 활동들은 삶 자체를 축적의 부수 효과로 만드는 대신 일의 주요한 목표로 만들어줄 것이다. 그럴 때 인간존재들 사이에, 인간과 자연 사이에, 노인과 젊은이 사이에, 여성과 남성 사이에 상호적이

---

23) *Ibid.*, p. 58. 교환가치와 사용가치를 이렇게 이분법으로 파악하는 태도에는 사용가치가 먼저 있고 나중에 교환가치가 생긴다는 낭만적 견해와 사용가치를 실체로 파악하는 논리가 깔려 있다. 따라서 미즈의 자급적 관점은 맑스 가치론의 견지에서 보면 커다란 한계를 안게 된다. 이 논점은 유물론적 노동과 가치 개념의 여성주의적 변환을 위해 앞으로 좀더 본격적으로 규명되어야 하는 주요한 사안이다.

24) *Ibid.*, p. 59.

고 존중하며 사랑하고 돌보는 관계들이 형성될 것이다. 미즈는 이러한 공존의 삶이란 남녀가 무임노동을 동등하게 나누고 땅, 물, 숲, 생물다양성, 지식과 같은 가장 중요한 공통자원들에 대한 통제권을 주장하고 회복할 수 있어야만 가능하다고 본다.

자급의 관점은 전지구적 자본주의 가부장제 사회를 돌리는 축적과 성장, 개발과 발전 논리 대신 생존과 자급의 원리에 가치를 두고 자원을 조금만 쓰면서 자연을 보전하고 인간의 삶을 풍부하게 만들자고 주장한다. 이것은 작고 제한된 지방에서, 탈중심화된 지역들을 중심으로 실천할 수 있을 것이며, 자급노동과 사용가치가 중심이 되는 새로운 경제모델을 구축하는 데 밑거름이 될 수 있을 것이다. 거기서는 서발턴 여성들은 가치를 생산하는 주체로서 자립적이다.

그렇지만 심각한 생태학적 손실 앞에서 새로운 주체를 형성하는 모델로서 여성의 일이 갖는 전복적 저항적 힘의 확립은, 미즈 식으로 정치경제와 다소 분리된 가사경제중심적 재구축보다 가사경제와 정치경제의 부단한 연루와 개입을 통해 그 관계의 역전과 치환 속에서 일어나는 가치변환transvaluation을 필요로 한다, 이것은 여성의 일을 단독적으로 따로 떼어내어 가치화할 게 아니라 생산의 회로를 경유하게 함으로써 현 정치경제 구도 안에서 그 구도를 서서히 내파해가기an uncatastrophic implosion[25]를 말한다. 그렇게 내파해 나갈 수 있는 힘은 결국 오랜 세월 수없이 노동해 온 서발턴 여성들에게서 나올 것이다. 전지구화 시대 서발턴 여성의 혼성적 저항성이란 오랜 역사를 갖고 끈질기게 유지되어 온 다양한 형태의 노동력, 자연과 공존하면서 상호작용할 수 있는 능력을 갖고 일상에서 행해 온 생존활동의 장점을 현재 역사 속의 지역 현실에 부응하도록 창조적으로 살려내는 데서 구

---

25) 스피박, 『다른 세상에서』, 179쪽.

해질 것이다.[26]

4. 한국의 서발턴 여성운동과 대항지구화

그동안 한국의 여성운동은 엘리트 중심적이었다. 식민화 경험이 있고 미국의 신식민주의 영향 아래 한국 엘리트 여성들은 자유주의, 관념론, 보편성을 중시하는 제국주의적 인식소와 문화 속에서 서발턴을 배제하는 경향을 보여 왔다. 서울 인근 지역의 중산층 이성애 엘리트들 중심의 한국 주류 여성운동이 그동안 포괄하지 못했던 서발턴 여성들이 이제 제각기 다른 목소리들을 내기 시작하고 있다. 앞에서의 논의는 전지구적 자본주의 가부장제 사회가 야기하고 있는 빈곤, 생태위기, 전쟁에 맞서는 대항지구화 세력으로서 광범위한 서발턴 여성들의 가시화를 말하기 위한 것이었다. 성적 자원을 총동원시키는 노동으로 초과착취되는 서발턴 여성들이 대항지구화 전선을 형성하는 데서 중요하고도 핵심적인 구성요소가 된다는 것은 자연, 생명, 노동이 무엇인지, 왜 중요한지를 아는 그들이 노동에 대한 전면적인 재정의와 재배치에 앞장설 실질적인 구성원들이기 때문이다.

민족 이전의 것으로서 민족국가의 주체가 되지 못했던 한국 서발턴 여성들은 제국주의 세력에 의한 반쪽 독립을 거쳐 탈식민화된 후 외형적인 국민적·국가적 형식 속에 불균등하게 삽입되었다. 그리하여 그들은 한편으로 국가발전과 지역개발을 주장하며 내부식민화를 꾀하는 지역 부르주아 권력계열들과 다른 한편으로 민족-국가주의에 맞서 탈민족-국가주의를 부르짖는 전지구화 세력 사이에 끼어 있게

---

26) 여기서의 논의는 4장 3절 3)에서 좀더 자세히 나오는데, 일부 겹침을 밝혀둔다.

된다. 두 세력은 서로 동떨어진 것 같아도 서발턴적 집단들을 배제하고 착취하는 면에서는 공모하고 있다. 지금 한국에서 생산 중인, 탈국가주의적 국면을 확보하기 위해 계급적으로 강화된 소위 국제적 하이퍼리얼 시민사회의 담론전략에 특히 주시할 필요가 있다. 그 시민사회는 "오늘날의 세계가 얼마나 초국가화 혹은 전지구화될 수 있든 간에, 한 시민사회의 경계들은 여전히 개별국가를 뚜렷이 나타내고 여전히 국가로 정의"[27]되는 데도 국가와 상관없는 척하면서 국가를 이용하고 국가 자체의 변화를 막기 때문이다.

바로 이 점에 유의한다면, 한국 서발턴 여성운동은 국가주의적이지도 탈국가주의적이지도 않은 자세로 새로운 종류의 국가를 창출해내려는 토착 지역의 액티비스트 민중적 주체화를 그 방향으로 삼게 될 것이다. 그렇지만 이 방향은 남성주의적 진보세력이 표방해 온 민중의 정치를 전지구화 시대에 맞게 재구성하는 서발턴 정치로서 차이 지점을 갖는다. 한국 서발턴 여성운동은 한국사회를 지배하는 양대 세력들과 엘리트 여성들 사이를 쑤시고 다니면서, 내부식민화된 새로운 제3세계라는 제3의 공간 혹은 틈새 공간을 구축한다기보다 한국사회의 지배구조와의 포개짐, 공모, 연루 속에서도 그것과 지속적인 비판적 협상을 통해 그 지배구조를 내파하는 방식으로 실천할 것이다. 이 부단한 싸움에 임하는 이들의 액티비스트 저항성은 동일성-차이의 배제적이고 제한적이며 확정적인 논리에서보다, 비가시성-비현존-비틀림이라는 부정성과 저항-대항-액티비즘이라는 긍정성이 상충하고 공존하며 상호작용한다는 의미에서의 서발턴적 혼성성으로부터 구축될 것이다.

여기서 서발턴 여성들과 그 외 다른 서발턴 집단들 사이의 차이가

---

27) 스피박, 『포스트식민 이성비판』, 544쪽.

빚어내는 갈등과 적대감을 풀어놓으면서 그 차이가 갖는 특정한 힘들을 대항지구화로 모으는 문제가 남는다. 한국 서발턴 여성운동은 가부장적 성도덕에 기생하는 노동자운동, 자본주의적 생산과 노동을 넘어서지 못하는 여성운동, 동성애자와 연대하지 못하는 환경운동, 장애인과 협력하지 못하는 빈민운동을 어떻게 이해하고 새로운 관계 맺기를 시도할 것인가? 이 문제를 회피하고서 각기 따로 분열되고 분화되는 차이들은 전지구적 자본주의 가부장제가 원하는 어떤 동일성으로 환원되거나 일원화됨으로써 오히려 자본과 제국이 노리는 지구화를 지탱하고 지지하게 된다. 각기 복잡하게 착종된 혼성성을 지닌 차이들은 서로의 목소리에 귀기울이면서 비판하고 경쟁하고 경합하면서 또 대화하고 소통하는 다각도의 끈질긴 교섭능력으로써 분할과 위계가 아닌, 여러 개의 동심원들을 그려내는 수평적 방식을 실험할 수 있다. 다시 말해 서발턴의 정치에서 중시되는 차이들은 각기 그 고유성을 바탕으로 개방적이고 확장적일 수 있을 때 착취와 빈곤으로 인한 부정성을 넘어 그 긍정성을 발현할 수 있을 것이다.

    그러한 과정은 일상생활을 유지시키는 노동의 대부분을 실제로 담당하는 서발턴들을 비가시화하는 전지구화에 맞서 각기 자체의 관심사들과 다양한 창의적인 기획들을 갖고 개별 국가의 지역공동체들 속에서 펼쳐지는 수많은 운동들에 구체적인 관심을 기울일 때 포착될 수 있을 것이다. 하이퍼리얼한 강력한 기업 정치가 꾀하는 전지구적 통제를 오히려 전지구적 제휴로 바꾸어낼 수 있는 출발점은 지역공동체들과 지역운동의 발의들일 것이다. 그 제휴의 성공 여부는 먼저 개별국가 수준에서 지역 서발턴들 사이의 창조적인 네트워킹에 달려 있다. 한국의 엘리트 남성들과 여성들은 지역적으로 보이는 발의로부터, 아래로부터의 정치로부터 배워야 할 것이다.

3
여성주의 문화정치학과 초국가적 지식능력

1. 영문학, 문화론, 초국가적 지식능력

영문학 전공자로서 영미문학작품들을 읽어오다 문화라는 범주로 그 시야를 넓히는 과정에서 최근 이론들을 접하고 그중에서 여성주의를 발판으로 삼아온 지 십여 년이 흘렀다. 그 사이 강단 영문학자들이 대거 문화연구로 전향하는 모습을 보면서 그러한 시류 속에 나의 입장은 무엇인지 해명하지 않을 수 없다. 그것을 해명하자니 나의 인식체계에 큰 영향을 미쳐온 가야트리 스피박에 대한 논의를 빠뜨릴 수 없다. 그녀는 20세기를 대표하는 영국 시인 윌리엄 버틀러 예이츠를 박사학위 논문의 연구주제로 삼았으며, 서구 문단에서 이론가로 등단한 후에도 윌리엄 워즈워스의 장시『서곡』, 메리 셸리의『프랑켄슈타인』, 샬롯 브론테의『제인 에어』, 버지니아 울프의『등대로』등 영문학 정전에 속하는 작품들에 대한 비평을 써냈다. 뿐만 아니라 그녀는 영문학 정전의 확대와 결부되는 포스트식민 문학작품들 중에서 진 리스의『드넓은 사가소 바다』, 쿳시의『포우』, 살만 루시디의『악마의 시』, 마하스웨따 데비의 「드라우파디」, 「젖어미」, 「한없이 너그러운 두올로 티」를 분석한 바 있다.[1] 그녀는 소위 정전 및 대항정전counter-canon 양쪽에 고루 접근하며 모두 문제 삼는다. 이러한 태도는 최근 한국 영문학계를 풍미하는 대항정전 작품들 위주의 편향된 분석과 비평에 시사하는 바가 크다.

오늘날 한국 영문학계를 주도하게 된, 정통 영문학 연구 방식에 대한 비판적 태도의 이면에는 문학의 특권적인 위치를 거부하고 문화라는 좀더 넓은 범주 속에서 문학을 다시 자리매김하는 동시에 분과학문의 특수 영역 전공주의를 넘어서는 통합학문적 다학제간 연구를 실천하자는 인식이 깔려 있다. 이러한 인식은 문화론을 모색하게 하며, 문화론으로 영문학 비평을 가로지르며 영문학 비평의 변화와 확장을 꾀할 수 있게 한다. 이 작업의 토대로 나는 영문학 비평과 문화론을 '문화정치학Cultural Politics'으로 정의하는 데 두고자 한다. '문화정치학'은 1990년대 들어 미국 학계에 확실하게 구축되는 포스트식민 연구라는 또 하나의 다학제간 영역에도 해당된다.

제3세계 출신으로서 미국 학계에 자리잡은 스피박은 사이드, 바바와 더불어 포스트식민 연구 진영을 대표하는 이론가로서 정치적으로나 담론적으로나 우리에게 큰 영향력을 발휘하고 있다. 스피박의 독보적인 점은 포스트식민 연구의 발흥을 전지구적인 자본주의 질서라는 현재적 조건 속에서 고찰하는 가운데 제3세계에 전파되고 제도화된 포스트식민 연구가 신사회 질서에 유리하게 공모하는 지점들을 짚어내는 데 있다. 스피박의 그러한 면모는 해체론자로서의 입장을 철저하게 관철시키기 때문에 나온다.

해체론에서는 그동안 서구를 중심으로 생산되어 온 근대 이후의

---

[1] 문학작품들에 대한 스피박의 분석은 『다른 세상에서』와 『포스트식민 이성비판』의 2부 「문학」에 집중적으로 나온다.

지식들의 근간에 있는 이분법적 대립 체계에서 두 항의 역전만을 꾀하는 반反담론의 자기모순을 직시하고자 한다. 그럴 때 보이기 시작하는 것은 두 대립항의 공모관계이다. 서구에 의해 주도된 제국주의적 자본주의를 통해 서구와 동양이 만난 이후 '제국'과 '자본'의 바깥이란 사실상 없어지고 모든 것은 그 안으로 포섭되어 왔다. 그런데도 그러한 자본주의 현실에 대한 비판의 근거를 안에서가 아니라 밖에서 구하는 반담론은 뒤집힌 형태로 기존 사유구조를 답습할 뿐이다. 그러므로 기존 사유들 내부의 자원들을 갖고 거기서 변혁의 원천을 구성해 보자는, 즉 안에서 밖을 찾아보자는, 안에서부터 이론작업 하기란 스피박의 문화론에서 주요한 전제가 된다. 이러한 방법론적 전제는 포스트식민 시대에 필요한 탈식민의 전략으로서 모색된다.

스피박의 문화론은 1993년을 기점으로 포스트식민 연구의 식민담론 비판에서 〈페미니즘적 초국가적 문화연구〉로 이동된다. 스피박은 초국가적 문화연구의 영역과 방법을 논의하면서 전지구성globality의 틀 속에서 작업하되 제3세계 문학 및 문화에 대한 서구의 새로운 관심을 비판적으로 파악하고 재배치하는 〈초국가적 지식능력transnational literacy〉을 중시한다. 여기서 전지구화 시대에 필요한 초국가적 지식능력을 갖추기 위해서는 단일한 하나의 인식체계로써는 불가능하다고 보아 〈페미니스트 맑스주의 해체론〉이라는 다중적이고 복합적인 입장이 역설된다. 스피박에게 문화론은 해체론적일 뿐만 아니라 맑스주의적이며 페미니즘적인 것이다. 이 글에서는 바로 이 점을 염두에 두고 스피박의 논의들[2])에서 제시되는, 〈페미니스트 맑스주의 해체론〉

---

2) "Can the Subaltern Speak?" *Marxism and Interpretation of Culture*, eds. Cary Nelson and Lawrence Grossberg. London: Macmillan, 1988, pp. 271-313; 「하위주체가 말할 수 있는가?」. 태혜숙 역, 『세계사상』 4호(1998), 78-135쪽; *In Other Worlds* (New York & London: Routledge, 1988); 태혜숙 역, 『다른 세상에서』(서울: 여이연, 2003); *The Post-Colonial Critic* (New York & London: Routledge,

의 입장에서 문화를 설명하고 해석하는 문화정치학이라는 입장을 전지구화 시대에 필요한 문화연구의 기초로 삼아야 한다는 주장을 살펴보고자 한다.

2. 문화정치학으로서 문화론

우리의 문화를 형성하는 설명들(해석들)은 지식으로서 우리와 함께 하고 있다. 우리가 이 설명들을 생산하기도 하지만, 그것들은 또한 우리 문화의 결정체이기도 하다. 우리는 그러한 문화적 설명들을 우리 행위의 기반으로 삼는다. 그 설명들은 공적/사적, 중심부/주변부적인 것으로 나누어지며, 대체로 전자의 설명이 한 사회의 공식 설명으로서 우리에게 영향력을 미친다. 그런데 이러한 기존의 공식적 설명을 주변부 여성이 본다면 어떻게 될 것인가?

    이 질문을 갖고 스피박은 「설명과 문화」라는 글에서 문화가 갖는 정치성 문제를 짚어보고 있다. 스피박이 이 질문에 답하는 과정에서 직시하게 되는 것은 모든 설명에는 하나의 통합된 견해를 정립하고 싶어 하는 설명주체의 욕망이 깔려 있다는 사실이다. 설명행위의 근저에 있는 이러한 욕구는 지식과 지식대상인 세계를 통제할 수 있는 자

1990); 『대담』, 이경순 역(도서출판 갈무리, 2006); *Outside in the Teaching Machine* (New York & London: Routledge, 1993);『교육기계 안의 바깥에서』, 태혜숙 역(도서출판 갈무리, 2006): *The Spivak Reader* (New York & London: Routledge, 1996); *A Critique of Postcolonial Reason* (Cambridge, Massachusetts: Harvard University Press, 1999);『포스트식민 이성비판』, 태혜숙 박미선 역(도서출판 갈무리, 2005); "The New Subaltern," *Mapping Subaltern Studies and the Postcolonial*, eds., Vinayak Chaturvedi (London: Verso, 2000), pp. 324-40. 이후 여기서의 참조는 CSS, OG, IOW, PCC, OTM, SR, CPR, NS로 약칭해 본문 중에 쪽수를 병기하기로 함. CSS와 IOW의 경우만 번역본 쪽수를 썼음을 밝혀둔다.

아를 지키려는 데카르트 이후 근대적 인간의 욕망을 가리키는 징후이기도 하다. 우리가 이 점을 인정할 때, 기존의 공식적 설명이라는 것이 "중립적이고 보편적인 실천으로 오인된… 남성주의적 실천"(IOW, 218)이라는 사실이 보이기 시작한다.

문화적으로 이미 금지되어 있는 설명들이 있다. 문화란 사람이 무엇을 어떻게 알게 되는가를 둘러싼 하나의 규율적 원칙이자 권력/지식이다(CPR, 356). 그것은 중심으로부터 만들어진다. 따라서 "우리는 설명함으로써 근본적으로 이질적인 것들의 가능성을 배제한다"(IOW, 220). 이 인식에 따라 스피박은 문화정치학에서의 '정치'를 "어떤 설명이건 거기 깔려 있기 마련인 주변성의 금지"(220)라고 정의한다. 특정 설명에 금지되어 있는 주변부가 바로 그 설명의 특별한 정치를 구체화하는 셈이다. 즉, 하나의 공적 설명은 소위 사적 설명이라는 것을 배제하는 정치에 의해 구성된다. 바로 이 '배제의 정치'가 스피박의 문화정치학 개념에서 한 층위를 이루는데, 이것은 '포섭의 정치'와 얽혀 있다.

스피박의 문화정치학적 인식은 설명 자체와 명확하게 구분될 수 없는 문화적 설명 이데올로기의 중요한 부분으로 심포지엄, 학술대회, 분과학문 실천 구조로 확장된다. 스피박은 이 구조를 가동시키는 미국 학계의 정치를 "선진 자본주의의 기술주의 정치"(223)라고 하면서 백인남성중심의 거창한 심포지엄의 발표자로 초대된 자신에게 "선진 자본주의적 인종주의 사회의 중심의 언어를 강요"(228)하는 분위기를 감지한다. 정작 자신이 하고 싶은 말을 다 할 수 없게 만드는 이상한 억압과 배제 분위기가 있었던 것이다. 스피박이 미국 학계에 발을 디딜 수 있고 심포지엄에 참석할 수 있게 된 것은 자신의 탁월함을 인정해서라기보다 주변부의 선택된 소수를 환영하며 끌어들임으로써 중심이 거둬들이는 효과 때문이다.

중심은 그것이 표현할 수 있는 설명에 의해 정의되고 재생산되므로 중심이 견지하는 문화적 설명을 고수하려고 한다. 그러기 위해 주변부를 무조건 배격하기보다 끌어들이는 제스처를 통해 다양성 속의 통합을 꾀하는 분위기를 조성한다. 이것이 바로 '포섭의 정치'인데, 주변부를 포괄해 길들이고 전유함으로써 주변부의 저항성을 봉쇄하는 전략이다. 주변부를 인정하고 환호하는 분위기에 취하면 비판의 깃대를 내리고 어느덧 중심에 동화하고 중심의 인정을 더욱 받기를 바라게 된다. 해체론자로서 스피박이 꿰뚫어본 것은 중심과의 관계에서 주변부가 자신도 모르는 사이에 중심과 공모하게 되는 측면이다. '포섭의 정치'는 더욱 교묘한 방식으로 주변부를 결국 배제하는 메커니즘이다. 이를 명확히 인식하지 않으면 진정한 탈식민화란 없다.

그렇다면 페미니스트 주변부 위치에서 어떤 정치적 입장이 가능할 것인가? 스피박은 페미니즘적 주변성의 위치를 기존의 문화적 설명을 바꾸어내는 생산적인 지점으로 보면서, 중심을 획득하려고 할 게 아니라 "중심과 주변 사이의 구분을 역전시킬 뿐만 아니라 치환"(223)하며 중심 자체가 주변이 되도록 제시하기를 제안한다. 그 방법은 "주변이라는 바깥에 머물며 중심을 비난하는 손가락질을 하는 게 아니라 나 자신을 중심에 연루시키면서 그 중심을 주변으로 만들 정치가 어떤 모습일지 감지하는 것"(223)이다. 그 작업을 구체화하기 위해서는 끊임없이 주변을 비가시화하려는 중심에 맞서 주변을 끈질기게 가시화하되, "주변부화와 중심화를 통한 맥락 및 맥락적 설명들이 생산되는 과정 분석"(229)을 동시에 수행해 내야 한다. 스피박은 그러한 분석을 특히 90년대 미국 강단에 진입한 제3세계 출신 엘리트들이 미국 주류의 다문화주의multiculturalism에 포섭됨으로써 형성하게 되는 문화적 혹은 엘리트 포스트식민주의가 문화를 내걸며 차별과 착취문제를 은폐하고 인종적 하층계급과 〈남〉[3]을 배제하는 설명들에 실행한다. 이 점은 차후에 좀더 자세히 설명될 것이다.

3. 해체론적 방법: '안의 밖'

우리는 제국주의적 인식소 episteme 안에서 길러지고 형성되어 왔다. 서구 자본주의가 제국주의화하기 시작한 18세기 말 이래 식민지 국가들에 대한 경제적 탈취를 가리기 위한 제국주의적 법과 교육으로 구성된 인식소가 학식과 문명으로 오도되는 가운데 그것이 식민지 국가들에 안착되었기 때문이다. 이와 같은 제국주의적 인식소는 대립적인 이원구조로 되어 있으며, 경제를 약화시키는(그래서 경제적 착취를 가리는) 관념론, 보편주의적 휴머니즘, 자유주의, 본질론으로 되어 있다. 이 인식소가 이질성, 불연속성, 다형성, 비일관성 — 이것들은 서구의 관점에서 보면 혼란, 무지, 야만이다 — 으로 점철된 인도와 같은 제3세계 국가에 부가되는 것은 그야말로 폭력이었고, 그 폭력성은 지금까지 제3세계의 현실을 전반적으로 규정한다. 그런데 이와 같은 제국주의의 폭력적인 인식소를 이제 거부하자고 선언한다고 해서 그것이 곧바로 척결되지 않는다는 점이 스피박이 안을 강조하게 되는 근거이다.

스피박은 논문에서는 물론 인터뷰에서도 해체론에 대한 잘못된 이해 — 주체/진리/역사를 해체하며 모든 것을 언어로 환원시키는 엘

---

3) 전지구화 시대에 제1, 2, 3세계 구분은 더 이상 적절치 않다면서 부국을 지칭하는 〈북〉과 빈곤국을 지칭하는 〈남〉의 구분이 점차 쓰이고 있는 추세이다. 스피박은 『포스트식민 이성비판』에서부터 본격적으로 북-남 구분을 쓰기 시작한다. 3장을 비롯해 이 책에서는 "특정한 역사의 물리적 조건을 구성하는 요소로서 지정학적·문화적 위치를 중요하게 고려해야 할 대상임을 시사"(노승희, 「타자의 시대에 글쓰기는 어떤 의의를 가질 수 있는가?」, 『여/성이론』 9호[2003], 4쪽)하는 '제3세계'가 갖는 비판적 설명력을 살린다는 뜻에서 〈남〉과 '제3세계'를 겸해서 쓰기로 한다.

리트주의 · 텍스트주의라는 ─ 를 거듭 언급하면서 방법으로서 해체론의 본령을 제대로 파악해 페미니즘적 문제설정에 활용할 것을 주장한다. 이와 관련해 스피박은 1993년의 인터뷰에서 다음과 같이 명백하게 말한다.

> 해체론은 주체, 진리, 역사가 없다고 말하지 않습니다. 그것은 누군가가 진리를 갖고 있다고 믿게끔 하는 정체성의 특권화를 심문할 뿐이죠. 해체는 실수를 드러내는 게 아니고 진리들이 생산되는 과정을 계속해서 집요하게 들여다보는 것입니다. 그래서 해체는 로고스중심주의를 병리적이라고, 또 형이상학적 폐쇄가 우리가 벗어날 수 있는 어떤 것이라고 말하지 않습니다. 굳이 공식으로 말하고 싶다면 무엇보다 우리가 원하지 않을 수 없는 것에 대한 집요한 비판입니다[4](SR, 27-8).

우리가 바꾸어 보고 싶지만 서식하기를 원하지 않을 수 없는 현실의 폭력적 구조들 안에서 비판적 이론의 자원을 찾아내야 한다는 말이다. 스피박은 안에서부터 하는 이론작업을 기존 폭력구조들과의 비판적 협상이라고 부른다. 입장이 취약할수록 지배집단의 동질화하는 목소리에 개입하는 협상이 더욱더 필요하다. 취약한 입장의 무력함과 한계에 대한 인식 때문에 또는 협상하기 싫다는 이유로 협상장소를 떠나는 것은 굴복이다. 협상이란 동등한 위치에서의 중립적 대화나 협동, 집단적 거래를 말하지 않는다. 서구 자유주의에 의해 형성된 우리

---

4) 이와 같은 인식은 『그라마톨로지』의 유명한 다음 대목에서 유래한다. "해체기획은 반드시 안으로부터 작동하며, 낡은 구조로부터 전복의 모든 전략적 · 경제적 자원들을 빌려온다. 그리고 해체기획은 이 자원들을 구조적으로, 말하자면 그 요소들과 원자들을 따로 떼어내지 않고 빌려오므로 언제나 일정하게 자승자박의 측면이 있다"(Jacques Derrida, *Of Grammatology*, trans. Gayatri Spivak [Baltimore: Johns Hopkins University Press, 1976], p. 24).

의 포지션이 갖는 제약들 안에서부터 우리가 무엇을 할 수 있을지 알아보기 위해 협상장소에 가서 자신의 제약조건들과 긍정적인 역할을 구체적으로 말함으로써 교착상태를 깨고 열어젖혀야 하는 것이다. 외부로부터 하는 작업이란 있을 수 없기 때문에 자신이 서식하게 된 것을 변화시키는 것, 이것이 바로 협상이다(PCC, 72).

스피박의 '협상'은 데리다의 해체작업과 친밀한 비평적 관계를 유지하면서 글쓰기에 대한 집착을 넘어서기 위한 구체적인 방법을 말한다. 즉, 해체를 법, 제도교육, 그리고 궁극적으로는 자본주의와 같이 매일 실천되고 있지만 종종 부인되고 있는 다른 확립된 구조들과의 협상이라는 더 광범위한 지형으로 연결시킴으로써 비평적 밀착을 통한 새로운 정치를 생산하자(OTM, 129-30)는 것이다. 이를 『스피박 독본』의 편집자들은 "데리다를 철학 자체나 이론 자체의 결을 거슬러 정치를 향해 읽는다"(OTM, 75)고 명쾌하게 표현한다. 이런 맥락에서 스피박은 데리다의 '텍스트성'을 애초에 세계와 분리된 것으로 보지 않고 [서구인이 보기에] "아무것도 각인되지 않았다고 가정된 영토에 하나의 세계를 구획하기"[5]로 개념화한다.

이 용어는 제국의 시각에서 보면 아직 이름이 없는 영토와 민족에 이름을 붙여줌(각인함)으로써 피식민지인들에게 그것을 채택하도록 강요하는 과정을 말한다. 스피박은 이러한 개념화야말로 제국주의적 착취와 억압 문제를 다루는 해체론의 적절성을 입증한다고 본다. 사실 텍스트 바깥은 없다는 데리다의 말은 액면 그대로 받아들여져 비정치적인 것으로 이해되어 온 것이다. '세계의 세계구획' 개념에 깔려 있는 것은 서구 제국주의 기획을 위한 '각인' 작업의 일방성과 폭력성에 대한 인식이다. 그 작업의 강력한 힘은 영토 침략에서뿐만 아니라 서

---

[5] "the worlding of a world on a supposedly uninscribed territory" (PCC, 1).

구 이외의 곳에 존재해 온 지식을 '허가된 무지sanctioned ignorance'로써 부적절하고 덜 세련되었다고 폄하하는 데서도 발휘된다. 여기서 영토의 탈취와 아무 상관없는 듯한 보편적인 인간존재 개념이 완고하게 자리잡고 있는 철학체계·교육체계 속에서 길러진 우리가 생산하는 이론이 과연 어떤 세계구획을 낳고 있는지 점검해 보아야 한다는 요구가 나온다.

스피박은 이와 같은 폭력성을 구성하는 핵심적 요소로서 남성주의masculism의 바깥을 그 안에서부터 사유하느라고 고심한다. "우리로서는 그 텍스트[데리다, 니체, 라캉의]를 아예 사용하지 않기보다 책임감 있게 비난하면서도 그 잣대를 들어올려 오용하는 것이 유용할 것"(OTM, 134)이라는 입장은 남성주의와 협상하기로 나타난다. 스피박은 남성주의에 대한 데리다의 비판에서 철학실천의 '여성화'를 발견하기는 하지만, 이것이 여성을 남성주의적으로 이용하는 또 다른 예는 아니라고 본다. 그리고 남성주의에 대한 데리다의 비판은 실은 '신인동형론'을 제거하는 데 가까우며, 그렇게 비워진 자리에 기호로서의 남성을 끼워 넣자 '여성'이라는 기호의 역사를 생각하게 되고 글쓰기에 나타나는 여성의 비유를 추적하게 된다는 것이다. 그리하여 데리다는 니체와 하이데거에 대한 논의를 거쳐 '진리의 비진리성'[6]으로서 여성, '오어'[7]로서 여성을 가리키는 이름으로서 '여성'을 장황하게

---

6) 니체의 개념인데 진리의 본성은 어떤 것을 진리라고 해 버리는 순간 이미 진리가 아닌 것(비진리)으로 되므로 이러한 비진리성을 '진리'라 할 때 그것은 문자 그대로의 대상이 아닐 뿐만 아니라 문자 그대로의 적절한 지시대상이 없는 그런 것을 말한다(OTM, 128).
7) 'catachresis'란 기존 사유체계에서, 예컨대 '여성'이라는 단어에 이미 적재되어 있는 온갖 부정적 의미들 때문에 그 단어가 담아내지 못했던 오염되지 않은 여성성, "여성성의 특이한 생동감"(OTM, 134)을 되살려내기 위해 그 적재된 의미들에 균열을 내고 그것들을 비틀거나 뒤집고 치환하는 새로운 언어작업을 가리킨다. 프랑스 페미니스트들의 글쓰기 실험이 이와 같은 맥락 속에 있다고 하겠다.

논의하는 데로 기울게 된다.

　스피박은 남성/여성의 이분법을 뒤집은 다음 여성을 앞세우는 본질론에 빠지지 않고 여성에 대한 새로운 논의를 하기 위해 이렇게 할 수밖에 없는 데리다의 딜레마를 이해하면서도 여성에 대한 데리다의 작업을 "데리다식의 비육체적 형상화/이름 붙이기"[8]라고 일축한다. 게다가 비유로서 여성에 대한 집착은 여성들 사이에 담론적 연속성을 전제하는 것이므로 여성들 사이의 이질성을 무마하는 한계가 있다. "이론의 집에서 합법성을 찾으며 여성이라는 이름을 붙이려고 열내봤자 자신은 문자 그대로의 지시대상이 아니라"(OTM, 137)고 말하는 '권리를 박탈당한disenfranchised' 여성이 이를 입증해 준다. 스피박에게 데리다의 딜레마를 넘어서는 방법을 가르쳐주는 것은 바로 이 역사적으로 박탈당한 음지의 여성들이다. 유럽 부르주아 남성들/여성들(주로 프랑스 페미니스트들)이 보지 못하는 다른 곳에 있는 이질적인 여성들은 "비조직 농민, 도시 하부 프롤레타리아, 주변부 외곽지대 여성, 토착 부족여성"(PCC, 10)이다. 소위 서발턴에게 여성이라는 이름을 붙여주자는 것은 우리도 여자라고 말하는 젠더화된 서발턴의 말하기라는 문제설정으로 우리를 이끈다.

4. 젠더화된 서발턴의 말하기: 재현의 정치

스피박의 문화론에서 가장 중요하다고 할 수 있는 '서발턴'을 살펴볼 차례이다. 서발턴subaltern은 한 사회의 실체substance를 이루면서 타자 혹은 대타alternity로 있는 양태를 가리키는 합성어로서 그람시가 썼던

---

[8] "Derridean unfleshed fuguration/nomination"(OTM, 159).

말이다. 서발턴은 계급 중심으로 이해된 맑스주의적 주체를 젠더, 인종, 언어, 문화의 축들로 확대할 여지를 열어줌으로써 주체 이해의 복합화를 가능하게 한다. 스피박은 전지구적 자본주의의 가속화라는 1990년대의 조건이 초래한 초국가주의transnationalism 현실에서 한 국가 안에서의 서발턴뿐만 아니라 전지구적으로 다양하게 산재해 있는 서발턴들을 점차 주시한다. 그러한 새로운 서발턴들 중에서도 스피박의 주된 관심은 〈남〉의 서발턴들을 가시화하는 문화정치학적 서사화이다. 이 맥락에서의 서발턴은 의식, 노동, 역사, 문화에 관한 맑스주의적 인식을 전지구성과 포스트식민성[9]의 문제의식과 결합시킴으로써 맑스주의의 비판적 전환을 꾀하는 가운데 생겨난 새로운 주체 이해를 표명한다. 〈인도 서발턴 연구회〉의 이론작업으로부터 본격적으로 활성화되기 시작한 이 개념이 성차性差와 젠더화gendering 문제를 배제한다는 비판적 문제의식[10]에 따라 강조된 개념이 '젠더화된 서발턴'이다.

여기서 쟁점은 서발턴이 전지구적 사회를 움직이는 자본의 논리 혹은 제1세계가 주도하는 사회화된 자본의 회로를 완전히 벗어나 있는가 하는 것이다. 스피박은 자본의 회로에 결코 포섭되지 않는 절대적인 타자로서의 서발턴 개념에 반대한다(SR, 292; NS, 327). 그렇다면 서발턴 역시 지배담론의 헤게모니 안에 머물 수밖에 없지만 지배구조 안에서 그 구조에 균열을 내고 안을 파열시킬 수 있는, 안의 밖을 함축

---

9) 포스트식민성postcoloniality은 탈식민decolonization의 지향과 관련된 비교적 단일하고 확고한 의미망과 달리, (신)제국주의의 여파로 인해 식민지배-탈식민-신식민화가 중첩되는 복잡성을 나타낸다.
10) 〈인도 서발턴 연구회〉의 남성주의 입장에 대해 "이 연구회가… 여성의 주체성에 이렇게까지 무관심하다는 것은 실로 놀라운 일이다. … 서발턴 여성의 도구성이 결정적인 것으로 보이는 이런 때에 서발턴 여성 의식문제가 우리의 주의를 딴 데로만 돌리고 있다면 서발턴 의식이라는 문제 또한 답보 상태에 처할 수밖에 없다…" (IOW, 434)

할 여지는 갖는다. 그러한 여지는 자본의 논리에 희생당하고 착취당하면서도 자본의 논리를 거슬러갈 수 있는 저항적 주체로서 서발턴의 의식에서 확인될 것이다. 따라서 서발턴의 의식 혹은 주체성을 재현 representation하는 문제는 스피박의 문화론에서 중요한 논점이 된다.

해체론을 비롯해 1960년대에 등장하기 시작한 포스트주의들은 주체, 재현, 언어에 관한 우리의 상식적인 생각들을 부수는 가운데 새로운 사유영역을 열고자 하였다. 기원, 자연, 이데아, 실재를 전제하는 관념론적 형이상학에 대한 비판적 점검을 바탕으로 주체는 안정되고 통일된 의미의 기원이 아니며, 언어도 보편적 진리의 저장고가 아니라 온갖 이데올로기로 적재된 것이며, 따라서 실재를 다시 나타내는re-present 재현도 이데올로기라는 주장이 나온다. 더 나아가 이와 같은 허위로서의 재현으로부터 벗어나기 위해 행동과 구체적 경험을 강조하며 "재현도 기표도 없다"(푸코와 들뢰즈)는 주장이 나오거나 원본이나 기원을 아예 전제하지 않는 시뮬라크르 개념(보드리야르)에 따라 재현의 불가능성 테제가 제시되기도 한다.

그러나 우리가 거부하고 싶다고 재현을 거부할 수 있는가? 기원, 원본에 비해 부차적인 것이라 뭔가 부족한 흔적이나 허위로 재현을 보는 것 자체가 관념론에 여전히 얽매여 있는 것이다. 우리가 재현을 벗어난 상황을 상상할 수 없다는 점에서 재현은 참과 거짓의 문제가 아니라 함께 살아가지 않으면 안 되는 어쩔 수 없는 삶의 조건이다.[11] 따라서 우리에게 재현이란 할 것인가 말 것인가를 선택하는 문제가 아니라 어떤 맥락에서 어떻게 할 것이며 그 효과가 어떻게 나타나도록 할 것인가 하는 문제이다. 예컨대 스피박이 문제삼는 푸코와 들뢰즈만 해도 주권적 주체성을 비판하는 자신들의 논리에 맞지 않게, 억

---

11) 강내희, 「재현체계와 근대성」, 『문화과학』 24호(2000년 겨울), 35쪽.

압받는 사람들에게 시혜적으로 주체성을 부여하며 그들이 자신을 위해 말할 수 있다고 한다(CSS, 제1부). 그런데 그러한 태도는 지식인이 재현에 나설 필요가 없다는 주장으로 이어짐으로써 '말을 해도 들리지 않는' 서발턴들의 침묵을 더 강화하고, 그리하여 현 착취구도를 더 공고하게 하는 효과를 야기한다.

그렇다면 지식인이 적극 나서서 서발턴을 위해 대신 말한다는 입장은 어떤 맥락에 있으며 어떤 효과를 낼 수 있는가? 그동안 우리는 재현의 두 가지 의미(대표/묘사) 사이에 연속성과 동일성을 상정하여 왔다. 스피박이 맑스의 『루이 보나파르트의 브뤼메르 18일』을 다시 읽는 것(CSS, 85-92)은 억압받는 사람들을 정치적으로 대변한다는 의미에서의 대표와, 억압받는 사람들 자신의 경제적 이해관계 혹은 계급의식의 내용이 서로 맞아 들어가지 않는 현상을 부각하기 위해서이다. 스피박에 따르면 『브뤼메르』에서 맑스는 프랑스 소·자작농민들이 자기들을 대변할 것 같지 않은 루이 나폴레옹을 자신들의 대표자로 선택한 현상을 보고서 계급해방이라는 목표를 향해 일관되게 작동하지 않는 계급의식에 주목한다. 그리하여 맑스는 계급주체에 전제된 통일되고 안정된 의식을 비판하며, 소농들의 의식과 이익은 누군가에 의해 대변되어야 한다고 주장한다. 이로써 스피박은 재현에 대표와 묘사라는 대조되는 두 층위가 있다는 사실을, 정치경제에서의 대표와 주체이론에서의 묘사 사이의 관계는 자명하게 연속적인 것이 아니라 불연속적이면서 서로 공모하는 관계임을 밝혀낸다. 여기서 이제 더 이상 그 관계를 얼버무릴 게 아니라 분명하게 드러내야 한다는 것이 스피박의 논지이다.

스피박의 『브뤼메르』 읽기가 실려 있는 「서발턴이 말할 수 있는가?」의 말미에 나오는 "서발턴은 말할 수 없다"(CSS, 135)는 스피박의 단언은 많은 논쟁을 야기하여 왔다. 스피박은 그 진의를 인터뷰를 통해 또 『포스트식민 이성비판』의 3부 「역사」(「서발턴이 말할 수 있는가?」의 수정판이 실려 있음)에서 명확히 밝힌다. 먼저 이 말은 서발턴이 액면 그대로 말을 할 수 없다는 뜻이 아니다(PCC, 63; SR, 289). 무릇 말하기란 듣는 이를 전제하는 상호소통이며, 그런 의미에서 아무리 종속적인 위치에 있고 상징자본을 별로 갖고 있지 않은 서발턴이라 하더라도 말을 하고 산다는 것은 누가 봐도 분명한 사실이다. 말하기란 듣는 사람을 전제하는 것이므로 서발턴이 어떤 말을 하느냐도 중요하지만 그 말을 누가 듣고서(PCC, 59) 어떻게 담론화해 내느냐와 무엇이 우리를 침묵시키는가를 놓고 지속적으로 문제를 제기하는 작업[12]이 더욱 중요하다. 이런 맥락에서 「서발턴이 말할 수 있는가?」는 오히려 지식인들로 인해 서발턴의 말이 제대로 들릴 수 없게 된 경위를, 특히 제3세계의 젠더화된 서발턴들이 더욱 깊은 침묵 속에 있을 수밖에 없게 된 경위를 추적한 것이다.

지식인이 특권적인 위치에서 계몽된 동정심을 갖고 낭만적으로 서발턴을 대변하고자 하거나, 지적 호기심을 유발하는 지식의 대상으로 전유하는 데 급급한 담론화를 일삼을 때, 서발턴의 말은 잘못 해석되거나 소통될 확률이 특히 크다. 이 문제는 아무리 좋은 의도를 갖더라도 검토하는 주체와 검토대상 사이에 불가피한 '인지적 실패cognitive failure'와 좀더 근본적으로 관련된다. 그래서 재현을 둘러싼 이러한 문제적 상황은 제1세계 남성/여성 지식인은 물론, 제국주의 문화와 접촉하며 그 인식소 속에서 형성된 제3세계의 토착 남성/여성 지식인들도 비껴갈 수 없다.[13] 따라서 지식인의 재현작업은 지식인의 물

---

12) 서발턴 여성을 위해 비서발턴 비평가가 할 수 있는 적극적인 일이라곤 아무것도 없다는 바트 무어-길버트(『탈식민주의! 저항에서 유희로』, 이경원 역[서울: 한길사. 2001], 242-70쪽)와 존 맥클라우드(『탈식민주의 길잡이』, 박종성 외 편역[서울: 한울, 2003], 227-37쪽)의 비판은 적절치 못하다.

적 토대에 따른, 제한된 것일 수밖에 없다.

사실 스피박이 주장하는 지식인을 통한 재현의 정치란 서발턴의 목소리를 '있는 그대로' 복원하자는 게 아니다. 서발턴이라는 검토대상의 의식이나 관점은 '정확하게,' '완벽하게,' '진정하게' 복원될 수 없다. 일단 재현된 서발턴의 의식에서 미결정적인 부분들, 말해지지 않는 부분들, 침묵과 간과의 지점들은 언제나 있기 마련이다.

그렇다면 지식인이 서발턴의 의식을 재현한다고 할 때, 무엇을 어떻게 하는 것을 말하는가? 먼저 지식인이 서발턴들과 만나 부딪힌다는 것은 "그들을 대표한다는 게 아니라 우리 자신을 재현하는 법을 배우는 것"(CSS, 108)이다. 이것은 지식인이 타자인 서발턴들을 재현한다고 할 때 그러한 타자재현에 이미 얽혀 들어가기 마련인 자기재현을 가리킨다. 재현하는 지식인이 투명한 상태에서 어떤 정치적 입장이나 열정도 없이 대상인 서발턴을 기계적으로 재현하는 것은 아니다. 그래서 지식인은 자신의 특권을 깨닫고 벗어나unlearning(CSS, 115) 서발턴들을 대변하려고 성급히 나서기에 앞서 그들에게 말을 거는speak to(CSS, 115) 법부터 배워서 그들로부터 배우는 법, 나 자신부터 상대방에게 수긍될 만한 타자로 만드는 법(PCC, 70), 다른 사람의 서사들에 서식해 상상적으로 윤리적으로 다시 말하는 법, 그들의 이야기를 나의 이야기로 풀어내는 능력을 키워 당신의 이야기를 나의 페미니즘 이야기로 말하는 법(SR, 16)을 배워야 한다.

다시 말해 지식인의 실제 재현과정에서 여러 불가피한 문제들에 봉착하더라도 '아래로부터 배우는 법을 배우는learning to learn from

---

13) 「서발턴이 말할 수 있는가?」에서는 푸코와 들뢰즈와 같은 서구 급진적 남성 지식인들, 『다른 세상에서』의 9장 「국제적 틀에서 본 프랑스 페미니즘」에서는 크리스테바와 같은 프랑스 페미니즘 이론가, 12장 「서발턴 연구: 역사기술을 해체하기」에서는 〈인도 서발턴 연구회〉, 14장 「서발턴의 문학적 재현: 제3세계 여성텍스트」에서는 자유주의/급진주의/맑스주의 페미니즘 이론가들이 지적되고 비판된다.

below'(NS, 333) 지식인의 재현 책임은 면제되지 않는다는 것이 스피박의 핵심 주장이다.

5. 초국가적 문화연구

'서발턴'은 미국 문화연구 진영에 들어오면서 계급과 인종을 둘러싼 차별적 구조들이 포스트 시대에 재편되는 과정에 대한 명확한 인식 없이 억압과 착취가 '차이'와 '문화'로 은근슬쩍 대체됨으로써 개념적 혼란을 일으키고 있다. 미국을 주도하는 다문화주의는 제1세계와 다른 제3세계의 문화에 많은 관심을 기울여주는 시혜적인 제3세계주의third worldism 경향에 따라 두 문화가 본질적으로 다르다는 신화를 만연시키고 문화적 상대주의를 유포시키는 가운데 제3세계의 문화를 박제화하고 상업화하고 있다. 그러한 추세가 제국 내부에서의 인종차별로 인한 '내부식민화'로 형성되는 온갖 에스닉ethnic[14] 주변부 문화들, 소수자 문화들에 '서발터니티subalternity'를 갖다 붙이도록 한 것이다.

이처럼 포스트식민 연구의 주요영역을 접하게 된 메트로폴리탄·혼종적·디아스포라 문화연구는 메트로폴리탄 민족국가의 '내부식민화internal colonization' 혹은 이주민 문제를 제3세계 전반의 문제와 동일시함으로써 제국주의의 진짜 문제를 가리는 역할을 한다(PCC, 14). 그러한 연구들은 이주민들과 디아스포라들의 투쟁에 특권을 부여하면서 그들 또한 미국이라는 특정 국가에 서식하고 있다는 사실을 잊어버리게(OTM, 145) 한다. 스피박이 미국 내부에 조성된 '제3세계'

---

14) 'racial'의 생물학적 함의를 벗어나 인종에 문화가 결합된 의미망을 갖는 개념이다. 이에 따라 'race'는 ethnicity로 대체되는 추세이다.

논의를 부정적으로 대하는 것은 제3세계가 비앵글로족 사람들을 가리키는 명칭도 아닐 뿐더러, 미국의 '내부식민화'에 집중하는 다문화주의적 에스니시티 논의들은 전지구적 금융의 통제기술 관련 거대서사와는 별개인 것처럼 작동함으로써 신식민담론을 생산하는 데 공모하기 때문이다(OTM, 57). 사실 『포스트식민 이성비판』의 4부 「문화」는 그런 비판들로 꽉 차 있다.

스피박 자신도 연루되어 있는 메트로폴리탄 디아스포라 지식인들에게 비판의 날을 들이대는 것은 무엇 때문일까? 자신을 비롯해 제1세계에서 활동하는 지식인들은 국제적 노동분업 관계 속에서 특정한 지정학적 입장을 갖고 지식 시장에서 물질적 이익을 얻고 있으면서 그렇지 않은 투명한 존재인 양함으로써 신(재)식민화를 꾀하는 제국주의적 문화침탈의 정치, 지식생산의 정치에 공모함을 직시하고 자기 경계를 늦추지 말라는 뜻이다. 전지구적 자본주의 시대의 지식생산에 대한 스피박의 이러한 비판의식은 초국가적 지식능력의 중요한 부분을 이룬다. 스피박이 주장하는 초국가적 문화연구가 제대로 수행되기 위해서는 이 능력이 필수적이다.

스피박은 서구중심적 영문학 연구를 고수하려는 자유주의자 허쉬Hirsh의 '문화적 지식능력cultural literacy'을 비판하면서 초국가적 지식능력을 제안한다. 「문화연구의 문제에 관한 단상들」[15]에서 스피박은 서구 외의 나머지 세계들과 문화들이 영어로 번역되어 기존 담론 속으로 들어오게 되고 인정받고 연구되는 경향을 일단 바람직한 것으로 본다. 하지만 거기서 그치면 그것들은 그저 지엽적인 것으로서 새로운 오리엔탈리즘으로 유도될 수 있고 계속 주변부에 남아 중심을 보기

---

15) "Scattered Speculations on the Question of Culture Studies"는 『교육기계 안의 바깥에서』의 마지막 장인 제13장(pp. 255-84)이다. 이하 여기서의 참조는 본문 중에 쪽수만 표기함.

좋게 살찌우는 데 쓰일 뿐이라고 본다.

그러지 않기 위해서 탈식민을 지향하는 연구는 기존 정전에 끼어들어 기존 정전을 확대하는 데 만족할 게 아니라, 방법론적인 측면에 적극 개입해야 한다. 즉, 기존 분과학문 체제를 가로지르는 정말로 다학제적인 새로운 방법들을 제시함으로써 정전의 실질적 변화를 가져올, 정전의 일반적 기준 제시라는 이론적 지평을 가져야 한다. 한마디로 식민담론 및 포스트식민 담론 연구가 채택하여 온 기존 비교문학 연구의 비전이나 논리는 충분히 발전된 초국가적 문화연구 속으로 확장되어 전면 수정되어야 한다(273-7). 그러한 초국가적 문화연구는 특히 비교문학, 역사, 인류학 등과 적극적으로 주고받는 관계를 통해 방법론상 실질적인 것을 확보해 나가야 한다(280). 그렇게 하지 않으면 서구 외의 나머지 세계의 문화적 유산은 유럽중심적 패러다임을 고착시키는 데 사용될 뿐이기 때문이다.

제1세계가 주도하는 화려한 문화적 포스트식민주의 담론 너머로 젠더화된 서발턴들의 몸들이 놓여 있다. 제3세계 여성텍스트가 그 몸들을 각인하고 있더라도 현 지식생산과 문화연구 구도에서 그것들은 잘 보이지 않고 읽히지 않는다. 그래서 스피박은 제3세계의 젠더화된 서발턴을 재현하는 여성텍스트들을 영어로 번역하는 데 그치지 않고 논평과 분석을 붙여 초국가적 지식능력과 함께 하는 문화 읽기의 실제[16]를 보여준다.

먼저 「젖어미」는 탈식민화로 가지 못하고 신식민화로 치환된 공

---

16) 스피박은 벵골 여성작가 마하스웨따 데비Mahasweta Devi의 「젖어미Breast-Giver」(IOW, 442-77)를 「서발턴의 문학적 재현: 제3세계 여성텍스트」(IOW, 478-536)에서, 「한없이 너그러운 두올리티Douloti the Bountiful」(Imaginary Maps [Calcutta: Thema, 1993, 1995], pp. 19-94)를 『교육 기계 안의 바깥에서』의 제4장 「차이 속의 여성Woman in Difference」(pp. 77-95)에서 집중 분석한다. 이하 언급되는 내용은 두 비평 에세이에서 나온 것임을 밝혀둔다.

간에서의 젠더화된 서발턴의 생산과 노동을 임신-출산-수유라는 시각에서 여성의 몸으로 각인한다. 이 작품에는 제1세계 부르주아 여성들과는 판이한 방식으로 작동되는 제3세계 여성의 노동과 몸이 등장한다. 이 작품의 여주인공 자쇼다에게 임신과 수유는 생산수단으로 나온다. 어머니 몸에서 생산되는 모유는 자신의 아이들에게는 사용가치를, 자기 아이들에게 먹이고 남는 젖은 교환가치를 발생시킨다. 자쇼다가 최적의 수유를 위한 최상의 조건 속에 있을 수 있도록 주인집 여자들은 그녀에게 좋은 음식을 제공하며 자쇼다의 남편에게 가사를 맡게 한다.

자쇼다의 모성적 노동, 감성적 노동이 잉여가치를 산출하지만 그것이 그녀를 위한 자본축적으로 이어지지는 않는다. 자쇼다는 젖을 생산하기 위해 계속 임신하며, 수많은 아이들을 먹이다가 유방암에 걸린다. 소외된 생산수단으로서 젖가슴에 기생적으로 얹혀 먹고살았던 사람들은 병든 그녀를 외면하며, 그녀는 외롭게 혼자 죽어간다. 그런 만큼 자쇼다의 문제를 해결하는 길은 단순히 재생산 권리만이 아니라 생산 권리를 확보하는 것이다. 그런데 자쇼다의 이 권리들은 남자들뿐만 아니라 엘리트 여자들에 의해 부인된다(IOW, 413). 여기서 엘리트 여성은 여성의 열락jouissance, 모성성 운운하며 자쇼다의 유방암을 도외시하는 백인 부르주아 페미니스트 지식인뿐만이 아니다. 주인집 며느리들처럼 남편을 따라 미국에 가서, 제3세계 여성의 차이를 알고 싶어 하는 미국 문단에 제3세계 여성에 대한 정보를 제공하는 제3세계 출신 디아스포라 여성들도 해당된다.

데비의 「한없이 너그러운 두올로티」에 나오는 여주인공 두올로티는 성노동자sex worker이다. 두올로티는 삼백 루피라는 아버지의 빚 때문에 유곽에 팔려간다. 인도에는 9천만이 넘는 토착 부족민 인구가 있는데, 두올로티처럼 저당잡힌 일꾼은 얼마 안 되는 빚에 매겨지는 높은 이율의 이자(8년 동안 무려 4천 루피)를 갚느라고 한 세대 이상이나 공짜 노동을 제공한다. 저당 잡힌 창녀로 팔려간 두올리티는 유곽 '총애'의 위계에서 점점 아래로 떨어지며, 성병에 걸린 몸이 되어 고향으로 돌아가다가 어느 학교 운동장에 그려 놓은 인도 지도 — 인도 독립일을 경축하기 위한 — 위에서 피를 흘리며 죽는다.

스피박은 「차이 속의 여성」에서 이 작품을 논하기에 앞서 메트로폴리스에 우글대고 있는 이주민 하부프롤레타리아, 포스트식민 예술가, 지식인, 정치 망명객, 성공한 전문직, 자본가와 같은 집단들이 최근에 획득하고 있는 '패러다임적 중요성' 혹은 '규범적 지구성'을 문제시한다(OTM, 77, 79). 포스트식민주의 담론이 주시하는 위의 집단들이 탈식민화된 지반 위에서의 차이의 공간인 인도 농촌 여성의 공간을 생략하거나 그림자 공간으로 비가시화하는 데 일조하기 때문이다. 스피박은 젠더화된 서발턴에 대한 데비의 문제적 재현들에 실로 공감하면서 데비의 작품을 통해 소위 탈식민화되었다는 지반 위에서의 포스트식민성이 무엇을 의미하는지 밝혀내고자 한다.

무엇보다 정치적 독립이 제3세계 국가에 탈식민화를 가져온 것으로 생각하는 것은 현실과 전혀 맞지 않는다. 왜냐하면 신생 민족국가의 정치적 목표들에는 옛 식민지로부터 파생된 세속주의, 민주주의, 사회주의, 민족 정체성, 자본주의, 발전 등의 규정적인 논리가 뒤엉켜 있는데, 탈식민화라는 반전의 에너지가 서식할 수 없는 공간이 그 내부에 자리잡고 있기 때문이다(78). 이 공간이 바로 포스트식민 조건과 전지구적 자본주의의 날렵한 횡행, 그리고 이에 빌붙어야 하는 부르주아 민족주의의 딜레마 속에서 몇 중으로 다시 주변화되는 제3세계의 젠더화된 서발턴 공간, 즉 '차이 속의 여성' 공간이다.

데비는 이와 같은 '차이 속의 여성' 공간을 각인하는 가운데 제국과 민족국가 사이의 연속성을 보여준다. 두올리티가 저당 잡혀 있는 고리대금업자의 자본은 점점 국내산업자본과 초국가적 자본과 얽히게 되며, 민족국가는 자본의 논리와 연결되면서 신식민주의에 야합한다(82). 즉, 민족 세력은 자본의 논리에 따라 '녹색혁명'을 이용하여 농촌경제를 농업자본주의로 전환시키면서 팔 것이라곤 몸밖에 없는 자유노동을 필요로 하게 되고, 가족에 대한 감정적 책임과 정이라는 봉건적 잔여물을 끄집어내어 딸들도 그 노동을 충당하게 한다. 젠더화된 육체에 대한 낡은 코드화들에 시장 세력의 농간이 가세해 "파라마난다가 사장이고 이 창녀 집은 공장이다. 너희들은 모두 노동[력]"(86)이라는 자본가들의 경영학이 자리잡는다.

　이처럼 식민지배-탈식민-신식민화의 치환은 비가시적으로 일어난다. 여기서 '치환'이라는 것은 식민지배-정치적 독립(형식상의 탈식민)-신식민화가 복잡하게 재배치되는 과정에서 자리바꿈이 일어나는 것을 말한다. 즉, 식민화에서 탈식민화로 나아간 것 같지만 그렇지 않고 신식민화로 나아간 것을 말한다. 이것이 제3세계라는 차이의 공간에서 포스트식민성이 뜻하는 바이다.

　'두올롯doulot'이라는 말은 벵골어로 부를 뜻하며, 두올로티는 부의 '교섭'을 의미하도록 만들어질 수도 있다. 그런 "두올로티가 인도 도처에 널려 있다." 그렇지만 "민족주의와 섹슈얼리티라는 끈질긴 의제들은 엄청난 착취의 무차별 속에서, 전지구의 금융화라는 무차별 속에서 은밀하게 은폐된다"(95). 데비는 차이 속의 여성인 두올로티의 죽어 가는 몸을 텍스트에 각인함으로써 인도 민족주의와 전지구적 자본주의의 사기성을 보여준다. 제3세계 서발턴 여성의 몸들은 도처에 널려 있으면서 제국과 일부 민족 세력들을 살찌우고 있지만, 여러 운동들과 담론들에 의해 다시금 '여성'으로 단일화되며, 여러 세력들이 가하는 다중의 억압은 은폐된다. 따라서 스피박이 보여준 바, 이와 같은 제3세계의 '차이 속의 여성들'을 몸과 노동이라는 차원에서 재각인하고 가시화하는 문화정치적 읽기[17]는 더욱더 많이 요청된다.

6. 나가는 말

앞에서 살펴보았듯이 스피박은 어떤 이론도 정설로 받아들이지 않고 분석의 발판도 하나로 고정시키지 않은 채 젠더화된 서발턴의 이질성을 중심에 놓고 진정한 탈식민화를 도모하는 페미니즘적 문화론을 생산하기 위해 해체론과 맑스주의의 인식들과 방법들을 활용한다. 그러한 작업에서 스피박은 지식생산의 주체로서 자신이 놓여 있고 선택한 복잡한 정치경제적 입장을 분명히 하며, 특수를 보편화하는 위험을 경계하면서 이론 생산과 결부된 이해관계 및 효과를 짚어보는 자기비판적 태도를 견지한다. 그래서 스피박의 문화론은 기존 범주들을 해체하고 가로지르면서 연결짓는 복잡하고 복합적인 것이다. 그 과정에서 스피박은 설명과 지식에 스며드는 권력과 통제에 대한 인간의 욕망을 부단히 점검하고 경계한다.

    주변부의 저항과 변혁의 목소리가 커져갈수록 지배집단은 자신들의 진용을 절묘하게 다시 구축해 낸다. 미국 학계의 중심부에 위치하게 된 스피박은 자신이 거주하고 있는, 미국 다문화주의의 신식민주의적 교육체계와 학문체계가 문화의 이름으로 겹겹의 억압과 착취를 가리는 중심의 제도임을 여실히 인식하고 있다. 특권적인 학문제도를 통해 흩뿌려지는dissemination 지식이야말로 더욱 교묘한 지식기술과 권

[17) 사실 여기서 논의한 데비의 작품에 나오는 여성인물들은 저항을 의도하는 주체로 되지 못하고 몸의 형상으로만 나온다. 이 글에서 저항적 주체로서의 의식이 재현되는 「드라우파디」, 「사냥」과 같은 데비의 다른 단편들 대신 「젖어미」와 「한없이 너그러운 두올리티」를 택한 것은 치환된 신식민 공간을 잘 그려주고 있기 때문이다.

력전략을 발휘하며, 우리를 그동안 틀지어 온 제국주의적 인식소를 은밀하게 강화함으로써 신식민화 현실을 유지하는 첨병 노릇을 한다. 이제 전지구를 금융화하고 제4세계(예컨대 인도라는 국민국가에 아직 제대로 통합되지 않은 채 삼림과 댐 근처 등에서 살아가고 있는 소수 부족들의 지역 공동체)까지 침투해 들어가는 자본의 힘으로 말미암아 서발턴은 더욱 그림자 속에 있으며 침묵한다. 그러므로 이러한 시대에 문화론을 한다는 것은 침묵, 침묵 당한 것들, 침묵시키는 것들의 편력을 가시화하는 문화정치적 서사화 작업에 지적 에너지와 열정을 모아야 함을 뜻한다.

그런데 스피박이 주장하는 바, 우리는 제국주의적 인식소의 폭력으로 말미암아 이미 폭력과 모종의 공모관계 속에서 말을 하고 글을 쓴다. 스피박은 우리가 서식하고 있는 기존 폭력적 구조들에 내재된 제도적 제약을 인식하면서, 일방적 폭력이 자행되지 않도록 정지 역할을 하는 협상에 임하되 주변에서 서성거리지 말고 우리를 중심과 연계시킬 것을 강력하게 요청한다.[18] 협상에 필요한 경쟁력 있는 지식을 갖추기 위해 남의 둥지에서 알을 부화시켜 키우는 뻐꾸기처럼 방법론적 절충주의를 불사하며 "주인의 연장으로 주인의 집을 부술 수 있는"[19] 지점을 찾아내라는 것이다. 바로 이것이 스피박이 역설하는 '안의 밖'을 생성해 내는 문화정치학이다.

스피박은 재현이란 이제 없다고 선포하는 것으로 재현을 회피할 수 없는 것임을 분명히 한다. 그러면서 페미니스트 지식인들의 재현과제는 포스트구조주의/포스트식민주의가 보여주는 화려한 말장난에

---

18) 여기서 스피박은 주변부·소수자 담론이 구축한다는 안-사이in-between 공간의 틈새 전략을 주장하는 바바Bhabha와 다른 지점에 서 있음을 알 수 있다.
19) 흑인 페미니즘 비평가인 오드르 로드Audre Lorde의 유명한 논문 제목 "The Master's Tools Will Never Dismantle the Master's House"를 수정해 다시 쓴 말이다.

말려들거나 보편주체 운운해서는 안 되며, 언제나 자신이 처한 물적 토대 위에서 작업할 수밖에 없는 제한된 것임을 강조한다. 자기재현/타자재현에 '진정한' 목소리, 차이, 의식이라는 멍석은 결코 깔 수 없으며, 어떤 재현이든 결코 적절하지도 완벽하지도 않으며 늘 문젯거리이자 문제상황이다. 재현은 일거에 해결되는 게 아니라 문제적인 것으로서 우리가 그 속에서 계속 살아가야 하는 것이다. 복잡하게 얽혀 있는 정치-경제-사회-문화-이데올로기적 현실 속에서, 담론들 속에서만 '여성'을 특권적으로 혹은 특수하게 중요한 항목으로 대우해 준다고 해서 여성을 억압하고 착취하는 현실이 해결되지 않는다는 사실 또한 주지되어야 한다.

문화정치학으로서 스피박의 문화론은 젠더화된 서발턴들을 비가시화하려는 주류의 거센 압력에 맞서 제3세계 여성텍스트들을 제대로 읽고 말하는 작업을 중요한 영역으로 제시한다. 제3세계 여성텍스트에서야말로 주체, 의식, 사유의 기반이자 출발점으로서 여성의 몸이 재현되어 있기 때문이다. 우리의 사유를 틀지어 온 남성/자연=여성의 이분법적 구도에 따라 사회화된 자본 속으로 아직 투입되지 못한 제3세계의 젠더화된 서발턴들은 사회적 노동의 권리, 재생산의 권리 이전에 임신-출산-수유라는 여성의 몸 자체에 근간을 두고 수행되는 양육·생계 활동과 (성)노동을 하는 몸으로서 존재하며, 그 몸들은 치환된 신식민 공간에 각인되어 있다. 제3세계의 젠더화된 서발턴들은 소유적인 개인 권리 확보에 연연하는 서구 부르주아 여성과 달리 여성으로서의 자각을 통해 성숙하고 발전하는 면모가 미약하며, 오히려 주체성의 발전이 차단되고 민족국가의 '발전'과 '근대화' 논리를 막게 되는 딴 곳의 몸들로 나타난다. 제3세계 여성텍스트들은 저항을 의도하는 주체로서 여성을 형상화하지 못한다. 여타의 것들과 분리된 채 치환된 신식민 공간을 떠돌며 가족, 고향, 조국에 대한 '정'이라는 이름으로 혹독하게 착취되다 병들어 죽어 가는 몸의 형상만이 텍스트에 새겨져 있다.

　제3세계의 젠더화된 서발턴들의 몸들은 국제적 노동분업 질서 속에서 전지구적으로 흩어지면서 이동하는 다중의 지역성을 각인할 것이다. 그래서 스피박은 이러한 여성 몸들의 공간을 각인해 내어 가시화하는 작업을 초국가적 문화연구의 중요한 영역으로 제시한다. 이와 같은 몸들의 각인과 재각인을 중시하는 것은 역사를 이끌어 가는, 다중들multitudes의 비가시화된 노동의 역사를 가시화하기 위해서이다.[20] 스피박의 페미니즘이 그리고 있는 이와 같은 문화연구의 궤도는 일관성과 연속성을 향한 이론가의 욕망에 굴하지 않고 무엇으로도 환원할 수 없는 이질성을 지켜내는 가운데 진정한 탈식민을 향해 나아가는 윤리적 책임의식의 발로일 것이다.

---

20) 마이클 하트는 스피박의 이런 면을 높이 평가하면서도 제국 자체에 속하는 초국가적 경제기구들을 비롯해 전지구적 지배기구들에 대한 좀더 구체적인 작업이 없는 것을 한계로 지적한다. 「포스트식민 연구의 모호한 의식」, 『트랜스토리아』 창간호 (2002년 하반기), 115-7쪽 참조.

[제2부]

생태여성주의의 문제설정

4

'사회적인 것 안의 자연적인 것':
여성주의 노동 이론

1. 문제제기

21세기 지구화 추세가 더욱 몰아세우고 있는 신자유주의로 인한 노동의 유연화는 한국의 여성노동에도 큰 변화를 가져오고 있다. 이 변화의 주된 내용은 생산노동에 대한 여성 진입의 보편화와 그로 인한 여성노동 형태의 다변화이다. 이 현상들은 한국 여성들로 하여금 공적 영역으로 활동의 지반을 넓혀 가게 한다는 의미에서 해방적인 측면을 지닌다. 하지만 생산노동에의 참여는 여성적 직업군에 몰려 있으면서 시간제, 임시직, 계약직종 위주의 비정규직화의 확산, 여성노동력의 주변부 예비군화[1]를 그 핵심으로 한다. 그리하여 대다수 한국 여성의 최근 노동현황을 압도하는 것은 추가적인 노동부담이라는 양상, 즉 초과착취다. 생산노동과 재생산노동을 오가는 게 유연한 것도, 탄력적인 것도 아니고, 몸과 정신의 소모를 갖고 오는, 노동의 피폐화와 불안정

---

[1] 이영자, 「신자유주의 노동시장과 여성노동자성: 노동의 유연화에 따른 여성노동자성의 변화」, 『한국 여성학』 제20권 3호(2004), 116-7쪽.

화에 한국 여성들이 방치되고 있다.

　이러한 현실을 염두에 둘 때, 한국 여성노동의 다양한 형태들, 층위들, 범위들이 초과노동, 빈곤, 피폐, 박탈이 아닌 긍정성으로 어떻게 하면 나아갈 수 있을 것인가, 생산/재생산 영역을 횡단하며 온갖 잡다한 노동들에 모조리 자신을 소진케 하는 여성노동의 현 착취구도를, 즉 지구적 자본주의 가부장제 사회구조를 어떻게 하면 바꿀 수 있을 것인가 하는 물음들이 제기될 법하다. 이 물음들에 답을 찾아가는 것은 여성노동에 대한 재개념화를 통해 착취되는 대상이자 피해자로서 여성이라는 정의를 넘어서는 새로운 인식틀 혹은 패러다임을 구축해가는 작업이기도 할 것이다. 이러한 맥락에서 이 글에서는 여성노동을 '사회적인 것 안의 자연적인 것'이라는 지평에다 두고자 한다. 이 지평은 자연의 영역으로 밀쳐지고, 자연적인 것으로 정의되어 온 여성노동 개념에 깔려 있는 자연/사회(문화)의 이분법을 넘어서면서 자연, 여성, 노동을 재사유하기 위한 것이다.

　이 글에서 제출하고자 하는 '사회적인 것 안의 자연적인 것'은 자연으로 돌아가자는 게 아니라 오늘날 헤게모니적 지구화 이데올로기들 및 최첨단 과학이 특정한 방식으로 생산해 내는 (반여성적) '자연'에 대한, 또한 자연화된 역사에 대한 여성들의 개입과 (재)전유의 방법들을 고안해 내기 위한 창발적인 개념이다. 여성의 육체가 특이하게 갖는 소위 재생산노동력은 타자로서 여성들이 지니는, 지배와 착취를 넘어서는 '전유되지 않는 타자성'[2]을, 차이를, 존재들을, 존재방식들을 예시한다. 따라서 여성의 재생산노동력은 자본주의적·남성중심

---

2) "Inappropriate/d other"는 Trinh T. Minh-ha, *Woman, Native, Other* (Indiana University Press, 1989) 중 3장(pp. 79-116)에서 시작해 그 외 후기작들에서, 또 다너 해러웨이의 『유인원, 사이보그, 그리고 여자: 자연의 재발명 *Simians, Cyborgs, and Women: Reinvention of Nature*』 (Routledge, 1991), 민경숙 옮김(동문선, 2002)의 3부에서 나온다.

적으로 사회화되는 노동 일반을 거스를 수 있는 여지를 갖는다. 여기서 '전유되지 않는 타자성'이란 비판적이고 해체적인 관계성 속에, 반영하는 합리성보다는 다른 차이들로 흩뜨리는 diffraction 그러한 관계성 속에, 즉 지배와 착취를 넘어 힘과 긍정성을 구현하는 연결을 만들어내는 이질적이고 비판적인 잠재력을 가리킨다.

그렇다면 이 잠재력을 드러내는 것으로 설정되는 '사회적인 것 안의 자연적인 것'이라는 테제는 문화/자연, 남성/여성의 이분법과 강력하게 연관되어 있는 생산/재생산의 남성중심적 자본주의 패러다임의 문제점을 유물론적 여성주의 시각에서 돌파하는 데 유효할 것이다. 재생산은 생산과 확고하게 변별되는 영역이 아니라, 자본주의적 생산을 활성화하기 위해 '구성적 외부'[3]로 설정되어 왔을 뿐이다. 그것은 생산의 핵심 영역이다. 재생산이 생산에 봉사하는 것이 아니라 오히려 생산이 재생산에 봉사한다. 따라서 생산/재생산이라는 이분법적 용어 자체가 수정되어야 한다. 이러한 생각에 따라 이 글에서는 '(재)생산노동'이라는 용어를 쓰고자 한다.

오늘날 지구적 자본은 강력한 사회화 능력을 갖고 하이퍼리얼하게 '사회적인 것'을 구축해 가고 있다. 그 속에서 여성의 (재)생산노동력은 지구적 자본의 남성중심적으로 사회화하는 노동력에 저항할 여성주의 입장에서 재전유될 수 있을 것인가? 지구적 남성적 자본에 환원불가능한 계기로서 여성의 (재)생산노동력이 지니는 저항적 잠재력은 있을 것인가? 이 저항성이 대항지구화 운동과 연계될 수 있으려면 무엇을 어떻게 해야 하는가?

이러한 물음들에 답을 찾아나가는 일환으로 이 글에서는 먼저 자

---

[3] 'constitutive outside'란 내부의 통합적 일부이면서도 '내부' 자체의 권위와 지배, 자기동일성을 확립하기 위해 '외부'로 설정되고 규정되는 주변화의 영역(내부-안의-외부)을 일컫는다.

연, 노동, 여성의 관계를 살펴보고, 다음으로 앞의 물음들과 관련해 그 동안 제시되어 온 1) 보살핌의 사회화, 2) 여성주의 경제(학), 3) 자급의 관점을 살펴보고자 한다. 이 논의들은 최근 한국 여성들이 추가적인 (재)생산노동 부담이나 초과착취에 방치되지 않도록 (재)생산 여성노동행위를 가치화할 인식론적 방향과 생산/재생산의 위계적 대립적 경계를 허무는 방법을 각기 제안하고 있다. 이 세 가지 제안은 '사회적인 것 안의 자연적인 것'이라는 개념이 제시하는 인식론적 지평 속에서 비판적으로 점검된다. 이러한 점검을 바탕으로 '사회적인 것 안의 자연적인 것'으로서 여성적인 어떤 특성을 지닌 여성노동력의 잠재력 규명과 그 저항적 사용이라는 의제가 본격적으로 탐색될 것이다.

2. 자연, 노동, 여성

물질세계로서의 자연은 언제나 우리의 인식, 즉 사회적으로 매개되는 인식을 통한 상호교섭들과 분리불가능하다. 우리가 인식하고 상호작용하는 자연이란 그것의 사회적 구성에 앞서 우리 외부에 미리 존재하는 것이 아니다. 이런 점에서 물질세계이자 담론적 구성물이라는 두 층위는 자연이 포괄하는 내용을 명시하기 위한 편의적 구분일 뿐, 실제로는 구분되지 않는다. 물질세계이자 담론적 구성물인 자연에 인간은 그 통합적 일부로서 상호작용한다. 인간은 외부세계로부터 고립된 개인(데카르트의 '코기토')이 아니다. 인간은 자연과 상호작용하며 복잡한 네트워크를 이룬다. 맑스는 인간이 그 통합적 일부를 이루는 '자연'에 대한 인간의 상호작용을 처음에는 '교섭 intercourse'으로 지칭하였다가 후에 '노동'으로 개념화하였다. 맑스의 노동 개념은 자연과 인간 사이에 일어나는 질적 교환, 즉 물질대사 metabolism의 발견으로부터 출발한다.

노동은 무엇보다 인간과 자연 사이의 과정이며, 인간이 자신의 행위를 통해 자신과 자연 사이의 물질대사를 매개하고 규제하며regulatory 통제하는govern 과정이다. 인간은 자연의 재료들materials을 자연의 힘으로서 직면한다. 인간은 자신의 몸, 자신의 팔, 다리, 머리, 손에 속하는 자연적 힘들을 작동시킨다. 자신의 욕구에 맞춰진 하나의 형식 속에서 자연의 재료들을 전유하기 위해서다. 이러한 움직임을 통해 인간은 외부 자연에 영향을 미치고 그것을 변화시키며 그런 식으로 동시에 자신의 본성을 변화시킨다. … 그것[노동과정]은 인간과 자연 사이의 물질대사적 상호작용을 위한 보편적 조건이며, 인간 실존에 영구히 부과되는 자연의 조건the everlasting nature-imposed conditions of human existence이다.[4]

이 구절에 나오는 "인간과 자연 사이의 물질대사"보다 그것을 규제하고 통제한다는 표현 때문에 맑스에게서 자연은 인간에 의해 정복되는 대상으로 정의된다고 주장되어 왔다. 하지만 여기서 노동을 통한 자연과 인간 사이의 물질대사 작용, 또 생물학적 성장과 소멸의 구조화된 과정들과 인간 사이의 물질대사 작용에 좀더 주목해 볼 필요가 있다. '물질대사'는 인간과 자연 사이의 복잡하고 역동적인 상호의존성과 상호교환성을 함축하는 질적 교환 개념을 출범시키기 때문이다.[5]

그런데 인간과 자연 사이의 물질대사는 노동을 통해서만이 아니

---

[4] Karl Marx, *Capital*, vol. 1 (New York: Vintage, 1976), p. 283, p. 290.
[5] John Bellamy Forster, *Marx's Ecology: Materialism and Nature* (New York: Monthly Review Press, 2000), p. 159, p. 160. 인간과 자연 사이의 물질대사는 맑스의 유적 생명species-life(인간이라는 존재의 유적 특성을 발현하게 하는 생명) 개념을 상기하면 좀더 쉽게 수긍될 것이다.

라 모든 생활과정에서, 살아 있는 전 과정에서, 자연의 전체 순환에서 볼 수 있고 존중과 협력과 상호성을 바탕으로 일어날 수 있다. 다시 말해, "인간과 자연 사이의 물질대사는 착취와 통제보다는 상호성과 함양 논리에 기초를 둘 수 있다."[6] 그런데 자본주의적 임노동·생산중심 사회에서 (남성)노동은 자연을 대상화하는 폭력을 행사함으로써 자연조건들로부터 인간의 물질적 소외를 야기하여 왔고,[7] (남성)노동력은 양적 교환가치 속으로 지양되면서 사적이거나 개인적인 일이 아닌 사회적으로 조직된, 사회화된 노동으로서 사회적 노동을 구성해 왔다. 그리하여 발전된 자본주의 사회에서 사회적 노동은 인간과 자연의 만남을 최소화하거나 소외된 방식으로 이루어지게 한다. 따라서 인간이 자연에 미치는 영향은 사회적 노동이 그 목적 혹은 목표를 조직하는 방식들에, 사회적 생산물의 배분과 활용에, 문화-사회적 노동-자연의 변증법을 푸는 인간의 지식과 태도들에 달려 있다[8]고 볼 수 있다.

그러나 자연-노동-인간 사이의 이러한 역동적 상호과정에서 여성의 노동은 배제되어 왔다. 자본가들이나 국가의 계산에서나 맑스의 이론에서나 출산, 양육, 가사와 같은 생명생산 및 보전 노동과 그 밖의 갖가지 보살핌 노동, 공동체 유지와 관련된 생존 및 자급 활동을 담당해 온 여성의 일은 나타나지 않았다. 오히려 모든 경제 노동 이론과 모델에서 생명을 생산하고 삶을 보전하는 여성의 생존활동은 공기, 물, 햇빛처럼 처음부터 그냥 주어진 '공짜' 상품이나 자원으로, 여성의 몸

---

6) Ariel Salleh, *Ecofeminism as Politics: nature, Marx and the postmodern* (Zed Books, 1997), p. 82.
7) 맑스는 이것을 '물질대사의 분열metabolic rift'이라고 부르며, 노동은 개인적인 것인 반면 노동력은 상품으로서 사회적인 것이며 자연/사회, 자연적인 것/사회적인 것, 유적 생명/유적 존재 사이의 이분법으로 인한 긴장과 분열은 자본주의적 사회관계가 아닌 새로운 사회관계에서 극복된다고 본다.
8) James O'Conner, *Natural Causes: Essays in Ecological Marxism* (New York: Guiford, 1998), p. 5.

에서부터 자연스레 흘러나오는 것으로 그냥 사용하기만 하면 되었다. 이에 따라 생산노동이 중심을 차지하고 재생산노동은 주변화되고 은폐되는 위계가 문제시되지 않았고, 재생산노동은 사회적 노동이 아니었다.

그렇지만 여성의 재생산노동력은 무노동, 무생산, 무보수로 규정되는 식으로 사회화되어 온 것이다. 또한 그러한 사회화 중에 또다시 '자연적인 것'으로 발명되고 재발명된다.[9] 오늘날 일어나고 있는 자연의 생산 및 재생산, 발명 및 재발명은 이전의 계몽주의의 틀을 크게 벗어나지 않는다. 오히려 차별과 불의, 착취와 불균등성에 다양성과 차이의 옷을 입혀서 지배와 착취를 비가시화하면서 그것을 정당화한다. 그렇다면 이에 맞서는 여성주의 패러다임을 구축하기 위해서는 지구화 시대에 '자연적인 것'을 (재)발명하는 특정한 지구적 남성주의적 자본주의 이데올로기 방식들을 추적해 보는 작업과, 그 방식들에 맞서는 대항헤게모니로서 여성의 (재)생산노동력을 새롭게 가치화하는 작업이 동시에 요청된다고 하겠다.

3. 세 가지 제안들: 비판적 점검

3절에서는 최근에 형성되고 있는 여성노동을 둘러싼 세 가지 논의 흐름을 보살핌의 사회화, 여성주의 경제(학), 자급적 관점으로 잡고, 바로 앞에서 말한 두 가지 작업을 어떤 식으로 전개하며 그 과정에서 무엇을 새롭게 제기하며 무엇을 배제하는가를 살펴볼 것이다. 이러한 비판적 점검은 여성의 몸과 노동, 여성의 (재)생산노동력을 '사회적인

---

9) '자연의 재발명'이라는 용어를 쓰고 있는 다너 해러웨이에게서 따온 말임을 밝혀둔다. 『유인원, 사이보그, 그리고 여자』 참조.

것 안의 자연적인 것'으로서 이론화하고자 하는 이 글의 기초 작업이 되기 때문이다.

1) 보살핌의 사회화

여성의 재생산노동이 지녀온 보살핌의 가치를 살리면서도 젠더화된 보살핌 구조를 바꾼다는 방향에서 보살핌의 사회화라는 의제를 주장하는 여성주의 논의들이 있다.[10] 여기서는 사회적 공공의 가치로서 '사회적 보살핌'(김혜경 79) 주장은 보살핌을 여성에게만 국한할 게 아니라 사회 전체가 따라야 할 가치이자 사회정책의 새로운 원리로서 사회적 관계 속으로 확장하자고 한다. 이 확장을 위해 필요한 전제는 여성이 보살핌노동 때문에 임금노동을, 임금노동 때문에 보살핌노동을 포기하는 식의 양자택일이 아니라 통합하는 길을 모색해야 한다는 것이다. 이에 따라 "가정과 직장을 왕복하는 여성의 노동패턴을 어떻게 해서든 극복해야 할 문제 있는 삶의 방식이 아니라, 오히려 남성노동자에게로 보편화해야 할 하나의 노동 전범"으로 인식시키고 "남녀가 함께 임금노동과 보살핌노동의 책임과 권리를 공유하는 새로운 정책들이 지속적으로 만들어져야"(95) 한다. 이 정책들을 바탕으로 남녀가 보살핌을 함께 부담함으로써 한국 여성이 임금노동에의 동등한 참여를 보장받는 조건들을 만들어나갈 때, 좀더 안정된 "임금노동권을 요구하면서도 보살핌노동에도 참여하는, 그러면서도 동시에 성별분업화를 넘어"(97)설 수 있다는 것이다.

---

10) 김혜경, 「보살핌 노동의 정책화를 둘러싼 여성주의적 쟁점: "경제적 보상 payments for care" 정책을 중심으로」, 『한국 여성학』 제20권 2호(2004); 허라금, 「보살핌의 사회화를 위한 여성주의의 사유」, 『한국 여성학』 제22권 1호(2006), 이후 이 글들에서의 인용은 본문 중에 쪽수를 표기함.

이 논의는 성별분업 이데올로기의 고착화에 따른 최근 한국 여성들에 대한 착취 비판이 보살핌을 배격하는 데로 귀결되는 데 반대하면서 또한 보살핌을 추상적인 윤리나 가치로 끝내지 않고 실질적으로 사회 조직 속에 스며들어 젠더화된 보살핌의 굳건한 구조를 바꾸어낼 정책의 근간을 제시한다. 사회적 구조를 바꾸는 데서 정책들이 갖는 힘과 효과는 부인할 수 없고 실제로 개개 여성의 삶에 직접적인 영향을 바로 미치기 때문에 중요하다. 그런데 여기서 주장되는 임금노동권이라는 것이 어떤 내용을 가질 것인가 하는 점을 좀더 규명할 필요가 있다. 그렇지 않으면 이미 구축되어 있는 자본주의적 생산 및 임노동 중심구도 안에서 그것을 답습하는 더 많은 좀더 안정된 정규직 확보 내지 보장이라는 노선을 추인하기 쉽다. 다시 말해, 첨단 과학기술 시대에 더욱 가치절하되면서도 잉여가치 창출에 초강력으로 이용되고 있는 소위 미숙련 노동 기술을 갖는 대다수 한국 여성들의 임노동자화 방식은 안정된 정규직/불안정한 비정규직이라는 양분된 방식 외에 어떤 방식이 되어야 할지 물어야 할 것이다. 또한 보살핌 노동이 일국의 경계를 넘어 국제적으로 이동하고 착취되는 요즈음, 보살핌의 사회화 논의를 이주여성들에게로 확장하는 문제도 고려되어야 한다. 그렇지 않을 때, 보살핌의 사회화라는 시야가 함축하는 '사회적인 것'이란 다분히 하위제국주의적인 sub-imperialist 한국 여성(남성)중심적인 합리성과 합목적성에 머물 뿐이다.

이러한 견지에서 보살핌을 인간의 유적 활동[11]으로 천명하는 가운데 보살핌의 사회화를 주장하는 논의가 나온다. 이 논의에서 보살핌

---

11) "보살핌은 우리가 가능한 한 잘 살 수 있도록 우리가 우리의 '세상'을 유지하고, 지속하고, 고쳐가는, 이 모든 것을 포함하는 일종의 (인간) 유적 활동이다. 이 '세상'에는 우리의 몸, 우리의 자아, 우리의 환경이 포함되며, 보살핌은 이 모든 것이 하나의 복합적인, 생명-지속적인 그물로 짜여지기를 추구하는 활동이다"(허라금 133).

원리의 유적 보편성을 강조하는 것은 그렇지 않으면 보살핌이라는 것이 일과 가정의 양립 방안으로서 수단화되는, 또 생산과 발전을 위한 도구적인 것으로서 경쟁적 사회의 재생산에 기여하는 수준의 사회적 가치가 되기 쉽기 때문이다. 그렇다면 보살핌을 사적 영역으로 규정하고 비가시화하고 수단화 해온 사고방식 자체에 도전하고, 보살핌을 사회적 공공의 가치와 책임이자 사회정의의 목표로 삼는 발본적인 사유가 필수적일 것이다. 이 전환에서는 "여성이 역사적으로 행해 온 보살핌에 대한 재평가를 의미하는 것뿐 아니라, '사회적인 것'에 대한 재규정을 의미하는 것"(허라금 138)이기도 하다. 이러한 지적은 지나치게 생산과 발전중심인 현재의 사회구성이 함축하는 '사회적인 것'에 심각한 결함이 있음을 시사하고, '사회적인 것'에 지금과는 다른 지평이 들어가 있어야 함을 상기한다고 하겠다. 유적 존재로서 인간을 인간답게 하는, 생명을 지속하게 하는 근원적인 터전인 자연과의 공존, 자연적인 것과의 공생이라는 생각이 그 다른 지평에서는 의미심장한 요소가 될 수 있다.

그런데 "다양한 환경에 처해 있는 보살핌의 필요에 따라 이용가능한 보편적인 보살핌의 공적 체계"(허라금 135)를 마련하기 위한 보살핌의 사회화 전략으로서, 생산의 축과 재생산의 축을 모두 동등한 중심이 되도록 하자거나, 생산중심에서 보살핌중심으로 가자는 주장(허라금 140)은 좀 혼란스럽다. 어떻게 해야 두 항목을 동등한 중심으로 만들 수 있는 것인지 모호하다. 또한 재생산노동을 중심에 놓자는 주장은 중심/주변의 잘못된 위계를 타파하기 위해 흔히 역설되는 주변의 중심화 전략을 따르는 셈이다. 이 전략은 실제로 어떤 효과를 낼지 짚어보아야 한다. 주변의 중심화 주장이 주변으로 하여금 결국 중심에 포섭되도록 하는 결과를 빚어 왔기 때문이다. 그 단적인 예로, 최근 첨단 전자-정보-문화 사회의 사회구성 동인으로서 감성, 친밀성, 정동[12]에 큰 가치를 부여하는 추세가 그동안 역사 속에서 주변의 자리에 있던 여성의 (재)생산노동이 기존 생산노동 중심구조에 선택적으로 포섭되는 계기로 작동해 또다시 생산노동의 생산성을 높여 주는 것을 들 수 있다. 그렇다면 여성의 (재)생산노동에 대한 가치화 방식을 여성 일의 오랜 역사에 주목하는 다음 논의에서는 어떻게 제시하고 있는지 살펴볼 필요가 있겠다.

2) 여성주의 경제(학)

소위 재생산 영역에서 계속 노동을 해왔는데도 여성은 노동, 생산, 경제와 무관한 존재로 규정되어 왔다. 이 분리를 넘어 여성과 경제를 적극 관련시키기 위해 그동안 재생산을 도맡아 온 여성 일의 오랜 역사를 전면화함으로써 남성위주의 생산중심주의적 경제학을 넘어서는, 새로운 경제와 경제학, 즉 여성주의 경제(학)라는 대안이 나온 바 있다. 『여/성이론』 3호에 실린 고정갑희의 〈여성주의적 경제학〉[13]과 노승희의 〈여성주의 '살림'의 경제학〉[14]은 젠더/섹슈얼리티를 둘러싼 성이데올로기를 근간에 두고 있는 생산/재생산노동의 이분화된 위계 관계를 적극 재설정하는 방식으로 여성노동에 대한 가치화 작업을 도모한다.

---

12) 이성중심주의에 기반한 서양 철학사에서 몸의 문제에 천착하여 정동affect을 진지하게 다룬 스피노자에 따르면 느낌, 감정, 정서, 의지, 욕동drive, 정념, 전前의식적이고 전前담론적인 것을 포괄하는 상당히 복합적인 것이다. 정동은 감성, 친밀성에 비해 훨씬 더 강력하게 몸과 결부되어 있으면서 역동적인 것으로서 반자본주의 기획의 토대로 파악된다. 정동에 관한 자세한 논의는 『비물질노동과 다중』(갈무리, 2005)의 제1부 「정동과 비물질노동」 및 마이클 하트의 「정동적 노동」 참조.
13) 고정갑희, 「여자들의 시간과 자본 가사노동과 매춘노동의 은폐구조」, 『여/성이론』 3호 (여이연, 2001).
14) 노승희, 「여성주의 '살림'의 경제학 초안」, 『여/성이론』 3호 (여이연, 2001).

먼저 〈여성주의적 경제학〉은 현재의 남성중심 경제학을 사회적으로 드러나는 (남성)임노동자중심의 시간과 자본의 관계에만 관심을 두고서 의당 있어 온 자연의 영역으로 밀쳐진 여성의 시간을 배제하고 착취한다고 비판한다. 이와 함께, 특히 현 남성중심 경제에서 가사노동과 매춘노동의 은폐구조 속에서 여성의 시간(나아가 공간)을 찾는 작업을 통해 여성노동의 위치를 재설정하고자 한다. 이를 위해 1) 노동으로 인정되지 않고 돈으로 계산되지 않는 주부-가사노동이 사회적으로 계산되도록, 그것이 생산이며 노동이라는 점을 밝히는, 가사노동이 지니는 다양한 기술, 고도의 전문화된 기술에 대한 새로운 가치평가를 반영하는 가사노동 계산법 창출해 내기, 2) 국가에 배상 청구하기, 3) 가족임금제를 벗어나야 하므로 남성부양자 이데올로기, 가족이데올로기를 바꿀 수 있는 제도적 정치 만들어나가기, 4) 남자들과 밀착 관계에 있고 분산되어 있는 주부-가사노동자의 조직화 형태로서 계모임의 활성화, 여성신용조합 실험하기, 5) 다양한 여성적 기술들의 결과물을 가치화하는 방식들을 개발하고 기존의 화폐가 아닌 통화의 가능성을 살펴봄으로써 여성이 임노동자 되는 새로운 방식 모색하기, 6) 매춘여성의 시간을 찾기 위한 매매춘의 탈범죄화가 제안된다. 결론적으로 여자들의 정규직과 비정규직 노동에 대한 관심이나 여자들의 고용증대도 중요하지만 '자연적인 것'으로 밀쳐진 여자들의 시간을 가장 단적으로 가시화할 '주부노동과 매춘에 대한 새로운 경제학'의 필요성이 역설된다(33-6).

이것들은 '자연적인 것'으로 은폐되고 착취되는 여성의 시간을 찾기 위해『자본론』을 다시 쓰는 새로운 경제학에서 주요한 실천적 제안들이다. 그런데 "주부와 어머니의 시간은 근대의 시간 바깥에 위치한다"(16), "(남성적·근대적) 시간〈바깥〉에 놓인 여자들의 시간"(38)이라며 주류 경제학의〈바깥〉에 존재하는 주부-어머니의 시간-자본이라는 논의에는 오해의 소지가 있다. 여성은 근대적 자본주의의 생산 중심적 구조(혹은 남성중심적으로 조직되는 시간)의 바깥으로 밀쳐지지만, 실은 그 안에서 잉여가치 생산에 핵심적인 역할을 하여 왔다. 그러므로 〈안〉에 속박되어 있으면서도 그 안에 틈을 낼 수 있는 어떤 잠재력을 내포하는 〈바깥〉이라는 의미에서 여성의 시간, 여성의 노동 논의가 이루어져야 할 것이다. 또한 한 국가로나 전세계로나 핵심적인 노동력을 구성하면서도 계산되지 못한 가사노동과 매춘노동의 가치를 새로 셈하기 위해서는, 타자에 대한 착취와 식민화를 전제로 하는 생산성, 이익, 축적, 개발, 무제한 성장과 다른 어떤 기준에 대한 탐색을 필요로 한다.

〈여성주의 '살림'의 경제학〉은 이 기준을 '살림'으로 제시한다. "'남성=생산,' '여성=재생산'으로 이분화된 성역할의 고정과 재생산노동=무급노동이라는 정치경제 공식"(73)에 맞서는 다른 경제the other economy로서 여성주의 경제학이 말하는 경제란, 산업자본주의가 추구하는 이익과 축적이라는 협소한 경제가 아니다. 그것은 여성 일의 오랜 역사가 보여주듯, "한 가구의 살림에 드는 비용과 아울러 구성원들 사이의 관계를 조율하는 것, 즉 '삶의 경영'"(71)을 뜻한다. 여기에서 "경제는 축적이 아닌 살아감의 원리이고, 그것의 실천은 총생산량이나 총수익률을 높이는 것보다 공동체를 구성하는 모든 개체들의 삶의 양식과 관계형성을 중요하게 다루는 것"(72)이다. 그러므로 바로 이 살림의 경제와 직결되는 여성의 일은 그저 경제적 구조조정이 아니라 "사회관계의 구조조정"(77)을 향해 삶 전체의 재정향을, 새로운 삶의 지평 열기를 촉진할 수 있는, 새로운 가치와 중요성을 갖게 된다. 이 지평에서 다시 찾아올 수 있는 것들은 더 많은 생산이 아니라 삶의 시간, 쾌락을 아는 신체, 유기체들의 집단화, 자유롭게 소통하는 공적 공간, 다양한 언어체계들과 신호체계를 통한 의사표현에 대한 욕구(소비

자본주의가 부추기는 욕망이 아니라)의 충족이다(76). 이러한 내용의 지향들을 갖는 살림의 경제학이 적용된 예가, 지역주민들이 '지역화폐'를 만들어 지역에 교환·유통시킴으로써 자율적이고 독립적인 경제의 기반을 닦아가는 대안적인 통화체제다. 그 체제 안에서는 모든 일이 공식화되므로 여성도 경제, 생산, 노동주체가 되어 자율적인 개체들 간에 호혜적인 관계망이 형성되어 더 이상 착취되지 않는다(76-8).

그런데 이 대안체제의 근간에 있는 것은 "세계-내-존재"(59)로서, "남성과 대등한 경제주체"(70)로서 (여성)개인의 가치인정에 따른 "인권을 중심에 놓는 패러다임"(77)이다. 여기서의 인권 개념은 서구 남성주의·자본주의의 시공간에 결박된 '사회적인 것'의 틀 안에서 움직인다. 자본의 이해관계와 얽혀 있는 이 '사회적인 것'은 인간과 자연의 대립을 상정하며 자연에 대한 착취를 바탕으로 한다. 따라서 인간과 자연의 대립을 끈질기게 해체하는 생명체들 간의 상호연관성이나 상호의존성이라는 지평을 의식적으로 상기하지 않는다면, 자연의 경제는 은연중 빠지고 만다. 또한 성차의 인권이 아니라 그냥 인권에 머무를 때 (재)생산노동 행위들의 특이한 여성적 계기들은 부각되기보다 사라지기 쉽다. 따라서 〈여성주의 '살림'의 경제학〉의 궁극적 목표인 새로운 삶의 지평 열기로서 '살림'의 내용은 좀더 여성주의적으로, 다시 말해 여성의 일상노동을 중심으로 채워질 필요가 있다.

이상 살펴본 바, 여성주의 경제(학)라는 방향은 기존 개념들을 바꾸어 내기 위한 실천적인 제안들을 바탕으로 경제학이라는 학문분야의 기본 틀을 다시 짜려는, 거시적이고도 포괄적인 구도를 갖고서 경제학과 문화(이데올로기)를 둘러싼 기존분과 학문 구분들을 해체하고 새로운 형태로 통합하는 상호학제간interdisciplinary 접근을 보여준다. 이 방향은 여성이 노동뿐만 아니라 자본과 새로운 관계를 맺도록, (남성중심적) 경제(무역 및 교환) 개념을 수정하고 질적 변화를 야기함으로써 그야말로 가치생산의 주체라는 광범위한 지평에다 여성 혹은 여성노동자를 놓을 수 있도록 할 것이다.

하지만 자연의 경제가 빠져 있다. 자본의 시공간으로 이루어지는 '사회적인 것' 안에 잘 보이지는 않지만 자연의 경제가 새겨져 있다. 그러므로 여성의 (재)생산노동 행위들과 어떤 식으로든 결부되어 있는 '자연적인 것'의 탐색을 생략한 채, 여성 일의 계산법을 마련하는 것은 충분하지 못하다. 자본주의 경제보다 훨씬 넓고 깊은 '경제,' 새로운 대안 경제를 말함으로써 여성노동의 위치를 재설정하기 위해서는 (정치)경제학의 이론적 토대를 근본적으로 다시 쌓는 작업이 중요한데, 그 부분의 논의가 미약하다. 실천적 제안들을 근거 짓고 있는 자연, 몸, 가치, 생산, 노동력 등의 기본 개념들에 대한 좀더 이론적인 접근과 지평이 구비되어야 할 것이다. 인간적 삶의 근원적인 토대로서 자연은 의당 있는 것으로 그냥 상정되고 있을 뿐이다. 현 지구적 가부장적 자본의 강력한 사회화 능력에 조금이라도 제동을 걸기 위해서는 당연히 (백인)(남성)인간을 위해 언제나 그렇듯 존재해 온 것들을 의식적으로 각인해 내는 작업이 필요하다.

3) 자급적 관점

여기서 여성이 일상적으로 대부분 담당하고 있는 가사노동 및 농부의 소위 자급적 노동이 자연과 함께 토대가 되어야 한다는 마리아 미즈의 자급의 관점, 자급의 정치를 살펴볼 필요가 있겠다. 미즈는 여성은 일차적으로 가정주부라는 이데올로기에 따른 여성에 대한 착취와 근대주의 이데올로기에 따라 자연에 대한 착취와 정복을 일삼아온 백인 남성중심적 자본주의 경제 패러다임을 비판한다. 미즈는 자연과 여성과 유색인종 사람들과 같은 타자들의 식민화와 착취에 기초를 두고

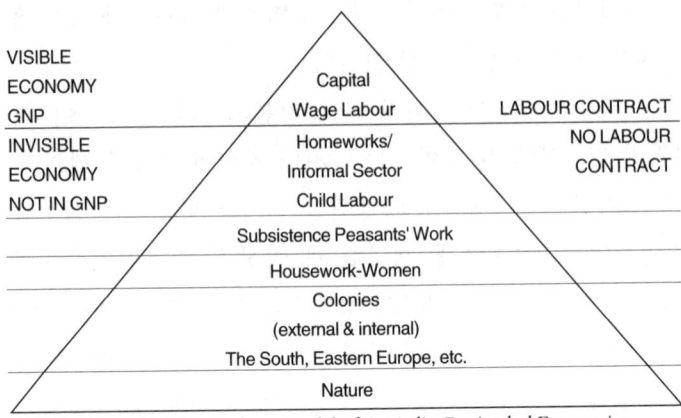

그림 2. The Iceberg Model of Capitalist Patriarchal Economics

있는 현재의 경제 패러다임을 자급의 관점에서 다시 구축하지 않고서는 전지구화가 지역 여성들에게 가하고 있는 압력들로부터 벗어날 수 없다고 본다. 미즈의 논의에 따르면 지구적 자본주의 가부장적 경제 모델은 그림 2와 같은 피라미드 식 빙산 구조[15]이다.

이 빙산 모델에서는 그동안 가려져 왔던 커다란 부분이 새로 배치되어 가시화된다. 자연과 식민지들을 비롯해 자본주의적 임노동을 지탱해 온 주변적 노동들이 제자리를 찾고 새로운 가치를 부여받는다. 그림 2에서 보듯, 주변적 노동들 중에서도 여성의 가사노동은 농부의 자급노동보다 더 큰 부분을 차지한다. 빙산모델은 자본주의적 가부장적 세계경제 체제를 받쳐주는 토대로서 가사노동 및 생계유지를 위한 (재)생산활동(소농을 포함하여)을, 또 가장 밑바닥에 있는 진정한 의미에서의 토대로서 자연을 재설정하고 있다. 이 작업은 자본주의적 임노

---

15) Maria Mies and Veronika Bennholdt-Thomsen, *The Subsistence Perspective: Beyond the Gobalised Economy*, trans. Patrick Camiller, Maria Mies and Gerd Weih (Zed Books, 1999), p. 31.

동의 저변에서 생존 및 자급을 지속시키는 활동으로서 여성의 일에 제자리를 찾아주고 생존 및 생명을 위한 일상 노동의 가치를 인정하는 가치화를 수행하게 하는 기반이 된다.

 그런데 미즈의 자급적 관점은 교환가치가 아니라 사용가치의 생산에 우선권을 둔다.[16] 미즈는 전지구적 자유무역과 투자에 기초를 둔 현 세계경제 모델은 제한된 행성에서 끝없는 상품화를 꾀하게 하는 교환가치 위주라서 많은 상품과 생산의 공정한 분배 대신 자연자원의 무차별한 낭비와 환경의 파괴를 야기한다고 보기 때문이다. 자급적 일들의 생산물들은 지역의 필요에 따라 서로 직접 교환될 수 있으며 사람들로 하여금 자급할 수 있게 해준다. 그래서 자급적 관점은 자본 축적이 아니라 생명 보전과 자급에 대한 욕구를 충족시키는 활동들을 노동의 주요한 목표로 만들어준다. 이 욕구는 추상적인 보편적 인권 개념에서는 빠져 있는, 생명을 지속시키는 네트워크와 과정들이 손상되지 않고 작동될 때에만 충족되는 공통된 인간욕구로서 보편적이다. 이 기본적인 욕구가 충족될 때, 생명체와 문화의 다양성이 지니는 풍부한 잠재력이 발현되어, 인간과 자연 사이에 또 여성과 남성 사이에 상호적이고 존중하며 사랑하고 돌보는 관계들이 형성될 것이며, 여성 노동력도 억압이나 착취 없이 가치를 생산할 수 있다는 것이다.

 미즈는 이러한 공존의 삶이란 남녀가 무임노동을 동등하게 나눌 뿐만 아니라 땅, 물, 숲, 생물다양성, 지식과 같은 가장 중요한 공통자원들에 대한 통제권을 주장하고 회복할 수 있어야만 가능하다고 본다. 자급의 관점은 전지구적 자본주의 가부장제 사회를 돌리는 축적과 성장, 개발과 발전 논리 대신 생존과 자급의 원리에 가치를 두고 자원을

---

16) *Ibid.*, p. 58. 여기서 서로 얽혀 있고 기생하는 교환가치와 사용가치를 이분법적 분리의 대립 항목으로 파악하는 미즈의 논법은 많은 에코페미니스트들의 한계를 답습하는 것이기도 하다.

조금만 쓰면서 자연을 보전하고 그에 따라 다른 차원에서 인간의 삶을 더욱 풍부하게 만들자고 주장한다. 이 원리는 우선 작고 제한된 지방에서, 탈중심화된 지역들을 중심으로 실천될 수 있을 것이다. 그럴 때, 각 지역 공동체에서 다양한 형태로 자급 노동을 하는 여성들은 가치를 생산하는 주체로서 자립적이다. 그렇지만 심각한 생태학적 손실 앞에서 미즈가 주장하는 자급적 여성의 일은, 거대한 생산노동 및 정보경제 체제와 거리를 둔 분리된 영역에서 하는 생계유지적 (재)생산 중심인데다, 많은 다른 자급적 노동들과 다른 특이한 면을 탐색하지 않는다는 한계를 갖는다.

주변에서 일어나는 새로운 흐름조차 순발력 있게 전유하는 중심이나, 그렇게 살찌워진 중심이 있기 때문에 거기에 기생하면서 독자적 가치를 주장할 수 있는 주변을 흔히 볼 수 있다. 그렇게 묘한 야합구도에 빠지지 않으려면, 이러한 분리방식보다 가사경제와 이미 결합되어 막강한 힘을 발휘하고 있는 정치경제에 부단히 연루되고 개입하는 방식이 필요하다. 이 글에서 '사회적인 것 안의 자연적인 것'이라는 지평을 강조하는 것도 그 때문이다. 이 지평 속에서 가사경제와 정치경제, 재생산노동과 생산노동 영역이라는 이분법적 항목들의 주변/중심이라는 위계 관계를 계속해서 역전하고 치환하는 가운데 각 항목의 가치에 상호변환transvaluation이 일어나도록 해야 한다, 이것은 여성의 일을 따로 떼어내어 가치화하기보다 자본주의적 상품생산과 가치생산의 회로를 경유하게 함으로써 현 정치경제 구도 안에서 그 구도를 서서히 내파해 가기an uncatastrophic implosion[17]를 말한다. 이 내파는 생산과 재생산이라는 대립항들에 역전과 치환을 거듭하여, 생산노동과 재생산노동의 위계적이고 대립적인 경계를 흩어버리고 각 영역을

---

17) 가야트리 스피박, 『다른 세상에서』(여이연, 2003), 179쪽.

펼치고 겹치게 하여 두 영역이 스며들도록 하는 방식이다.

이렇게 내파해 나갈 수 있는 힘은 결국 오랜 세월 수없이 '아래로부터' 다양한 노동들을 해온 하위층 여성들에게서 나올 것이다. 전지구화 시대 여성노동력이 지니는 저항성이란 '아래로부터' 자연과 공존하면서 '자연적인 것'을 저항의 원천으로 삼을 수 있는 데서, 다양한 형태의 (재)생산노동들과 생존자급활동의 장점을 창조적으로 살려내는 데서 구해질 것이다. 하지만 문제는 이들의 일상적 노동의 목소리가 어떻게 하면 '정치적' 목소리가 되어 많은 사람들에게 들릴 수 있도록 할 것인가 하는 점이다. 바로 이 지점에서 한국 여성의 (재)생산노동을 대항지구화의 지평으로 끌고 올 문화정치적 작업이 중요해진다.

4. 한국 여성의 (재)생산노동과 대항지구화

앞에서 살펴보았듯이, 생산/재생산노동의 대립적 위계적 경계를 허물고 그 관계를 재설정하기 위한 보살핌의 사회화, 여성주의 경제(학), 자급적 관점은 젠더/섹슈얼리티를 둘러싼 성이데올로기와 얽혀 있는 근대주의적 자본주의 이데올로기 비판과, 위계 관계의 재설정을 위한 여성주의적 가치화 혹은 재전유 전략이라는 두 측면에서 일정한 한계를 드러내고 있었다. 그 한계들을 극복하기 위해 이 글에서는 '사회적인 것 안의 자연적인 것'이라는 테제로부터 출발해, 자본주의적 노동이 식민화하고 착취하며 비가시화하는 자연과 자급노동을 토대로 재설정하는 인식론적 지평 속에서 '내파'라는 전략을 갖고 여성의 (재)생산노동력을 재각인하는 여성주의적 문화정치작업을 제시하였다. 이 제안들을 유효하게 만들 수 있는 핵심은 '자연적인 것'이 또다시 자연으로 본질화되지 않도록, 남성주의적 방식으로 여성적인 것과 강하게 연관되는 '자연적인 것'을, 여성주의 시각과 입장에서 재전유하는 '자연적인 것'으로 이동시키는 인식과 실천이다. 따라서 현재 한국 여성노동 현실에 대한 관심으로부터 여성주의적으로 재전유된 '자연적인 것'이란 '구성적 외부'로 (재)발명되면서 착취되어 온 한국 여성노동력을 대항지구화로 적극 맥락화하는 가운데 구체화될 것이다.

이 글에서 주장하는 여성주의 시각과 입장에서 재전유하는 것으로서 '자연적인 것'의 지평은 또한 소비자본주의 사회가 풀어놓은 끝없이 지연되는 욕망충족 구조에서의 욕망 혹은 성담론에 수동적으로 강박되지 않는 인간의 기본적 욕구충족이라는 맥락에서 여성의 성적 욕구를 담아내고자 한다. 여기서 여성의 성적 욕구란 정신분석학적 섹슈얼리티 담론과 좀 다른 층위에 있으며 다중성과 유동성이라는 특성만 있는 것도 아니다. 이 글에서 말하고자 한 '자연적인 것'이란 이러한 욕구와 함께, 교묘한 방식으로 '여성'(들의 노동 일반)을 '자연'으로 끊임없이 (재)발명하고 환원하려는 전지구적 남성주의적 자본주의에 맞서는 대항헤게모니를 벼리기 위한 페미니즘적 (재)전유의 결들을 성큼 포착해 내는 것이다.

예컨대 생명공학에서의 복제기술 발전으로 난자, 자궁, 배아 등의 실체가 정보로 번역되고 있는 시대에 여성 몸의 생명(재)생산능력에 대한 강조와 연루될 '자연적인 것'에 대한 페미니즘적 재전유란 다음과 같다. 그동안 여성의 생명생산은 온전히 여성적인 몸을 담지한 여성의 육체적 노동을 통해서만 가능했다. 그러나 현재 발전된 자본주의 사회에서는 재생산 공학의 눈부신 진전으로 말미암아 여성의 재생산 노동력이 특이하게 갖던 '자연적인 것'이 모조리 사회화되어 가고 있다. 이러한 수준에서는, 초강력 자본 순환과 유통에로 환원되지 않던 여성의 몸과 노동의 특이한 계기 혹은 저항성의 여지가 거의 사라지게 된다. 따라서 유적 존재로서 인간의 보편성이라는 사유의 지평과 함께, 생명생산 측면에서 여성의 몸이 갖는 특수한 능력에 생명공학이 야기하고 있는 변화를 어쩔 수 없는 것으로 추인하기보다 첨단 자본주의 사회가 특정한 방식으로 구축하는 '자연적인 것'의 지평 속으로 의식적으로 끌고 들어가는 맥락화를 실행할 필요가 있다. 그렇지 않으면 과학기술의 발전 논리에 여성적인 특이성은 그저 통합되고 만다.

첨단 과학 시대의 기술 논리로 보면 '자연적인 것'은 이미 돌이킬 수 없이 다른 방식으로 체현되고 있는 '여성' 현실에 자칫 역행하는 것으로 보일 수 있다.[18] 그렇지만 이 글에서 말하는 '자연적인 것'은 이 돌이킬 수 없음이라는 논리에 제동을 걸고, 우리를 옴짝달싹 못하게 하는, 더 이상 우리 삶의 터전이 될 수 없어 보이는 지구(대지earth가 아니라 글로브globe)에 얽매이지 않는 새로운(예전의, 비자본주의적) 행성planet을 사유하고 형상화하려는 지향을 담고 그 행성에서 다른 방식으로 이루어질 욕구충족, 생명생산, 힘겹지만 즐겁게 가치를 생산하는 주체화를 열어놓는 것이다. 이와 동시에, 그것은 지금도 부산하게 일어나고 있는 여성(의 생명능력)에 대한 최첨단 의료(연구)산업 및 테크노 문화의 전유에 맞대응하는 여성주의의 유물론적 상상력과 몸[생명]의 정치corporeal [bio]politics의 가동을 타진해 보려는 움직임을 담아낸다.[19]

여성의 (재)생산노동력은 몸[생명]의 영역에서부터 시작해 여러 보존·보전 활동들로 다양하게 퍼져나간다. 이 (재)생산노동 행위는 자본주의적 임노동이라는 보이는 부분을 지탱하면서도 비가시화된 훨

---

18) 박소영, 「재생산과 복제: 페미니즘의 상상력, 생명과학의 상상력」, 『여/성이론』 14호(2006년 여름), 34쪽 참조.
19) 사실 그러한 맞대응을 하기 위해서는 최근에 전지구적으로 위계화되어 작동하는 의료산업, 테크노 문화-경제의 젠더/섹슈얼리티 정치를 먼저 자세히 분석해 내어야 할 것이다.

씬 더 커다란 영역을 진정한 토대로 적극 재설정해 낼 때, 제대로 가치화될 수 있다. 여기서 " '노동' 은 자본의 가치화(말하자면 잉여가치생산을 경유해 자본의 가치를 증가시키는)를 뜻하기를 멈추고 대신에 일반적으로 공동체, 환경, 사회적 삶…의 '가치화' 를 뜻한다." [20] 이러한 가치화는 하이퍼리얼한 '사회적인 것' 안에 집요하게 살아 있는, 삶과 생명의 (재)생산을 유지하고 지속시키는 여성노동력 자체(지성, 육체성, 미적 감수성, 정신적 육체적 건강)의 환원불가능한 계기로서 '자연적인 것' 으로부터 가능할 것이다. 이러한 인식을 우리 실천의 바탕으로 삼을 때, 지구적 자본주의 가부장제 사회에서 여성의 (재)생산노동력을 저항적으로 사용함으로써 비지구적 비자본주의적 (재)생산 형식들을 만들어간다는 의제로 나아갈 수 있다.

이 의제는 여성의 일을 상품과 대립되는 것으로 설정하는 태도로써는 진척될 수 없다. 여성의 일은 임노동으로 생산된 상품에만 물신적 가치를 부여하는 자본주의적 순환과 유통 관계 안에 있지 자본주의적 상품 및 화폐의 순환과 회로 바깥에 있지 않다. 그 안에서 안을 허물어낼 수 있는 틈들을 만들어나가야 한다. 이 틈새를 만들어나가기 위해 기존개념들을 새로운 맥락 속에 비틀어 넣고 적극 유통시켜서 전혀 다른 모습으로 변형시켜 내야 한다.[21] 또한 생산노동 영역을 작동시키는 주요 (남성주의) 통화들(개념들)과 대치하고 그것들을 대체할 수 있는 여성주의적 통화들을 계속 만들어내어 유통시키는 작업[22]도

---

20) O'Conner, p. 322.
21) 예컨대 여성들의 실질적인 노동이자 생산으로서의 출산이라는 개념, 생산지로서 자궁이라는 개념은 기존 임노동중심의 생산중심주의를 수정하고 재평가하는 맥락에 집어넣어 쓸 만한 것으로 만들 수 있을 것이다.
22) 지배적인 음경선망과 대치하고 대면하는 자궁선망 담론을 유포하는 것도 현 사회의 굳건한 기본통화를 바꾸기 위해 새로 쓸 만한 그야말로 통화 기능을 할 수 있다. 그 자세한 내용은 『다른 세상에서』 5장 참조.

중요할 것이다.

이렇게 새로운 통화들이 기존 남성주의적 통화들과 끊임없이 순환되는 사이, 재생산노동과 생산노동 영역이 펼쳐지고 겹치게 되어 서로 스며듦으로써 안에서부터 그 이분법이 허물어질 수 있다. 바로 이것이 지구적 자본주의 가부장제를 내파해 가는 문화정치적 방법이기도 하다. 이 방법은 우리로 하여금 여성주의적으로 재전유된 '사회적인 것 안의 자연적인 것'을 좀더 구체화하도록 해줄 것이다. 그 과정에서 여성노동력의 잠재적 저항성이 입증될 터인데, 이 잠재력은 한국 여성의 (재)생산노동을 그저 착취되기만 하는 것이 아니라 대항지구화 운동과 연결시킬 수 있는 접점이 되리라고 본다.

5

'영성'의 생태여성주의적 재설정:
영성-자연-노동이라는 연속체

1. 문제제기

최근 몇 년 사이에 생태학 입장에서 영미문학을 재해석하려는 시도나 생태학과 문학을 연결하는 이론적 작업들이 많이 나오고 있다.[1] 이러한 추세는 자연, 인간, 지구의 파괴가 점점 빠른 속도로 우리의 생존을 위협하는 위기에 대한 영문학(비평)의 대응일 것이다. 이 대응을 통해 찾고자 하는 것은 생태위기를 가져온 주범인 경제, 이익, 개발, 발전, 생산 위주의 전지구적 자본주의의 거센 흐름의 방향을 틀어 우리 자신과 지구 행성을 지켜낼 생태학적 상상력과 통찰이며 그것들을 일구어낼 새로운 인문학적 실천으로서 작품 읽기이다.

---

[1] 『문학생태학을 위하여』(1998) 이후 여러 학회지에서 영문학(비평)과 생태학을 연결하는 논문들이 많이 나오고 있는데 대체로 (심층)생태학 입장을 견지하고 있다. 여기서 (심층)생태학이라 함은 자연세계의 모든 생물들이 인간과 똑같이 생존하고 번성할 권리를 갖는다는 생물중심적 평등주의가 함축하는, 인간과 생물 사이의 다소 기계적인 동질성을 극복하기 위해 자연을 인류생존의 동반자로 인식하는 입장을 말한다.

생태학에서는 인간과 자연의 관계를 근본적으로 재정립하지 않으면 생태위기에 대처할 수 없다고 본다. 이 재정립을 위해 유아독존적인 존재나 고정된 실체보다는 생물권 공동체의 일부라는 인간 개념과, 인간이 마음대로 조작하는 죽어 있는 물질이 아니라 그 자체로 내재적인 가치를 갖는 자연 개념이 제기된다. 이 개념들을 따르는 생태학적 세계관은 인간이 자연보다 우선한다는 인간중심주의를 거부하고 인간과 자연 사이의 상호관련성 및 상호의존성을 온몸으로 느끼고 깨닫는 능력을 중시한다. 바로 이 능력을 생태적 감수성 혹은 '영성 spirituality'이라 부를 수 있을 터인데, 이제 '영성'은 과학기술 시대에 폐기처분될 것이 아니라 오히려 살려내야 할 원리로 떠오른다. 문학은 인간과 자연과 세계를 다루는 가운데 인간의 저 밑바닥에 깃들어 있는 '영성'을 일깨우는 문화적 저장소라는 점에서 생태학과 긴밀한 연관 속에 있다고 하겠다.

가부장제를 바탕으로 서구 근대적 자본주의가 일삼아온 무분별한 확장, 팽창, 개발의 정점에 미국이 있다. 그러므로 미국 비판은 지구화로 지칭되는 새로운 발전 모델이 야기한 전례 없는 생태위기의 주된 원인을 규명하는 데 좋은 출발점이 될 수 있다. 로렌스D. H. Lawrence는 『미국 고전문학 연구』[2])에서 미국의 폭력적 자연정복과 약탈적 물질주의를 초래한 미국인의 맹점을 '영성'에 대한 새로운 개념화를 꾀함으로써 파헤치고자 한다. 그가 주장하는 '영성'은 정신주의적, 내세지향적, 추상적, 신비주의적 원리 같은 것이 아니라 자연과 인간에 내재되어 있는 생명력이다. 그가 미국을 비판하면서 '영성'을 내세우는 것은 백인남성중심의 서구적 근대를 추동시켜 온 기계적 물질주의를 극복하는 데 '영성'이 필수적이라고 보았기 때문이다.

---

2) D. H. Lawrence(1923), *Studies in Classic American Literature* (New York: Penguin Books, 1983). 이후 이 책에서의 인용은 본문 중에 쪽수만 표기한다.

하지만 로렌스에게서는 물질주의적materialistic 물질주의를 극복한다는 것이 관념론으로 또다시 선회한 측면이 엿보인다. 그의 '영성'은 자연에서 출발하고 자연과 함께 한다고는 하지만 일상생활의 일과 활동과는 동떨어진 채 '남근적 원리'라는 힘으로 집결되고 있기 때문이다. 로렌스가 우리의 일상 삶을 이루는 생산, 활동, 노동을 무시하고 간과하는 관념론에 기울고 있다면, 그래서 로렌스 역시 타자들의 노동에 기생하면서 지배자 위치를 유지해 온 백인남성중심 시각에 머물고 있다면, 이 시각과 다른 위치에서 '영성'을 주장하는 논의를 살펴볼 필요가 있겠다.

에코페미니즘[3]은 기존 생태학의 남성주의 입장과 기존 페미니즘의 인간중심적 자연관을 동시에 비판한다.[4] 다양한 흐름의 에코페미니즘 논자들 중에서도 인도의 에코페미니스트·액티비스트인 반다나 시바Vandana Shiva는 생태위기와 몸으로 부딪힐 수밖에 없는 제3세계 여성이라는 희생자–행위자의 시각을 견지하고자 한다. 그녀는 『살아있다는 것』[5]에서 '여성적 원리'로서 '영성'을 에코페미니즘의 주요한

---

3) 에코페미니즘의 배경과 전개과정에 대해서는 고갑희, 문순홍, 김욱동, 신두호, 이귀우, 김임미 참조.
4) 최근 생태학 관련 국내 논의에서 에코페미니즘에 대체로 호의적인 태도를 보이면서 보살핌의 윤리를 실천하는 여성문화를 강조하거나, 페미니즘 이론가를 적극 끌어들여 생태학화하면서 생태학과 페미니즘 사이에 친연성을 막연히 강조하는 추세가 함축하는 또 다른 형태의 남성중심주의는 문제로 제기되어야 한다. 특히 "여성생태론적 자아는 생태론적 자아의 범례"이며 "에코페미니즘은 생태철학의 진수를 드러내준다"(10)고 하며 특히 이리가라이Irigaray의 '성차,' '글쓰기,' '몸' 개념이 함축하는 두 개의 상호자율적이며 상이한 주체성들로 이루어진 상호주관성 모델과 참여적인 촉감·접촉 개념에서 자신의 논거를 끌어오는 정화열 참조. 생태론자와 에코페미니스트를 자동적으로 연결되는 것으로 상정하는 정화열의 태도를 본격 비판하며 에코페미니즘에 동조하는 남성의 입장에 대한 성찰을 펼치는 글로는 신두호, 「남성과 에코페미니즘」, 『영미문학 페미니즘』 제9권 1호(2001년 여름), 49-70쪽 참조.
5) Vandana Shiva, *Staying Alive: Women, Ecology and Development in India* (London: Zed Books, 1989). 이후 이 책에서의 인용은 본문 중에 쪽수만 표기한다.

의제로 제시한다. 시바가 말하는 '영성'은 에코페미니즘의 일부 흐름들과 달리 여신숭배나 모계 사회의 신성함 차원이 아니라 현재의 생존 터전인 대지에 토대를 둔 노동과 결부되는 측면이 두드러진다. 따라서 시바의 에코페미니즘 논의에 나오는 '영성'은 현 생태위기에 맞서는 대항지구화에서 어떠한 실천적 긍정성을 갖는지 검토해 볼 만하다.

이러한 문제의식에 따라 이 글에서는 에코페미니즘을 전지구적 자본주의 가부장제에 대항하는 정치의 한 중요한 축으로 놓고 '영성'이 어떠한 이론적 맥락 속에 있어야 하는가를 규명하여 보고자 한다. 먼저 2절에서 로렌스의 남근적 원리로서의 '영성' 개념을 살펴본 다음, 3절에서 반다나 시바의 여성적 원리로서의 '영성' 개념을 검토함으로써 에코페미니즘의 목표와 방향을 잡아볼 것이다. 4절에서는 앞의 논의과정을 거쳐 구축되는 에코페미니즘 입장에서 토착 미국 여성 작가 레슬리 마몬 실코Leslie Marmon Silko의 『의식 *Ceremony*』(1977)을 '영성'의 재현이라는 관점에서 읽어본다. 그리하여 자연과 노동과 함께 하는 '영성'이 현 생태위기를 극복하게 하는 자원이자 가치임을 일깨우는 문학 읽기가 이 시대의 의미 있는 한 가지 생태적 실천 방식임을 입증할 것이다.

2. 『미국 고전문학 연구』에서의 '영성'

로렌스의 미국 방문 후 출간된 『미국 고전문학 연구』는 '자유'를 찾아 미국에 왔다는 미국인들의 심성구조를 관통하는 근본적인 맹점을 19세기 미국 고전문학을 통해 파헤치고 있다. 로렌스는 미국인들이 말하는 '자유'와 '독립'은 어떠한 지배자도 없이 마음대로 살겠다는 개인적 '의지'와 편협한 '이성,' 소유적인 개인의 권리 수준에 있는 것이며, 그것은 인간의 좀더 깊숙한 곳에 있는 광활한 영혼, 성령, 무의식을 배격하는 편협하고 비뚤어진 완고한 정신과 의지에서 비롯된다고 본다. 미국인의 이러한 정신과 대조되게, 자신의 영혼을 "어두운 숲"(22)으로 형상화하고 있는 로렌스의 비유는 근대적 자본주의의 인간세계보다 깊고 어둡고 광대하며 신비한 자연세계에 그 연원을 두고 있다. 오랜 세월 숲 속에서 살았던 인류의 기억을 담아내는 로렌스의 비유는 자연의 일부로서 인간 존재를 환기시켜준다. 그러한 영혼의 세계에 거하는 '영spirit'이란 것도 만물에 다양한 형태로 존재하는 것이며, 영들끼리 교섭하는 가운데 존재의 확장을 가능하게 하는 내재적 기반이다. 로렌스에게 '영'이란 존재의 전체성wholeness을 성취하게 하는 원천이다. 그래서 그것은 정신/육체, 정신/물질의 이분법에 따라 정신의 영역에 초월적으로 거주하는 기독교에서의 영혼과 다르다.

로렌스는 인간에게 본원적으로 있는 신성한 영의 세계가 반자연적·반육체적·반여성적인 기독교에서 말하는 성령Holy Spirit과 다른 것임을 표상하기 위해 '거룩한 유령Holy Ghost'이라는 말을 새로 만들어 쓴다. 이것은 유일신인 기독교 하느님처럼 단일한 모습으로 초월적 영역에 가만히 있다기보다 인간의 내면을 왔다 갔다 하며 살아 움직이는, 하나가 아니라 복수의 신들gods로 구성되며 다양한 모습을 띤다. "나는 내 안의 신들과 다른 남녀들 안의 신들을 인식하고 그 신들에 복종하고자 늘 노력할 것이며… 신들이 왔다 갔다 하도록 용기를 가져야 한다"(22)는 로렌스의 발언은 남성과 여성에게 각기 다른 모습으로 다양하게 있는 영의 세계를, 신들의 세계를 인식하고 거기에 부응함으로써 존재의 온전한 전체성을 구현할 수 있음을 말한다.

여기서 더 나아가 로렌스는 육체 및 물질세계와 절연된 정신을 상기하는 기독교적 의미망을 아예 철폐하기 위해 '영성'을 '피blood'(90, 91)로 은유화 함으로써 생명력, 관능적·성적 에너지, 그리고 존재의 깊은 곳에서 용솟음치는 피와 살의 육감적인 생기를 연상시키고자 한다. 이러한 의미망을 갖는 로렌스의 '영성'은 유기체인 인간으로 하여금 자기 존재의 고유한 개체성을 알아가게 하고("나는 나이다," 22) 각 개체의 전체성을 실현하게 하는 밑바탕이자 기본적인 원동력이다. 존재의 깊은 곳에서부터 우러나오는 '영성'은 인간과 물질, 인간과 자연의 관계를 왜곡시키지 않고 바로 잡을 수 있도록 해준다. 이 '영성'이라는 발본적인 원동력을 깨닫지 못하고 부인하면서 인간의 의지와 합리성만으로 이룩한 근대 자본주의 가부장제 문명은 근본적인 결함을 안고 있는 것이다.

인간에게 본원적인 '영성'을 부정하거나 망각하며 아메리카 정복과 서부개척에 앞장섰던 백인 미국 남성들은 자연과 함께 한다기보다 지배하는 데 급급하였다. 이 자연지배는 인간의 인간지배와 연결되며 타인종의 토착민들, 유색인종 사람들, 여성들을 백인남성의 정복대상으로 삼게 한다. 이러한 경향은 일찍이 벤저민 프랭클린Benjamin Franklin의 "야만적인 인디언들을 근절하라"(21)는 구호에서도 역력하였다. 『주홍글자 The Scarlet Letter』(1850)에 나오듯 독립적인 백인여성들을 마녀화하는 것도 같은 맥락 속에 있다고 하겠다. 유럽에서 건너온 백인남성들이 미국 땅에서 꾀한 근대화·문명화는 자연세계와 자기 외의 타자들과 소통하고 교감하고 공존하기는커녕, 다른 모든 세계를 지배와 이익을 위한 도구나 대상으로만 보고 자연과 인간의 신성함을 위배하는 과정이었던 셈이다. 그런 점에서 지배, 정복, 살상, 전쟁으로 얼룩진 서구중심의 근대적 문명화와 자본주의화가 야기해 온 생태위기를 극복하는 데서 로렌스가 주장하는 '영성'의 회복은 중요하다.

여기서 "모든 남녀 안에 있는 거룩한 유령에 따라 그들을 보라"(24)는 로렌스의 주장은 여성을 영적인 존재로 본다는 말이다. 로렌스의 '영성'은 자연, 감성, 몸의 존재라는 여성에게도 해당되는 것이었다. 그러므로 남녀에게서 다양하게 나타나는 신들, 신성함, 생명력의 차이를 균형 있게 밝힐 전망을 갖는다. 특히 남녀관계의 경우 성차로 인한 이질적인 것과의 접촉과 교류는 다른 어떤 차이보다도 인간존재의 경이로움과 확장을 맛보게 한다. 로렌스에게서 남녀관계의 갈등과 균형을 재현하는 것이 가장 중요한 과제[6]였던 것도 그 때문이다.

남녀관계에서 단적으로 드러나듯, 인간은 정말로 자유롭고 편안한 상태로 있게 할 전체성을 지향하지만, 그러한 지향은 구체적 상황 속에서 수없이 다양하게 일어나는 분열과 간극, 단절과 분리, 폭력과 고통의 매순간을 거쳐야만 한다. 건너뛸 수 없고 건너뛰어서도 안 되는 이 부분에 역점을 두는 태도가 로렌스의 생태학적 사유의 특성을 이룬다. 우리가 이 특성을 주시해야 하는 것은, 근대적 사유체계의 이분법에 따른 인간중심주의를 극복하자는 생태학적 사유 일반이 갖는, 만물의 상호연관성이나 전체에 대한 강조가 각 존재의 개체성을 희석시킬 우려가 있기 때문이다. 물론 이 개체성은 공동체와의 유기적 관계 속에서라야 온전히 실현되는 것(12)이다.

로렌스는 접촉과 단독성이라는 유기체의 두 법칙(71) 중에서도 홀로 있을 수 있는 개체성을 일차적인 것이라고 하며, 개체의 삶의 궁극적 목적을 다른 존재와의 융합 혹은 통일이 아니라 다른 존재와의 접촉을 통해 하나의 존재로서 개체성을 찾아가는 '홀로 서기'(87)라고 주장한다. 바로 이 점이 로렌스의 생태학적 통찰의 특징적인 면을 구성한다. '영성'으로 미국의 맹점을 해부하는 로렌스가 강력하게 설파하는 것은 생태계 안에서의 지나친 상호의존은 오히려 그 체계에 불

---

[6] "인류에게 위대한 관계는 언제나 남자와 여자 간의 관계일 것이다. 남자와 남자 간의, 여자와 여자 간의, 부모와 자식 간의 관계는 늘 부차적인 것이 될 것이다"(*Study of Thomas Hardy and Other Essays* 175)는 로렌스의 선언을 또한 참조할 수 있겠다.

안정과 파멸을 갖고 오며, 조화로운 전체란 오히려 죽음일 수도 있다는 점이다. 따라서 로렌스에게서 '영성'을 바탕으로 한 개체가 전체성을 발현하기까지, 서로 적대적인 피-지식blood-knowledge과 정신-지식mind-knowledge, 피-의식blood-consciousness과 정신-의식mind-consciousness 사이에 일어나는 충돌과 갈등, 긴장과 마찰로 점철되는 역동적인 과정(90, 91)은 인간을 생생하게 살아 있게 한다.

그렇다면 로렌스에게서 여성의 '영성'은 이와 같은 역동성을 보여주는가? 그 구체적인 예로서『미국 고전문학 연구』에 나오는 헤스터Hester에 대한 로렌스의 분석을 보면, 로렌스는 헤스터를 '악마'라고 다섯 번(demon, 95, 99; devil, 99, 100, 101) 부르며, '마녀'와 연관시킨다(102). 로렌스는 '영성'을 상실하고 분열되어 괴롭게 살아가는 딤즈데일Dimmesdale의 갈등과 고통에는 공감을 보이며 악마라는 언어를 쓰지 않는데 반해, 헤스터에게는 악마성을 과도하게 부과한다. 남녀관계와 일상생활을 떠받치는 물적 토대에 대한 세심한 인식 없이 작가의 관심이 남녀관계에서 격렬하게 펼쳐지는 싸움에 국한될 때, 다소 극단적인 언어로 빠지는 양상이 나타난다. 그런 가운데 로렌스가 정작 주장하고 싶었던 것은 헤스터처럼 지성과 사색의 자유를 갖게 된 근대 여성들이 존재의 깊은 곳에서부터 복종해야 할 원리로서, 근대 이후 사라져간 "어두운 남근적 원리the dark, phallic principle"(101)이다.

그런데 관능성을 갖는 여성("그녀는 본성상 풍요롭고 관능적이며 동양적인 특징을, 아주 화려하게 아름다운 것에 대한 취향을 지니고 있었다," 101)으로서 호손Hawthorne의 헤스터 묘사에는 남성=정신=서양/여성=관능=동양이라는 이분법이 깔려 있다. 헤스터를 관능적이고 동양적이라고 보는 호손이나 그러한 호손을 수긍하는 로렌스는 19세기 미국 초절주의자들의 오리엔탈리즘을 반영하는 셈이다. 헤스터를 '동양화'하는 것은 백인남성중심인 미국 청교도 사회에 도전하는 백인여성을 그 사회로부터 타자화하고 배제하는 좋은 전략인데, 로렌스는 그 점을 인식하지 못한다. 여성의 '영성'에 대한 이런 식의 접근은 로렌스 자신이 부인하고자 했지만 뿌리깊이 배어 있는 백인남성중심 사회의 기독교적·오리엔탈리즘적 언어 탓이다.

　　로렌스는 "관능적이며 동양적인 특징"을 갖는 여성들을 만족시켜 줄 만한 성적 능력과 에너지를 갖춘 남성을 상상하며 일부다처제를 실현할 미래의 미국을 상상한다(101). 그때에 악마성을 감추고 겉으로만 그럴듯한 구원자, 치료자로서의 변신이 아니라 정신-의식만 과도하게 지닌 헤스터와 같은 왜곡된 존재의 전면적인 변신이 일어난다는 것이다. 그러한 변신을 위해 남성의 "어두운 남근적 원리"에 복종하는 경험이 필요하다고 본다. 결국 로렌스가 주장하는 '영성'은 백인 남녀 사이의 힘겨루기에서 남성 쪽에 손을 들어주는 남근적 원리로 집약되고 만다. 일부다처제에 대한 오리엔탈리즘적, 무의식적 소망을 통해 드러나는 남근적 원리를 향한 로렌스의 은밀한 욕망[7]은 징후인 만큼 더욱 강력하게 출몰하며, 그 흔적은 어김없이 작품에 새겨진다.

3. 『살아 있다는 것』에서의 '영성'

생태학의 백인남성중심주의를 극복하고 진정한 생태 사회를 위한 대

---

[7] 로렌스의 방대한 저술 중에서 『미국 고전문학 연구』에 실려 있는 하나의 작품 읽기에 기대어 내리는 이 진단에 무리가 있다는 반론이 가능하겠다. 미국 고전문학뿐만 아니라 로렌스의 주요 소설들에 나오는, 남성주의적 요소는 지성적인 여성인물들에 대한 신랄한 공격에서 엿볼 수 있고 많은 비판을 받아왔다. 1925년 이후 로렌스의 소설들이나 그 외 저술들이 모성에 초점을 두는 matrifocal 쪽으로 선회하는 측면을 중시해야 한다(Oh Yeung-Jin 128, 307, 308)는 주장이 최근에 나온다. 하지만 이 선회 또한 모성을 미화하는 남성주의적 요소를 확연히 벗어난다고 볼 수 없다.

안적 원동력을 찾아본다는 맥락에서 시바의 에코페미니즘이 주장하는 '영성'의 내용을 살펴볼 차례다. 남성과 똑같이 여성도 자연과 함께 호흡하는 영적 존재이다. 자연은 그저 인간이 통제하는 대상이나 자원이 아니라 그 자체로 의미 있는 현존이며 인간도 자연 속에 수동적으로 있다기보다 자연과 적극 상호작용하는 존재이다. 그런 점에서 남녀 모두 자연 속에서 자연을 일구어가는 주체들이다. 그런데 근대 이후 자본주의의 급격한 발전은 여성, 자연, 이민족의 주체적 측면을 거세하고 그들을 식민화하여 왔다. 그래서 심지어 서구사회 내부에서도 여성은 대상화되어 왔고, 그러한 억압은 자연에 대한 억압과 같은 궤도를 그려왔다.[8] 그러므로 일부 에코페미니즘 흐름들에서처럼 여성을 그저 자연과 가까운 존재로 상정할 게 아니라, 생명을 낳고 기르는 일 외에도 자연과의 밀접한 연관 속에서 여러 종류의 생존노동을 주체적으로 해온 여성의 일들이 지니는 다양한 층위를 가시화할 필요가 있다. 그럴 때, 일상적 노동과 물질세계와 아무 상관없이 관념론적으로 환호되는 '영성'이 아니라 자연과 상호교류하며 노동하는 주체들의 근간에서 발현되는 '영성'을 현 지구화에 대항하는 새로운 사회구성의 동력으로서 살펴볼 수 있을 것이다.

시바는 마리아 미즈Maria Mies와의 공저 『에코페미니즘 Eco-feminism』[9]의 「서론: 우리가 이 책을 함께 쓴 이유」에서 자신이 주장하는 '영성'은 동양의 정신주의에 오리엔탈리즘적으로 열광하는 일부 서구인들이 추구하는 사치스런 내세적 정신주의 편향과는 다르다는 점을 분명히 밝힌다. 비전秘傳, 명상, 요가, 주술, 대안적 건강법의 새로운 세계 시장에서 상품화된 인도의 정신적 자원은 인도의 문화적 전

---

8) Susan Griffin, *Woman and Nature: The Roaring Inside Her* (San Francisco: Sierra Club Books, 1999), pp. x-xi.
9) 번역본으로는 『에코페미니즘』, 손덕수·이난아 역, 창작과 비평사, 2000.

통으로부터 떨어져 나와 파편화된 추상적 정신주의에 지나기 않기 때문이다. 시바에게 '영성'이란 "내세의 신이나 초월에 있는 것이 아니라 일상생활에, 우리의 노동에, 우리를 둘러싼 모든 것에, 우리의 내재성에"(30) 있고, 삶의 기본 욕구로부터 출발하는 대다수 세계 여성들의 일상의 생존활동 속에 뿌리박고 있는 물질주의(33)를 근거로 한다. 시바가 말하는 물질주의란 상품화된 자본주의에서 생산되는 오로지 교환을 위한 상품이 갖는 추상적 의미에서의 물질성이 아니라, 인간의 직접적인 생존을 위한 활동 혹은 노동 행위를 통해 자연이 풍부하게 제공해 주는 물질과의 상호작용을 통해 자연과 그 밖의 모든 존재들과 공존하게 하는 물질성을 가리킨다. 이러한 개념을 따를 때, '영성'을 말하면서 여성의 존재와 직결되는 여성의 일상적인 노동에 대해서 일언반구 없는 로렌스의 인식틀은 서구 사상을 지탱해 온 관념론의 잔재를 여실히 입증한다.

그런데 시바는 『살아 있다는 것』에서 정신과 물질 사이의 대립을 제거하는 이러한 '영성'을 생명보존과 생명력의 여성적 원리와 연결시킨다. 시바의 여성적 원리는 적극성과 수동성으로 이분화된 남성성/여성성이라는 서구적 의미에서가 아니라 여성적인 샤크티Shakti가 남성적 형식인 푸루샤Purusha와 함께 자연 프라크리티Prakriti를 생산해 내는 창조적 에너지의 역동적 상호작용을 가리킨다.[10] 따라서 이 여성적 원리는 여성들에게서만 찾아볼 수 있는 자질이 아니라 자연, 여성들, 남성들 모두에게 내재된 활동성과 창조력의 원리이다. 이것에 대한 믿음은 인도 사회의 오랜 문화전통을 유지하게 하였고, 지금도 그렇다.[11]

---

10) Rosemary Radford Ruether, *Integrating Ecofeminism, Gobalization, and World Religions.* (Lanham: Rowman & Littlefield Publishers, Inc., 2005), p. 107.
11) 시바 사상의 유효성은 인도의 문화전통에 대한 이와 같은 이해를 바탕으로 제대로

『살아 있다는 것』의 38-42쪽에서 집중 설명되어 있듯, 자연은 어떤 차원에서는 여성적 원리의 상징적 화신으로 받아들여지고, 또 다른 차원에서는 생명을 생산하고 생계를 제공할 수 있도록 여성적 원리에 의하여 양육된다. 말하자면 인도의 문화 맥락에서는 모든 것에 스며들어 있는 원동력의 발현 상태가 자연(프라크리티)인 셈이다. 프라크리티로서의 자연은 모든 생명체의 창조, 재생, 지탱의 순환구조 속에서 활동적이고 강력한 생산적인 힘이 된다. 여기에서 창조적 힘과 창조된 세계는 개별적이거나 분리된 것이 아니라 역동적으로 상호관련되어 있다. 따라서 여성적 원리의 화신이자 창조적 표현으로서의 자연(프라크리티)은 창조성, 활동성, 생산성, 형태 및 형상의 다양성을, 인간을 포함하는 모든 존재 사이의 연결성과 상호관련성을, 인간적인 것과 자연적인 것 사이의 연속성을, 생명의 신성함을 그 특징으로 한다.

시바에게 여성적 원리의 회복은 단지 여성들뿐만 아니라 자연과 비서구 문화에 가해져 온 복합적인 지배와 약탈에 대한 대응으로서 생태계의 회복, 자연과 인간의 해방, 자연과 여성을 지배함으로써 인간다움을 상실한 남성들의 해방을 의미한다. 또한 자연, 여성, 남성의 창조적인 존재 및 지식의 회복을 의미한다. 자연을 죽어 있는 재료가 아니라 살아 있는 유기체로, 여성들을 생산적이며 활동적인 존재로, 남성들을 신성하고 살아 있는 삶을 창조하기 위해 실천 및 활동을 재배치하는 사람으로 보는 것을 뜻한다(105-6). 그럴 때, 시바가 표방하는 에코페미니즘에서의 '영성'은 생명을 보전하고 보호하며, 삶과 생명을 긍정하는 지향성을 갖는 여성의 노동활동들을 주시하게 하며, 거기서 실현되는 여성적 원리를 충분히 사회적인 것일 뿐만 아니라 인류

해명될 수 있다고 주장하는 글로는 2007년 6월 8-9일에 있었던 영미문학 페미니즘 학회 제5차 국제학술대회에서 발표된 Krishuna Sen, "Minding Our Lives: Vandana Shiva, Ecofeminism, and the Indian Cultural Context," pp. 14-23 참조.

의 존속을 위한 필수적인 가치로 자리 잡게 하는 밑바탕이 된다.

시바가 생태가치를 실현하는 대안 모델로 보는 자급적 농촌 삶의 유기적 공동체에서 양육자이면서, 수질과 숲의 관리자이자 농부로 살아가는 여성들과 자연의 관계는 수동적인 게 아니라 숲(자연)과 직접 물질적 관계를 맺는 능동적인 위치에 있다. 따라서 제3세계 농촌여성의 위치와 경험에서 출발하는 시바에게 '영성'이란 지구화의 거센 압박 앞에서도 자연과 직접적이고도 능동적인 관계를 통해 삶과 공동체를 지키고 꾸려가는 제3세계 여성들의 문화적·정치적·정신적 역량으로서, 대항지구화의 실질적 원동력으로서 자리 매겨질 수 있다.[12]

시바에게 '영성'은 한마디로 "자연의 상호연관성과 다양성을 유지함으로써 모든 생명을 지속시키기 위해 세계를 품고 그 속에서 활용하는 비폭력적인 방식들의 대항범주"(14)로서, 모든 존재들 사이의 연결성, 상호관련성, 연속성을 인식할 수 있게 하는 능력이다. 이러한 의미들이 부여된 '영성'은 여성적 원리이면서도 여성만의 것이 아니라 남성의 것도 되는 확대된 지평을 갖는다. 시바에게 생태사회의 새로운 대안적 주체는 전지구적 자본주의 가부장제의 폭력과 착취 속에서도 자연과의 물질적 관계를 능동적으로 유지하는 데서 체득한 생존지식을 갖는 일부 여성들과 소수의 남성들이다. 하지만 이러한 확장은 여성적 원리를 파괴해 온 가부장제의 역사적 작동을 분석하지 않고, 또 각기 다른 조건에 처한 여성들의 차이에 따라 다르게 인식되고 형상화되는 복잡한 형태의 여성적 원리를 일원화하는 위험을 초래하게 된다.[13] 또한 소수자 남성과 여성 사이에 여전히 굳건히 존재하는 젠

---

12) 시바는 생태위기에 대처하는 실천적 모델로서, 무제한적인 이익과 축적을 위한 파괴적인 상품생산이 아니라 필요한 만큼 먹고 입는 삶의 기본욕구와 생명의 신성함을 바탕으로 생존하고 공존하기 위한 제3세계의 자급적 농업에 집중한다. 특히 『농업혁명의 폭력: 제3세계 농업, 생태학, 정치학 The Violence of Green Revolution: Third World Agriculture, Ecology and Politics』 (1991) 참조.

더/섹슈얼리티 체계상의 명백한 차이를 무화하면서 페미니즘적 입장이 흐려지게 된다.

시바가 강조하는 여성적 원리는 서구 자본주의 가부장제 문화보다 훨씬 통합적이었던 식민지 이전 인도의 자급적 문화공동체(또 토착 미국인들[14]의 공동체)에서 찾아볼 수 있었던 인간과 자연 사이의 유기적 관계의 중심 원리이다. 그러므로 '영성' 혹은 여성적 원리를 비폭력으로만 이해하거나 자본주의 가부장제와 동떨어진 자급적 공동체로 국한하는 시바의 논리는 한계를 갖는다. 왜냐하면 살상이라는 폭력도 죽음과 생명의 순환이라는 생태계의 원리에서 보면 자연스러운 일이고, 자급적 공동체라는 것 자체도 처음부터 끝까지 온전한 형태로 있다기보다 이미 가부장제 요소들에다 자본주의적 요소가 들어가 있는 복잡하고 복합적인 생활공간이기 때문이다. 또한 인간은 연속성, 통일성, 조화를 본능적으로 추구하고 지향하지만 실제 삶의 구체적인 면면에서는 불연속성, 이질성, 적대성, 모순, 불일치가 팽배하기 때문이다. 마르티 킬이 주장하듯이, 모든 생명의 상호관련성에 대한 깊고도 전체적인 생태적 인식은 더 큰 전체뿐만 아니라 개별 존재들과의 관계 속에서 우리가 체험해 나가는 살아 있는 인식이 되어야 한다.[15]

그러므로 살아 움직이는, 갈등하고 선택하는 개별 남녀들의 구체적인 일상 생활세계에서 출발하는 문학이 담아내는 생생한 목소리들에 귀를 기울이는 것이 에코페미니즘에서의 '영성'을 제대로 맥락화

---

13) 김임미, 「에코페미니즘의 논리와 문학적 상상력」, 영남대학교 대학원 박사학위 논문, 2003년 12월, 48쪽 참조.
14) 종래 사용되어 온 '아메리카 인디언'이라는 표현은 잘못된 것이므로 토착 미국인Native Americans이라는 용어를 쓰기로 한다.
15) Marti Kheel, "Ecofeminism and Deep Ecology: Reflections on Identity and Difference," Irene Diamond and Gloria Feman Orenstein ed. & intro, "Introduction," in *Reweaving the World: The Emergence of Ecofeminism* (San Francisco: Sierra Club Books, 1990), p. 136.

하는 한 가지 좋은 방법이 될 수 있다. 이렇게 주장하는 것은 '영성'을 생태위기에 맞서는 새로운 가치로 말한다고 할 때, 결국 여성적 원리 (혹은 역으로 남성적 원리)로 귀착시키기보다 자연의 주체로서 노동의 주체로서 여성을 말하는가,[16] 지구화에 저항하는 지역의 페미니스트 정치라는 비전[17]이 있는가, 자연의 재현이 젠더, 인종, 계급, 섹슈얼리티의 재현들과 얽히는 과정을 새로운 방식으로 풍부하게 보여주는가[18] 하는 문제설정을 더욱 중요하다고 보기 때문이다.

역사적으로 자본주의적 상품 생산 바깥으로 주변화되어 왔기 때문에 가장 잘 들리지 않았던 목소리들은 주로 여성들, 토착민들, 부족민들의 목소리이다. 가장 음지에 있고 잘 보이지 않아 대상화되기 십상이었던 이들이야말로 실제로 역사의 행위주체들이자 자연의 행위주체들[19]이다. 이들은 주체들이면서도 자연과 맺는 관계가 지배와 착취 일변도가 아닌 면면을 상당히 유지하고 있을 것이다. 문학은 대지와 함께 호흡하는 새로운 이미지들을 통해 이들의 면면을 우리에게 속삭이고 있을지도 모른다. 여기에 귀를 기울이며 문학을 읽을 때 감지될 '영성'은 에코페미니즘과 관련하여 어떤 지평을 제공할지 4절에서 살펴본다.

---

16) Diamond and Orenstein xi: Ynestra King, "Healing the Wounds: Feminism, Ecology, and the Nature/Culture Dualism." Diamond and Orenstein eds., p. 116.
17) Lee Quinby, "Ecofeminism and the Politics of Resistance," Diamond and Orenstein eds., p. 123.
18) Gretchen T. Legler, "Ecofeminist Literary Criticism," *Ecofeminism: Women, Culture, Nature*, ed. Karen J. Warren (Bloomington: Indiana UP, 1997), p. 227.
19) Ariel Salleh, *Ecofeminism as Politics: Nature, Marx and the Postmodern* (London & New York: Zed Books, 1997), p. xvi.

4. 에코페미니즘을 통해 본 『의식』의 '영성'

에코페미니즘은 그동안 우리에게 들리지 않았던 유색여성 및 토착 부족여성들의 목소리들을 듣게 하고 그들의 생활세계를 접하게 하는 지평을 제공함으로써 로렌스와 같은 백인남성들이 주도하는 (영)문학(비평)을 변전시켜 생태적 사유와 실천의 새로운 영역을 열어줄 수 있다. 로렌스가 본 바, 19세기 미국사회를 거부하고 황야를 택한 내티 범포Natty Bumppo는 미국인에게 고유한 영혼세계를 재현한다. 예컨대 페니모어 쿠퍼Fenimore Cooper의 『최후의 모히칸족The Last of the Mohicans』(1826) 분석에서 로렌스는 백인과 토착 미국인 사이의 인종화해 문제와 관련해 먼저 미국 땅에 서려 있는 잔혹하게 학살된 수많은 인디언들의 원혼들을 달랜 다음, 각 인종에 고유한 '영'을 '영' 대로 지니게 하는 여지와 여유를 갖고서 서로의 '영'을 정말로 마음으로 받아들일 수 있게 되는 것이 중요하다(56-7)고 주장한다. 『최후의 모히칸족』에서 그려지는, 백인과 토착 미국인으로서 각 인종적 개체성을 유지하면서도 서로 교감하며 황야를 함께 다니는 내티 범포와 칭가츠국Chigachgook의 관계가 그러한 화해를 보여준다. 그래서 로렌스는 다른 인종의 두 남자 사이의 재산, 부권, 결혼, 섹스, 사랑보다 훨씬 깊은 관계야말로 미국 땅에 실현될 새로운 인간관계의 비전을 구현하는 것(59)이라고 높이 평가한다. 그러나 내티 범포의 세계에서 백인/혼혈여성들은 모두 죽고, 토착 미국 여성은 부재하고 그 목소리는 아예 들리지 않는다.

그런데 내티 범포야말로 본질적으로 '킬러'(68)이다. 이 백인 킬러는 오랫동안 신대륙에 거주해 왔던 토착 미국인들과 함께 숲 속을 다니면서 동물들을 사냥하며, 경우에 따라서는 사람을 죽이기도 한다. 그러나 토착 미국인들의 사냥은 어디까지나 먹고살기 위해 필요한 만큼만 하는 자급적인 것이자, 동물의 생명을 존중하는 마음을 바탕으로 생명을 순환시키기 위한 의식儀式으로서 생명활동의 일환이었다. 또한 사람을 죽이는 경우도 자신의 생명을 위태롭게 하는 자들로부터 자신을 보호하기 위한 최소한의 것이었다.

사냥이라는 것은 먹고 먹히는 관계망이라는 생태계의 원리에서 보자면 생명을 약탈하는 인위적인 살상 행위라기보다 매우 자연적인 행위이다. 한 개체가 다른 개체의 생명을 빼앗는 것 자체가 생태계를 작동시키는 자연의 원리이기 때문이다. 따라서 사냥도 무분별한 잔인한 살상 행위로 이어지지 않는다면 자연에 부합하는 행위이다.[20] 그러나 미국의 서부 개척사에서 보듯, 미국 백인남성들은 특히 들소를 그 가죽과 고기로 얻는 이익 때문에 또 철도건설에 방해가 된다고 필요 이상으로 살상하는 광포함을 보여주었다. 이러한 짐승 사냥은 인간 사냥으로 이어져 약 10%의 토착 미국인들만 겨우 살아남게 되었다. 이 폭력성에 대한 아무런 비판적 자의식 없이, 미국 서부 영화나 대중소설에서 소위 토착 미국인들은 인간이 아니라 그저 사냥감으로서 재현되기 일쑤였다. 그리고 그들의 말은 들리지 않았다.

백인남성중심의 자본주의 사회를 구축해 나간 미국 역사는 토착 미국인들의 오랜 삶의 터전이었던 숲과 생물다양성을 돌이킬 수 없이 훼손시킴으로써 그들의 삶의 기반을 송두리째 무너뜨리고 말았다. 그런데도 이러한 손상과 폭력을 몸으로 버텨내며 살아남은 토착 아메리카 공동체의 생존지식과 문화를 지금 우리가 접할 수 있는 것은 바로 〈토착 미국 문학〉을 통해서이다. 70년대에 활발하게 생산된 〈토착 미국 문학〉은 본토인의 미국 비판으로서 각별한 생태적 감수성을 각인하고 있다. 토착 미국 작가들 중에서도 실코Silko, 어드릭Erdric, 스마일

---

[20] 강규한. 「『월든』 다시 읽기 — 문학생태학의 새로운 모형」. 『영어영문학』 제49권 3호 (2003년 가을), 574-7쪽 참조.

리Smiley와 같은 여성작가들의 활동이 두드러지는데, 여기서는 실코의 『의식』[21]에 재현된 '영성'을 미국 자본주의 문화에 대한 근본적인 비판의식을 담은 지역 공동체의 비전, 자연과 상호공존하며 노동하는 주체로서 토착 미국인 남녀의 재현과 결부시켜 살펴보고자 한다.

『의식』은 백인 지배사회와 토착 미국인 공동체 양쪽에서 소외된 주인공 타요Tayo가 의식儀式을 통해 치유되는 과정을 겪으면서 자신의 문화적 정체성을 확립해 가는 과정을 그리고 있다. 이 작품은 자연과 몸, 몸과 마음, 여성과 남성의 유기적 관계가 살아 있는 토착 미국인 공동체라는 식의 이상화나 단순화에 빠지지 않고 전지구적인 수탈체제로 인해 황폐해진 토착 미국인 공동체 속에서 살아가는 여러 부류의 토착 미국인들이 겪는 단절과 분열을 잘 그리고 있다. 이 작품의 배경은 자본주의와 과학문명의 때가 묻지 않은 원시의 자연 혹은 황야가 아니라 높은 철조망으로 둘러싸인, 핵무기와 관련된 각종 시설과 연관된 미국 정부 지정 인디언 거주지Indian Reservation이다. 이 사실은 중요한 의미를 지닌다.

그러한 지역에 살고 있는 토착 미국인들이 모두 생태적으로 건강한 것도 아니고, 백인들이라고 해서 모두 억압의 주체인 것도 아니며, 여성이기 때문에 자연과 더 연결되어 있는 것도 아니다. 타요는 백인과 라구나 푸에블로Laguna Pueblo 토착 미국인 사이에서 태어난 혼혈 남성인데, 자신의 문화적 정체성을 찾지 못하고 방황하던 차에 제2차 세계대전에 참전해 혹독한 경험을 겪었고, 귀국한 이후 전투피로증에 시달리며 상처받은 영혼과 몸의 고통 속에서 괴로워한다.

타요의 고통을 치유하는 과정에서 핵심적인 역할을 하는 존재가

---

[21] Leslie Marmon Silko, *Ceremony* (Penguin Books, 1977): 국내 번역본으로는 강자모, 『의식』(동아시아, 2004)이 나와 있다. 본문에 나오는 작품 인용 쪽수는 원서의 것임을 밝혀둔다.

바로 자연과 여성이다. 자연은 백인 자본주의·식민주의 문화로부터 지배받고 파괴되기도 하지만 인간과 평등한 생태계의 구성원으로서, 하나의 커다란 생명의 그물망을 이루며 함께 살아가며 영향을 주고받는 존재로 그려진다. "봐, 이곳이 우리가 온 곳이야. 이 모래, 이 돌, 이 나무, 이 덩굴들, 모든 야생화들 말이야. 땅은 우리를 지속시켜 주지"(45). 이러한 유구한 생태의식의 견지에서 볼 때, 『의식』에 수록된 백인 창조 이야기(130-7)에서 보듯, 자연을 생명의 망으로 보는 게 아니라 인간에게 이익을 가져다주는 광물이나 상품생산을 위한 원료의 덩어리로만 보고 생태계와의 유기적 관계를 깨뜨리는 백인은 주체가 아니다. 오히려 토착 미국인이 주체이다.

그런데 이 백인 창조 이야기뿐만 아니라 『의식』의 이야기 자체가 "우주와 이 세상과 그 아래쪽의 네 세상을 만든, 생각하는 것은 무엇이든 나타나고, 이름만 붙이면 생겨나게 하는 사유-여인Thought-Woman의 머릿속 이야기를 옮긴 것"(1)이라고 작가는 말한다. 이는 푸에블로 부족민들의 구전과 이야기라는 집단 기억을 통해 지식과 문화를 존속시키는 데서 여성적인 것 혹은 여성적인 원리가 행하는 창조력을 가리킨다고 하겠다. 가뭄과 비에 관한 전통적인 이야기에 나오는 옥수수 어머니Corn Mother만 해도 마을 사람들이 마술사의 유혹에 빠져 마술에 심취함으로써 무절제한 생활을 하는 데 분노하여 비구름을 빼앗아 간다고 부족민들은 말한다. 비구름을 다시 찾아오는 일이 쉽지 않다는 구절은 땅과의 유기적이며 상호의존적인 관계 유지가 무엇보다 중요함을 환기하는 것이다.

『의식』이 인간과 평등한 생태계의 일원으로서 동물에 대한 푸에블로 부족민의 존중과 사랑을 그리고 있는 것도 상호의존적 생명의 망이라는 생태적 감수성에서 비롯된다. 작가는 이 점에 대해 "사냥의 전 과정은 사랑으로 이루어져" 있는데 여기서 사랑이란 "영양사람

Antelope People을 향한 사냥꾼과 사람들people의 사랑과 사람들이 굶어죽지 않도록 고기와 피를 내주는 데 기꺼이 동의한 영양의 사랑"[22])을 의미한다고 설명한다. 그러므로 실코는 사람들이 사냥한 고기를 낭비하거나 뼈를 함부로 다루면 우리 곁에 남아 있는 영양의 영혼이 분노할 것이며 더 이상 사람들을 위해 나타나지 않을 것이라고 한다. 『의식』에 묘사된, 사냥한 사슴의 배를 가르기 전에 존경의 표시로 웃옷을 벗어 사슴의 눈을 가리는 타요(51), "그들을 사랑한 나머지 기꺼이 자신을 포기한 사슴" 곁에 무릎을 꿇고 앉아 사슴의 코에 옥수수 가루를 뿌리며 진혼 의식을 거행하는 조사이어Josiah와 로버트Robert의 모습(51-2)은 한결같이 동식물을 포함한 모든 생명체에 대한 "사랑, 존경, 고마움"(51)을 보여주는 예이다. "그의 손을 따뜻하게 해주며 식어 가는 죽은 사슴의 몸에서 사랑"(52)을 느낄 줄 아는 타요와 같은 토착 미국인들에게 오락이나 물질적 축적을 위해 사냥을 일삼는 백인들의 태도는 생각조차 할 수 없는 것이다.[23)]

 타요가 치유되는 데에는 자연과 동물과의 상생의식 회복과 함께 나이트 스완Night Swan과 체Ts'eh라는 토착 미국인 여성과의 관계 또한 중요하다. 타요가 경계인으로서 경험하는 인종갈등과 참전의 비인간적 경험들이 모두 억압적이고 파괴적인 남성성의 구현형태라고 말할 수 있다면, 그 후 두 여성을 만나 치유의 의식을 치르는 것은 땅과 자연과 여성과의 결합을 통해 여성적 원리를 몸과 마음으로 회복해 가는 과정이라고 할 수 있다. 앞서 말했듯이 여기서 여성적 원리란 여성에게만 있는 고정된 불변의 것이 아니라, 자연과의 공생을 가능하게 하고 모든 존재들 사이의 연결성과 상호관련성을 인식하고, 생명의 신

---

22) Leslie Marmon Silko, *Yellow Woman and a Beauty of the Spirit: Essays on Native American Life Today* (New York: Touchstone Book, 1996), p. 26.
23) 강자모, 「레슬리 마몬 실코의 『의식』」, 『현대영미소설』 제8권 1호(2001), 12쪽.

성함을 존중하게 하는 것이다. 타요의 경우, 나이트 스완이나 체와 같은 여성들의 안내를 받아들이면서 자신 속에 감추어져 있던 여성적인 것을 끌어낼 수 있게 된다.[24]

체는 자연 세계를 이해하고, 생명의 소중함을 지키기 위해 섬세하게 배려하고 행동하는 여성이다. 그녀는 죽이는 것을 일삼는 마법사들이나 산의 사자를 죽이는 것을 놀이 정도로 생각하는 백인남성들과 정반대편에 있는 토착 부족민 여성이다. 체와 타요의 관계에서 특이한 것은 그녀가 타요를 돕는 입장에 있지만 그 관계가 일방적이거나 위계적이지 않다는 점이다. 체가 옥수수 여인이나 대지의 화신, 육화된 자연으로 제시되는 신화적 측면을 갖지만 그렇다고 숭배의 대상은 아니다. 세상을 눈멀게 하는 미국 자본주의 사회의 조잡한 마법들에 대항하려는 타요의 노력은 그녀에게 복종함으로써가 아니라 그녀와 협력함으로써 가능해진다. 타요가 강가의 따뜻한 모래밭에서 체와 성적인 일체감을 맛보는 것도 남녀 사이의 육체적 관계 그 자체에서 연유한다기보다 주변의 풍경 혹은 땅 자체와의 결합이 가져다주는 충만함에서 연유할 것이다. 타요는 비와 꽃, 산과 밀접하게 연관되어 나오는 나이트 스완과의 관계에서는 보기 드문 마음의 평화를 얻는다. 이러한 과정들을 통해 타요는 깨어지기 쉬운 복잡한 세상에서 모든 이야기들이 한데 어우러지고, 모든 살아 있는 것들의 운명, 대지의 운명까지도 한데 모이는 지점에 도달하는 경험을 한다(246).

이렇게 『의식』의 결말에 그려진, 주변의 모든 것을 포용하는 광활한 생태의식 혹은 '영성'의 경지는 한 개인의 존재와 정체성에 커다란 의미를 갖는 것이기는 하다. 하지만 그것이 신화적이고 신비한 차원에 머물러, 토착 미국 부족여성이 자연과 노동의 주체로서 20세기 후반

---

24) 김임미, 「에코페미니즘의 논리와 문학적 상상력」, 영남대학교 대학원 영문과 박사학위 논문, 2003년 12월, 139쪽.

미국 사회에 걸맞게 지닐 법한 더욱 사회적이면서도 확장된 의식을 갖춘 여성으로 그려지지 않는다는 점은 아쉽다.[25] 여성의 생존지식과 감성은 또다시 토착부족민 남성의 의식과 정체성 추구에 그저 이용될 뿐이기 때문이다.

　에코페미니즘에서 자연과 여성을 중심에 놓는 것은 자연으로 돌아가서 당대 사회와 절연된 '영성'을 구가하자는 게 아니라 전지구적 자본주의 가부장제라는 현재의 조건 하에서 가능한 새로운 관계맺음의 원동력을 자연에서 구하기 위한 것이다. 에코페미니즘에서 여전히 붙들고 늘어져야 할 것은, 생명을 존중하고 공생을 추구하는 '영성'적 삶을 살고자 하되 구체적 상황마다 개별 여성의 개체성에 따른 결단과 선택의 사회적 범위와 성적, 계급적, 인종적 의미다. 그러한 다중적 맥락에서 이루어지는 결단과 선택에 따른 개개 토착 부족여성의 사회적 활동과 행동이야말로 광활한 숲과 대지와 상호작용하고 호흡을 함께 하는 가운데 '영성'으로 살고 판단하는 개체가 키워갈 상생과 공존 능력의 의미 있는 구심점이 될 것이다. 전지구적 자본주의 가부장제의 사정없는 공략으로 급속히 변화해 간 토착 미국인 공동체 속의 여성들의 일상 삶의 구체적인 면면을 더 자세히 다루는 작품들이야말로 자연과 노동과 함께 하는 '영성'이라는 것을 우리 시대가 필요로 하는 생존의 가치로서 부상시킬 수 있을 것이다.

---

25) 이와 비슷한 지적을 『의식』의 '상징적 전복과 그 젠더화의 불만'으로 표현하는 글로는 Park Mi Sun, "Reimagining the Nation: Gender and Nationalism in Contemporary U.S. Women's Literature." Texas A&M University Ph.D. (December 2007), pp. 62-76 참조.

5. 결론: 대항지구화와 에코페미니즘적 읽기

그동안 생태적 실천으로서 (영)문학 읽기에서 소로우Thoreau의 『월든 Walden』(1850)은 생태학적 이상에 관한 원초적 이미지를 제공한다고 국내외 생태담론에서 큰 비중을 갖고 읽혀 왔다.[26] 하지만 소로우 역시 로렌스와 비슷하게 서구적 근대문명에 위기의식과 환멸을 느껴 동양적 정신주의에 관심을 돌리는 백인남성의 관념론 및 오리엔탈리즘 측면과, 변화된 사회조건에서 지역 공동체와의 새로운 관계 맺음이라는 맥락보다 여성 없는 자연세계를 갈구하는 남성주의 면모를 갖는다. 이러한 소로우의 작품 읽기에 치중하는 것은 알게 모르게 『월든』이 함축하는 백인남성의 관점을 묵인하고 동조하는 결과를 낳는다. 현 생태위기의 급박한 상황에서 그러한 읽기는 이 글에서 구축해 본 에코페미니즘이 제기하는 자연과 노동과 함께 하는 영성적 주체로서 여성이 계급, 인종, 섹슈얼리티와 복잡다단하게 얽히는 가운데 길러가는 해방적 잠재력을 외면하는 데 일조한다. 그러므로 새로운 시각에서의 읽기를 끊임없이 시도한다고 하면서도 기존 정전의 남성중심적 인식틀 안에서 맴도는 태도는 바뀌어야 한다. 생태위기의 주범인 전지구적 자본주의 가부장제에 저항하는 페미니즘적 정치의식을 문학 읽기를 통해 공유하려는 노력은 생태적 인식과 실천을 거론하려면 필수적이다.

이 글에서는 에코페미니즘의 주요한 의제로서 '영성'을 여성적 원리로 논의하기보다 자연 및 역사의 주체로서 여성, 저항의 페미니즘적 지역 정치에 대한 비전, 젠더-계급-인종의 다중적 얽힘이라는 맥

---

26) 국내에서의 『월든』 논의로는 신문수, 「소로우의 『월든』에 대한 생태주의적 사유」, 『영어영문학』 제48권 1호(2004년 봄), 169-90쪽: 강용기, 「자연과 문화의 중첩: 헨리 쏘로우의 자연관과 그 생태비평적 조망」, 『영어영문학』 제46권 3호(2002년 가을), 747-62쪽: 강규한 참조.

락에서 '영성'을 자연과 노동과 결부시키자고 주장했다. 영성-자연-노동이라는 연속체의 내용을 제대로 채우기 위해서는, 자급적 농업이나 농촌 공동체에 국한되는 시바의 물질주의 개념보다 좀더 거시적인 유물론의 틀에서 전지구적 자본주의 가부장제의 대안 모델을 만들어 갈 필요가 있다. 그러려면 물적 토대에 대한 기존의 맑스적 인식을 전면적으로 재구성해야 한다. 이 작업은 인간에게 본원적인 '영성'을 외면하는 기계적인 유물론이 아닌 새로운 모습의 유물론을 근간으로, 임노동 및 생산노동 위주의 자본주의적 노동에 대한 페미니즘적 재개념화를 요청할 것이다. 이 재개념화에서 인간, 자연, 생산물로부터 소외를 함축하는 '노동'을 대체하는 새로운 포괄적인 용어가 무엇보다 시급함은 물론이다. 이 작업은 남녀 모두의 과제로 남아 있다.

6

미국 남부 서발턴의 자급적 노동/생존능력과 생태여성주의: 『콜드 마운틴』

1. 영미문학 정전에 대한 페미니즘적 비판의 방향 모색

최근 한국의 영문학 연구에서 영미문학 정전의 수정과 확대 작업이 활발하게 진행되고 있다. 그 작업은 학회지에 발표되는 논문들이 다루고 있는 작품들의 다양성을 통해, 또 실제 영문학 교육 현장에서 교과 과정에 속속 올라오고 있는 비정전 작품들을 논의하기 위한 자체 페다고지를 개발하려는 실험을 통해 입증된다. 페미니즘 영역에서는 물론 탈식민주의, 문화론, 비교문학 등의 영역에서도 정전을 다원화하고 복합화하려는 흐름들이 적극 조성되고 있다. 이 흐름들은 대체로 비정전 문학의 양적 증가를 향하고 있는 것으로 보인다.

그런데 성, 계급, 인종적으로 주변부에 있던 그래서 영미문학 정전으로부터 배제되어 왔던 비정전 문학의 양적 확대 형태로 진행되는 정전의 개방이 정전비판의 바람직한 방향인지 점검해 볼 필요가 있을 것 같다. 영어로 쓰인, 서구의 소수자 작품들과 서구 아닌 나머지 세계의 작품들이 인정받고 논의되는 현황은 비정전문학에 대한 소위 다문화주의적 인정을 근간으로 하고 있다. 이것은 정전/비정전 사이의 이분법적 대립을 그대로 둔 채, 비정전 작품들을 정전에로 병합시키는 정전화/정전과 분리되고 구분되는 대안 혹은 대항정전이라는 양 방향의 대립구도를 굳힐 뿐이다. 둘 다 정전비판의 바람직한 방향이 아니다. 둘 다 정전 형성을 둘러싼 좀더 근본적인 문제들을 지우고 은폐하고 있기 때문이다.

정전화는 시혜적인 중심의 입장에서 비정전이라는 주변을 인정하는 식으로 이루어짐으로써 정전을 형성해 온 원리에 대한 근본적인 점검과 비판을 생략하게 만들기 쉽다. 이 방향은 주변을 환호하면서 중심에 포섭시킴으로써 그 비판적 의식을 길들이는 결과를 빚는다. 한편 비정전 문학을 대항정전으로 정의하는 방향에서는 작품 혹은 작가의 성, 계급, 인종 범주에서의 주변적 위치 자체로부터 대항정전의 기준이 설정된다는 데서 문제적으로 된다. 이와 같은 기준설정에는 작가의 성, 계급, 인종 경험이 작품에 투명하게 드러난다는 전제, 작품은 어떤 사회 집단의 대표적 구성원으로서 작가의 경험을 즉각 표현하는 것이라는 전제가 깔려 있기 때문이다.[1] 이 전제에 따라 성, 계급, 인종적으로 주변부에 속하는 작품들이 자동적으로 비정전 문학으로 구분되고, 당연히 대항정전의 요소를 갖는다고 여겨져 왔다. 그러나 주변부 여성작가의 작품이라고 해서 반드시 반남성주의적·반인종주의적인 것은 아니며, 백인남성작가의 작품이라고 해서 모조리 남성주의적·인종주의적인 것도 아니다.

따라서 페미니즘 진영에서도 비정전 문학의 양적 확장에 큰 역할을 하여 온 데 만족할 게 아니라 기존 정전의 형성 원리를 근본적으로 비판하는 지평을 염두에 두고 소위 정전 구축의 기저에 있는 방법과

---

[1] John Guillory, *Cultural Capital: the problem of literary canon formation* (Chicago: University of Chicago Press, 1993), pp. 9-10

가치 자체를 재구축하는 과제로 나아가야 할 것이다. 영미문학 정전 형성의 방법은 백인남성주의 시각과 입장에 따라 세계에 대한 서구문화의 통치권을 유지하는 데 그 핵심이 있다. 그러므로 그러한 방법과 헤게모니적 원리를 비판한다 함은 서구 제국주의적 지배와 권위에 함축된 것과는 다른 방식과 가치를 세워나가는 것을 말한다.[2] 미국 남부 백인남성인 찰스 프레지어Charles Frazier가 쓴 『콜드 마운틴 Cold Mountain』[3]이라는 최근 미국 대중소설은 페미니즘적 정전 비판의 방향 모색과 관련하여 시사하는 바가 많다. 프레지어의 첫 번째 작품인 『콜드 마운틴』에서는 남북전쟁 탈영병이 고향땅으로 걸어서 돌아가는 여정이 미국 자본주의의 침략 지향적인 제국주의를 내부에서부터 철저하게 비판하는 의식으로써 그려지고 있다. 이 작품은 19세기 중반 미국 남부에서의 탈영병, 체로키 인디언들, 농촌여성들, 집시들, 사냥꾼들, 장사꾼들, 순회 극단원 및 음악인들과 같은 성, 계급, 인종적으로 하위인 서발턴들subalterns의 미시적 움직임들을 그려냄으로써 역사 속에 파묻혀 있던 그들의 이질적 존재성을 드러낸다.

　『콜드 마운틴』은 남북전쟁 당시 큰 사건과 영웅 중심의 공식 역사가 간과하고 침묵시켜 온 남부사회의 서발턴들을 작품의 중심으로 전면화하고 그들 사이에 있는 차이들과 그 관계를 잘 드러낸다. 이것은

---

[2] Gayatri Spivak, *Outside in the Teaching Machine* (Routledge, 1993), pp. 270-8 참조.
[3] 1997년에 간행된 이 작품은 그해 National Award를 받았다. 이 소설은 남북전쟁의 마지막 해에 프레드릭스버그Fredericksburg 전투에서 목을 다친 인먼Inman의 회복 장면으로부터 시작된다. 그는 무의미한 살육을 치를 만큼 치렀다고 보고 탈영을 결심하며 고향 콜드 마운틴으로 향한다. 고향으로 걸어가던 중에 인먼은 해체중인 남부사회에서 새로 구성되는 다양한 층위의 사람들을 만나 끔찍한 또는 고마운 경험을 한다. 전쟁 동안 오래 떨어져 각자 삶의 길을 가던 인먼과 그의 연인 아다Ada의 삶은 작품의 마지막에서야 수렴된다. 작품의 각 장들에는 일련 순서가 없으며 각 장의 한 구절이 장의 제목을 이루는데 소문자로 되어 있다.

이 작품이 전쟁에 나갔던 영웅 오디세우스Odysseus가 아내 페넬로페Penelope가 있는 집으로 돌아오기까지 겪는 온갖 무용담이라는, 서구 정전을 대표하는『오디세이 Odyssey』의 구조를 따르면서도 정전의 구조를 변형 확장하고 있기 때문에 가능하다. 즉,『콜드 마운틴』은 전쟁 영웅과는 거리가 먼 평범한 남성 서발턴 반反영웅이 작은 농촌 산간 마을의 연인에게로 돌아가는 구조를 택하되 고향에서의 여성 삶에 똑같은 비중을 두고 각 장을 서로 교대로 번갈아 서술하는 방식으로 전개되고 있다. 이 서술구조에 따라『콜드 마운틴』은 자유와 지배, 평등과 차별, 탈식민과 식민이라는 가치지향 사이에서 모호함과 이중성으로 점철되는 미국 문학정전의 세상과 달리, 대지와 땅에 뿌리박은 명쾌하고 직접적인 세상을 보여주는 가운데 미국 자본주의의 제국주의적 약탈적 남성주의를 비판하는 새로운 방법과 가치를 구현한다. 그렇다면 이 작품은 백인 엘리트 남성의 경험과 세계관 중심인 정전의 원리를 비판하고 넘어서는 새로운 기준을 제시할 가능성이라는 측면에서 시사하는 바가 클 것이다.[4]

이러한 맥락 속에『콜드 마운틴』을 놓고 그 새로운 면모를 규명하기 위해 이 글에서는 '자급적 서발턴 여성의 관점the subsistent subaltern women's perspective'을 제안하고자 한다. 이 관점에서는 에코페미니스트인 마리아 미즈Maria Mies의 '자급의 관점the subsistence perspective'[5]

---

[4] 6장의 문제의식과 달리『콜드 마운틴』에 대한 그동안의 연구 동향은 대체로 작품의 오디세이 구조, 남북전쟁 중에 피어난 러브스토리, 상징과 이미지, 작품의 시공간 탐색, 인종관계의 재현 등에 초점을 맞추고 있는데, 대부분 짤막한 서평 정도에 그치고 있고 본격적으로 연구하는 논문은 몇 편 되지 않는다. 그나마 미국 남부 지역에서 발간되는, 서너 저널들(*Mississippi Quarterly, Appalachian Journal, Southern Review* 등)에 집중적으로 실려 있다. 그 자세한 서지사항으로는 Brent Gibson, "Cold Mountain as Spiritual Quest: Inman's Redemptive Journey," *Christianity and Literature* 55.3 (Spring 2006), pp. 431-3 참조.『콜드 마운틴』의 국내 번역서는 이 작품을 남북전쟁 중에 피어난 러브스토리로 소개하고 있다.

을 받아들이되 그 관점에 함축된 자급적 노동/생존능력과 긴박되어 있는 주체화 혹은 주체형성 개념을 보충하기 위해 가야트리 스피박 Gayatri Spivak의 서발턴으로서 여성 개념이 활용된다. 이 글에서는 『콜드 마운틴』에 '자급적 서발턴 여성의 관점'이 구현되어 있다고 보고, 이 관점이 전지구화 시대의 다문화주의 논리와 신제국주의에 맞서기 위한 정전의 방법 및 가치 비판이라는 이 글의 문제의식에 유효한 것임을 입증하고자 한다.

이와 같은 글의 목적을 성취하기 위해 2절에서는 '자급적 서발턴 여성의 관점'을 규명하고 3절에서는 『콜드 마운틴』이 그리고 있는, 미국 남부사회의 변동 과정에서 새로 구성되어 가는 남성 서발턴들 사이의 관계 양상 및 그 남성주의적 측면을 살펴본다. 4절에서는 서발턴으로서 미국 남부 백인여성들의 자급적 주체화 과정을 집중적으로 조명해 본다. 5절 결론에서는 사라져간 19세기 미국 남부 역사의 복원, 기록, 창조를 꾀하는 가운데 『콜드 마운틴』에 구현된 미국 서발턴 여성 삶의 자급적 가치가 정전/비정전의 이분법을 해체하는 토대가 되고, 중요하고 의미 있는 작품들의 새로운 원리로서 인식되고 인정되어야 함을 주장할 것이다.

2. '자급적 서발턴 여성'의 관점

미국 남부의 자연과 미국 자본주의의 제국주의적 식민화의 강력한 기

---

5) 엄밀히 말하면 '자급적 관점'은 미즈와 벤홀트-톰젠Bennholdt-Thomsen이 공동으로 주장한 관점이지만 본문에서는 표기의 편의상 미즈의 관점이라고 지칭한다. Maira Mies and Veronika Bennholdt-Thomsen, *The Subsistence Perspective: Beyond the Globalised Economy*, trans. Patrick Camiller, Maria Mies and Gerd Weih (Zed Books, 1999).

제인 전쟁이라는 주제를 새롭게 바라보는 시선을 제공해 주는 이론적 틀은 문학작품 분석에 활용될 만하다. 미국 북부를 중심으로 자본주의 도시문명 건설이 한창이던 19세기 중반은, 이미 18세기부터 신대륙에서 시작된 영국과 프랑스 사이의 전쟁을 통한 서부로의 팽창과 멕시코 전쟁을 통한 미국 남부의 확장이라는 맥락에서 약탈, 침략, 살육과 떼어놓을 수 없다. 이러한 미국 역사의 진전 과정에서 미국 북부의 미국 남부에 대한 내부식민화의 일격이 바로 남북전쟁인 셈이다.

월러스틴Wallerstein이 오래 전에 지적하였듯, 자본주의 경제는 주변부 인종들과 국가들과 농업의 식민화, 주변화, 착취에 근거한 세계체계이고 미국 자본주의도 그 일환이다. 미국 남북전쟁이야말로 농업과 공업 사이의 식민주의 구조가 미국 내부에 정착되도록 하는 결정적 계기가 된다. 노예해방을 통한 흑인의 자유와 인권 보장은 표면적인 형식적 기치에 불과했고 노예농업문화체계와 성장하는 산업자본주의 체계 사이의 갈등과 모순이 북부 산업주의의 승리로 귀결됨으로써 남부 농업문화세계는 역사의 뒤안길로 사라져간 것이다. 이후 미국 자본의 성장 혹은 축적의 내적 논리는 그 힘과 권력을 지구적 삶의 전체 영역으로 뻗쳐 나간다. 이러한 미국 자본의 공격 앞에 백인여성농민들, 토착 미국인들, 집시들, 하층 백인남성병사들은 압도되고 비가시화되면서도 각기 특이한 방식으로 각 지역 공동체에서 저항해 왔다. 미즈의 자급적 관점은 이 가려진 면면들을 포착해 내도록 한다.

여기서 미즈의 '자급의 관점'을 좀더 자세히 살펴볼 필요가 있겠다.[6] 미즈에 따르면 미국을 비롯한 19세기 서구 자본주의의 무제한 성장은 타자들, 즉 여성, 자연, 이민족에 대한 강제적 폭력적 식민화를 치르지 않고서는 실현될 수 없었다. 이 식민화는 여성, 자연, 이민족을 착

---

6) 이하 '자급적 관점'에 대한 설명은 앞의 책을 따르며, 본문 중에 쪽수를 표기한다.

취할 뿐만 아니라 그것들을 자원화함으로써 삶과 생명의 원천적 소모를 초래하여 삶을 생산하고 유지케 하는 여성과 자연의 자급적 요소를 고갈케 한다. 자본의 진짜 전쟁은 자급에 대한 전쟁이다. 이 전쟁은 여성의 생명 자급노동을 식민화하는 전쟁일 뿐만 아니라 언어, 문화, 식량, 사유, 이미지들, 상징들을 식민화하는 전쟁이다. 그리하여 단일하고 획일적인 노동, 언어, 문화, 식량, 사유, 약, 교육이 다양한 자급방식들을 대체한다. 따라서 자급의 관점은 단일 문화화에 대한 저항을 뜻하고 자급적 기반을 무너뜨리려는 백인남성중심 전쟁을 종식시키는 것을 뜻한다(Mies 19).

성장, 축적, 팽창을 도모하는 자본주의의 이면에는 자원의 빈약함과 희소성이라는 전제가 깔려 있고, 그 자원을 자기보호적인 측면에서 미리 좀더 많이 확보해 놓으려는 이기적 욕구가 깔려 있다. 미즈는 이 전제가 철저히 자본주의적 상층 부르주아의 것이라고 비판하면서, 인간의 욕구는 적절한 수준에서 만족 가능하며 자급생산을 통해 충분히 만족시킬 수 있다(52-7)고 주장한다. 자급적 관점은 자체 내 순환이 가능한 지역경제를 구축하는 자급생산에 우선권을 두고 철저한 교환가치 위주인 자본주의적 시장중심 경제에 대한 의존도를 줄임으로써 삶을 생산하고 유지하고 고양하는 일 자체를 중심적 가치로 삼고자 한다(77). 여기서 삶과 생명이란 축적과 이윤 중심의 남성주의적 자본주의적 약탈 전쟁에서는 파괴될 뿐이며, 인간존재들 사이의, 인간과 자연 사이의, 세대 간의, 남녀 간의, 인종 간의 상호작용적이고 상호의존하는 생태적 관계들에서만 가능하다. 바로 이 관계들의 중심에 여성들이 있다는 것이 미즈의 자급적 관점이 지니는 페미니즘적 요소다.

미즈의 자급적 관점은 자급적 주체로서 여성의 주체구성문제를 좀더 자세히 부각시켜야 지구적 자본주의 가부장제 사회를 변화시키는 데 필수적인 새로운 능력과, 또 새로운 원리 및 가치문제와 연결될 수 있다. 지금은 비교적 단일한 계급적 본질로 구성되어 온 자명한 현존으로서의 민중적 주체 개념으로 되돌아갈 수 없는 포스트 시대이다. '서발턴'은 계급과 이미 복잡하게 얽혀 있게 마련인 성적 인종적 차이들에 대한 인식을 바탕으로 종래 하층계급, 혹은 아래로부터의 관점에 서서 물질적 사회적 역사의 모순과 대면하는 주체의 다중적 양상들을 개념화한다. 잘 알려져 있다시피 '서발턴' 개념은 그람시가 감옥에서 프롤레타리아 대신 썼던 용어이긴 하지만, 이탈리아 남부문제 — 미국의 남부와 비슷한 상황에 처해 있는 — 를 분석하는 데 유효하게 쓰였다. 이후 〈인도 서발턴 연구회〉에서 서구중심 식민 역사기술을 탈피하기 위해 서발턴화된 식민지 인도 주체를 복원한다는 맥락에다 이 개념을 위치시킨다. 「식민 인도사 기술의 몇 가지 양상에 대하여」에서 구하Guha는 '서발턴'을 (엘리트와의) 차이의 공간을 가리키는 이름이라고 규정하면서도 '민중'과 거의 같은 뜻으로 쓰인다고 밝히고 있다.[7] 엘리트 역사기술에 박혀 있는, 서발턴에 대한 비인정non-recognition 구조를 인지한 〈인도 서발턴 연구회〉는 엘리트 텍스트에서 '부정적 의식'의 형태로 잠재해 있는 서발턴들을 복원한다는 정치적 과제 때문에 '서발턴'을 '민중'과 겹쳐 쓴다.[8] 이러한 느슨함과 포괄성은 이론적으로 약점이기도 하지만 강점이 될 수도 있다.

이를테면 엘리트이던 여성이 '서발턴'으로 되는 과정은 '서발턴화subalternizing'라고 기술될 수 있다. 사실 성, 계급, 인종의 축들에 걸

---

7) Ranajit Guha, "On Some Aspects of the Historiography of Colonial India," Ranajit Guha & Gayatri Spivak eds., *Selected Subaltern Studies* (New York: Oxford UP, 1988), p. 44: "'민중'과 '서발턴 계급'이라는 용어는 동의어로 쓰여 왔으며… 이 범주에 속하는 사회집단들과 구성인자들은 우리가 엘리트라고 묘사해 온 모든 사람들과 전체 인도 인구 사이의 인구통계학적 차이를 나타낸다."
8) 스피박은 〈인도 서발턴 연구회〉의 이론적 곤경을 이해하면서 그들의 작업을 '본질주의의 전략적 사용'이라고 기술한 바 있다. 『다른 세상에서』 12장 「서발턴 연구: 역사기술을 해체하기」 참조.

쳐 있는 한 개인이 주체로 되어 가는 과정은 고정되어 있다기보다 특정한 역사적 맥락에 따라 복잡하게 구성되어 가는 유동적인 것이기 때문이다. 이 점을 인식할 때, '서발턴'은 단일한 본질로 고착되지 않을 뿐더러 서발턴들 사이의 차이들은 무엇으로도 환원될 수 없는, 즉 어떠한 동일성(정체성)에로도 동화 혹은 고착되지 못하게 하는 '특이성singularity'이라는 맥락에서 인정되어야 하고 재현되어야 할 것이다.[9] 그러한 재현에서는 서발턴적 차이들이 지니는 저항성을 막연하게 상정하는 오류를 반복하기보다 성, 계급, 인종의 축들을 교차하며 형성되는 각 차이들이 주체로 혹은 비체abject로 되어 가는 과정, 즉 주체화 과정 자체가 중요하게 된다.

'서발턴' 개념은 성적 인종적 계급적 차이들을 포괄하면서도, 일정한 행동교섭능력agency의 집단화나 개별 주체화를 동시에 가로막는, 사회적 유동성의 모든 노선들로부터 격리되게(잘려나가게) 하는 '서발터니티subalternity'를 또 다른 사안으로 제시한다. 서발터니티는 헤게모니적 담론 공간에 들어오지 못해 말없이 몸으로 저항하는 서발턴적 차이들의 주체성과 행동교섭능력이 인정받지 못하는 양상을 가리킨다. 따라서 현 지구적 자본주의 가부장제 사회에서 인정될 수 없는 저항을 인정될 수 있는 것으로 만드는 문학적 재현작업은 의미심장한 문화적 행위이다. 여기서 말하는 '인정'은 서발턴적 차이들을 시혜적으로, 온정주의적으로 인정해 주면서 더 근본적인 차별/착취구조를 은폐하려는 현 다문화주의적 인정과 다르다.

다문화주의적 인정을 경계하는 '서발턴' 개념은 서발턴화, 서발턴적 위치, 서발터니티를 오가며 주체 형성 과정을 구체적으로 파고들 수 있도록 한다. 그리하여 '서발턴'은 희생자/행위자, 비가시적 말없

---

9) Gayatri Spivak, "Scattered speculations on the subaltern and the popular," *Postcolonial Studies* 8.4 (2005), pp. 475-9.

는 비체/말하고 행동하는 주체 사이에서 복잡하게 각축하고 협상하는 혼성적이고 유동적인 지대를 구현할 수 있게 된다. 『콜드 마운틴』은 자급적 서발턴 백인 여성들이 보여주는 특이한 이 지대를 풍부하게 재현하고 있다. 그 면모를 집중적으로 다루기 전에 미국 남북전쟁 당시 남성 서발턴들은 어떤 식으로 구성되어 있으며, 또 그 과정에서 남성주의는 어떻게 드러나는지 3장에서 살펴본다.

3. 미국 남부 남성 서발턴들과 그 남성주의적 측면

『콜드 마운틴』은 전통적 노예농경사회가 해체되어 가는 시점에서 그동안 고정되어 있던 성, 계급, 인종 사이의 경계선이 풀리고 느슨해지는 가운데 새로운 종류의 주체들이 만나고 접촉하는 이동성의 세계를 보여준다. 이 작품에서는 남북전쟁이라는 커다란 역사적 사건을 주도한 남부 쪽의 인물들인 노예소유주 혹은 노예제도 옹호론자나 전쟁영웅들은 거의 나타나지 않는다. 대신 탈영병, 스위머Swimmer를 비롯한 토착 미국인들, 백인 소농 농부들(스왕거Swanger 부부), 백인중산층 목사(비시Veasey), 황인종노예 및 흑인창녀들, 흑인하녀를 사랑한 농장주 출신 행상꾼(오델Odell), 흑인창녀들의 포주 주니어Junior, 결혼제도를 벗어나 유랑하며 술과 음악으로 사는 스토브로드Stobrod, 수비대 소년 티그Teague 등 다양한 형태의 서발턴 남성 인물들로 넘쳐난다.[10]

---

10) 작가는 남부사회에 새로 구성되는 다양한 주체들의 개연성을 확보하고 지금과 아주 다른 그 시대에 대한 감각을 전달하기 위해 그 역사적 배경 탐사에 많은 노력을 기울였다. 그는 북 캐롤라이나 및 남 캐롤라이나의 지형들, 농업 및 농장 생활의 습관들과 일정들, 노예제도에 관한 실제 남부인들의 견해 등에 관한 자료들은 물론 남부여성들의 변화를 일러줄 여성들의 편지 및 일기 등을 섭렵했다. 또한 실제로 탈영병이었던 증조부에 관한 짧막한 이야기로부터 인먼이라는 인물을 창조하되 그 개

3절에서는 『콜드 마운틴』에 나오는, 인먼이 고향으로 돌아가는 길에 또 고향에 돌아가서 만나는 다양한 남성들을 남북전쟁을 거치면서 새로 구성되는 서발턴들로 보고, 이들의 구성 과정에서 드러나는 남성주의적 양상들을 살펴보고자 한다. 작품의 2장에 해당되는 「절망의 색채the color of despair」에서 그려지듯, 인먼은 병원에서 나오자말자 가게 앞에 있던 두 남자와 대장장이가 아무 이유도 없이 악의를 갖고 덤벼들어서 그들과 힘겹게 싸우느라 목의 상처가 덧나 격심한 육체적 정신적 고통을 겪는다. 두 남자는 일하지 않고 죽치고 앉아서 주위 사람들을 별 이유도 없이 괴롭힌다. 이들은 전쟁 동안 참전할 생각도 반전할 생각도 없는 잉여 남성으로서 가학적인 공격으로 정신적 육체적 물질적 허기를 달랜다. 한편 이들과 버금가는 주니어는 노예주로부터 보호받지 못하고 북부로 도망치지도 못하는 흑인여성들을 숨겨주고 창녀 일을 시켜 돈을 벌려는 백인 서발턴 남성이다. 그는 흑인여성들을 착취하는 것도 모자라 도망자로 의심되는 사람들을 온갖 술수를 써서 수비대에 고자질해 돈을 번다. 말하자면 주니어 같은 백인 서발턴 남성은 농장도, 가게도 없고 아직 공장 일도 할 수 없는 당시 남부 상황에서 인간을 수입원으로 삼아 특히 여성의 성적 자원을 착취하는 자본주의적 남성주의의 초보적 형태를 보여준다.

이들과 달리 남부사회의 중산층 백인남성의 두 축을 이루는 인물들로 비시와 오델은 남북전쟁 중에 서발턴화된다. 흰 셔츠에 검은 양복을 입고 있는 비시는 목사로서 남부사회의 정신적 지도자가 되기는커녕 로라Laura라는 여자와 몰래 만나다 로라가 임신을 하자 약을 먹여 축 늘어지게 해놓곤 "주여, 주여" 하면서 울부짖으며 어쩔 줄 모른

연성을 확보하기 위해 작가는 치밀하게 역사적 자료를 탐색하였다. 작가와의 인터뷰 내용을 게재한 인터넷자료(http://readinggroupguides.com/guides/cold_mountain-author.asp#interview) 참조.

다. 그는 무능한데다 인먼을 따라다니며 먹을 것까지 그냥 얻어먹기만 하는 기생적 삶으로 일관하며, 힘든 노동으로 자급적 삶을 영위해 가려는 태도와는 거리가 멀다. 여성과의 관계를 통해 단적으로 드러나는 비시의 도덕적 무책임함은 시대의 변화에 대응하지 못함은 물론, 수비대의 총에 맞아 인먼 옆에서 무의미하게 죽는 최후로 이어진다.

비시에 비해 더 상층인 큰 농장주의 장남이었던 오델은 흑인 하녀 루신다Lucinda와 사랑에 빠지자 아버지가 팔아버린 루신다를 찾으려고 행상꾼이 되는, 자발적으로 서발턴이 된 경우다. 법으로 금지된 타인종 간의 결혼이라는 경계를 위반한 오델이 치르는 대가는, 자기 가족, 유산, 공동체를 버리고 계속 이동하고 유랑하는 삶의 방식이 주는 불확실함이다. 그는 과연 루신다를 찾을 수 있을 것인지, 혹 찾는다 하더라도 그녀와 관계를 맺고 그 관계로 사회적 안전을 구가할 수 있을지 불확실한 가운데 길 위에서의 불안한 삶을 꾸려가지만, 비시와는 달리, 스스로의 삶을 책임지는 자급적 삶을 영위하려고 애쓴다. 인먼이 비시를 죽이고 싶어 할 정도로 미워하면서도 오델의 고통에 공감하며 같이 술을 마시는 것은 오델의 남다른 면모에 대한 공감 때문일 것이다. 남부사회의 격심한 변동 속에서 스스로 서발턴화한 오델이 드물게 지녔던 다른 인종 여성과의 관계맺음에 대한 열망은 당시 소수 인종 사람들이 서발턴으로서 지녔던 삶의 지향과 가치와 관련될 것이다.

남북전쟁 당시 흑인노예인구는 전체 남부 인구의 10%였으며, 이 작품의 중심 배경인 북 캐롤라이나 서쪽 지방의 흑인노예 비중은 6.7%였으며, 인먼의 고향 헤이우드Haywood 읍은 4%도 되지 않았다고 한다.[11] 큰 농장의 노예소유주나 전쟁 영웅은 노예제도의 존속에 사활

---

11) Ed Piacentino, "Searching for Home: Cross-Racial Boundary in Charles Frazier's *Cold Mountain*," *Mississippi Quarterly* 55.1 (Winter 2001/2002), pp. 101-2.

을 걸었는지 모르지만, 대다수 남부 사람들은 그 때문이 아니라 자신들의 고향을 지키기 위해 전쟁에 자원하여 나가 싸웠던 것이다.[12] 이러한 배경 하에 인먼에게 인종차별의식[13]은 거의 없었음은 인먼이 체로키 인디언인 스위머, 집시들, 황인종노예와 맺는 관계를 통해 잘 드러난다.

전쟁 전에도 흑인들과 접촉이 없었던 인먼은 집으로 돌아가던 중에도 흑인 노예들과는 만나지 못한다. 농장에 있지 않고 돌아다니는 흑인노예들이라면 도망자이기 때문에 숨어 다닐 테니 만날 수가 없다. 그래서 전쟁 와중에 인먼의 경험 반경에 들어오는 것은 토착 미국인인 인디언과의 만남이다. 작품의 서장에 해당되는 「까마귀의 그림자 the shadow of a crow」에서 체로키 친구 스위머와의 경험을 회상하는 대목이 나온다. 거기서 백인 서발턴 남성이 소수인종 인디언에게 품을 법한 잘난 척하는 태도나 편견 같은 것은 나타나지 않는다. 작품의 서장에서 잘 회상되고 있듯, 인먼이 스위머를 처음 만난 것은 카탈루치 Catalooch로부터 인먼과 함께 왔던 백인 남자들 무리가 암소 떼에 풀을 먹이고 있던 땅(Balsam 산 근처)에, 코브 크릭Cove Creek에서 온 체로키 남자들 일단과 합류하면서였다.[14] 이때 백인 서발턴 남성들은 인디

---

12) 「그 일을 하기the doing of it」에서 염소 할머니가 인먼에게 "내로라하는 사람의 검둥이the big man's nigger"를 위해 싸운 것이냐고 묻자, 인먼은 아니라고, 자신은 노예를 소유하지 않았고 노예를 소유했던 사람들을 한 사람도 알지 못한다고 답한다. 그런데 왜 죽음을 감수하면서까지 싸우게 되었냐고 할머니가 묻자 임먼은 "우리 중 많은 사람들이 고향을 침입한 자들을 쫓아내려고 싸우러 갔다고 생각해요"(275)라고 대답한다.
13) 주로 백인남성노동자들로 구성된 KKK단과 같은 극렬한 인종차별주의 단체의 배경에는 남북전쟁 후 재건 시기에 새로운 지배계층이 헤게모니를 잡기 위해 성, 계급, 인종적 서발턴들을 서로 분리시키려는 이데올로기적 조작이 버티고 있었다.
14) 이렇게 떠돌아다니는 체로키 인디언들은 19세기 중반까지 미국 정부가 집요하게 꾀하여 온 인디언 분리정책을 거부하는 무리들로, 인디언들 중에서 서발턴들에 속한다. 분리정책에 동조하는 엘리트 인디언들의 움직임과 병행하는 미국의 법 정책

언 남성들과 함께 평화롭게 소떼에 풀을 먹이고 저녁에는 같이 밥을 지어먹고 술 마시고 게임하면서 평등하게 지냈기 때문에 자연스럽게 서로 소통하고 유대감을 형성하였던 것이다. 이렇게 공유하는 자급적 삶의 바탕 때문에 토착 미국 남성 서발턴들에 대한 인먼의 태도는 소위 '고상한 야만인'으로서 그들을 시대착오적으로 미화하는 또 다른 형태의 인종차별주의와 거리가 멀다.

소몰이를 하고 소를 키우는 백인 서발턴 남성들과 토착 미국 남성들의 자급적이고 평등한 삶에서는 여성이 빠져 있다. 하지만 그들에게서는 대장장이나 주니어, 비시와 달리, 약탈적이고 성차별적인 남성주의적 측면을 찾아보기 힘들다. 사실 인먼이 고향으로 돌아오는 과정에서 도움을 받았던 것은 백인 서발턴 남성들이 아니라 타인종 남성들과 염소할머니와 같은 백인 서발턴 여성이다. 게다가 콜드 마운틴 지역 수비대의 일원인 티그와 같은 백인 서발턴 남성은 인먼에게 도움을 주기는커녕 오히려 인먼을 죽인다. 티그와 마지막 순간에 맞대면하게 된 인먼은 전쟁에 반대하고 평화를 찾아 고향에 왔는데 어린 소년에게 먼저 총을 쏘아 죽일 수는 없어 자신이 티그의 총에 맞아 죽는다. 수비대의 총에 맞아 사경을 헤맸던 스토브로드 역시 백인 수비대 남자들과 생명을 놓고 대치하는 관계에 있다. 인먼은 고향 수호를 위해 북군과 싸우다 탈영했다고, 스토브로도는 그저 노래하며 유랑하는 삶을 살고자 한 것이지만 수비대에 쫓긴다. 말하자면 남성주의적 침략과 약탈 과정 반대편에서 평화를 사랑하는 백인 서발턴 남성들을 위협하는 가장 큰 적은 오히려 가장 가까운 내부에 있었던 셈이다.

반면 인먼이 만난 쇼 단원들, 노숙자들, 아일랜드 집시 장사꾼 등

에 관한 흥미로운 논의로는 Mark Rifkin, "Representing the Cherokee Nation: Subaltern Studies and Native American Sovereignty," *boundary* 2, 32.2 (2005), pp. 47-80 참조.

다양한 부류가 함께 하는 캠프 집단 사람들은 사기를 치기도 하고 음식 중에 훔친 것이 있다고 하더라도 인먼에게 음식을 주고 잠자리를 제공한다. 인먼은 그들에게서 가까운 친척 같은 동류의식kinship을 느낀다. 인먼이 만난 또 다른 인종 남자가 황인종노예[15]이다. 타인종에 대한 편견이나 의심 없이 그저 도움이 절실히 필요한 한 인간에 대한 따뜻한 배려와 친절로 대하는 이 노예로부터 인먼은 힘을 얻고 고통을 받고 있는 다른 사람들을 도와주기까지 하며 결국 고향으로 돌아올 수 있게 된다.

따라서 당시 남부 남성 서발턴들 사이의 관계는 북부의 자본주의적 공격 앞에 분열되고 서로 해치기도 하지만 공생과 공존의 지평 또한 새롭게 열리는 양상을 보여준다고 할 수 있다. 『콜드 마운틴』에서는 남부 사회의 극히 일부에 지나지 않는 상층의 권력 엘리트 남성들이나 대규모 농장주 남성들과 분명한 차이를 갖고 광범위한 층위에서 서발턴으로 구성되어 가던 남성들의 혼성적이고 유동적인 위치를 보여준다. 그 이질적이고 복잡한 위치에서 간혹 서로 도움을 주고받음으로써 힘을 얻는 관계들이 맺어지고 있다. 적어도 이 관계들에서는 남성주의적 측면을 찾아보기 힘들다. 이러한 양상이 앞서 '자급적 서발턴' 여성의 관점에서 주장된 바, 여성, 자연, 이민족에 대한 식민화를 기반으로 약탈과 전쟁을 일삼는 남성주의적 자본주의 구조에 맞설 수

---

15) 여기서 황인종노예라는 표현은 좀 이상하다. 미국 동서 횡단 철도 건설이 한창이던 때에 미국으로 이주해 온 아시아 출신 노동자가 어떻게 하다 남부 농장에서 일하게 된 경우로 보인다. 「싸움닭처럼 사랑하기to love like a gamecock」에서 악한 주니어가 쳐 놓은 함정에 빠졌다가 구사일생으로 목숨을 건진 인먼은 무척 지치고 약해져 거의 유령처럼 보일 지경이 된다. 이때 인먼을 보게 된 황인종노예는 인먼에게 멜론을 주고 자기 수레를 타도록 하며 자기 주인 농장에 데리고 가 헛간에 숨겨주며 음식을 준다. 게다가 이 노예는 수비대의 추격이라든가 정황상 서쪽 길은 위험하니 일단 북쪽을 향해 돌아가도록 중요한 충고를 조심스럽게 해주며 가다가 먹을 음식과 지도까지 챙겨준다.

있는 저항적 유대의 가능성을 열어준다. 4절에서는 이 작품의 귀결점이자 중심축인 백인 서발턴 여성들의 주체화 과정을 이 저항과 관련하여 살펴본다.

4. 백인 서발턴 여성들의 자급적 주체화

『콜드 마운틴』에 나오는 백인여성들은 전쟁의 와중에 서발턴화한 아다를 비롯해 루비, 사라, 염소할머니 등 19세기 중반 미국 남부 사회의 격변 속에서 새로 형성되었을 법한 서발턴 여성들이다.[16] 이들은 말없는 비가시적인 존재가 아니라 변화해 가는 역사 속에서 또 자연 속에서 나름대로 주체적 행위성을 발휘한 특이한 여성들이다. 자급적 서발턴의 관점에서 이들의 주체화 과정을 살펴보는 것은 이 작품이 새로 제기하는 가치를 파악할 수 있게 한다.[17]

---

16) 『콜드 마운틴』의 여성인물들을 페미니즘 입장에서 조명하는 논문은 아직 없다. 미국 정전소설들을 페미니즘적 시각에서 비판적으로 분석하였던 Jane Tompkins는 이 소설을 "사랑과 치유를 탐색하는 이야기," "금욕적이고 말없는 외로운 주인공, 아름답게 그려진 풍경, 제도와 도그마를 싫어하는… 자연에 대한 경배를 통해 표현되는 '영성'의 이야기로 본다. "At Last Toward Home: Charles Frazier's Civil War Novel is the Story of a Search for Love and Healing." *Brightleaf: A Southern Review of Books* (September 1997), p. 9. Albert Way는 아다와 루비의 "자급적 삶 subsistence living"(43)이 갖는 의미를 자연 및 자급적 농업공동체와 연결시켜 분석하고 있지만 두 사람이 여성이라는 데에 전혀 초점을 맞추고 있지 않다. 또한 Way는 자본주의의 틀 안에서 그 폐해를 줄임으로써 자본주의를 지속가능하게 하자는 환경론과, 자본주의의 약탈적 식민화 경향이 남성주의와 전쟁과 연루되어 있다고 보고 그 경향을 비판하는 생태학 이론을 섞어 사용함으로써 두 여성을 통해 특별히 구현되는 자급적 가치의 에코페미니즘적 의미 해명과 더욱 거리가 멀어진다. "'A World Properly Put together': Environmental Knowledge in Charles Frazier's *Cold Mountain*," *Southern Cultures* 10. 4 (Winter 2004), pp. 33-54.

17) 『콜드 마운틴』에서 타인종 여성들의 비중은 약하다. 작품의 첫대목에서 악한들에게

전쟁 전이었으면 아다와 인먼의 관계는 이루어지지 못했을 것이다. 전쟁이 시작되면서 남부사회를 유지하고 있던 견고한 것들이 허물어지는 배경이 있었기 때문에 아다는 입대 직전의 인먼을 찾아갈 수 있었다. 백인 하층계급 출신인 인먼은 소규모 농사를 짓고 살던 대다수 남부 사람들처럼 노예들이 그들의 경험을 이루는 일부가 아니었는데도 학교 선생님이 지겹도록 계속하는 전쟁 이야기를 더 이상 듣고 싶지 않아 학교를 그만두고 일찌감치 독립해 이일 저일 하며 지내다 아다를 만난다. 아다는 남부 중산층 출신으로서 그 계층 남자와 결혼하는 데 필요한 교양과 학식을 갖추고는 있었지만 어머니 없이 아버지 슬하에서 "괴물 유형으로, 남녀 사교계와는 전혀 맞지 않는 존재로 형성되었던"(50) 특이한 면을 갖고 있었다. 말하자면 아다 역시 남부 백인 중산층의 주류적 생각에 동조하지 않는 독립적 생각과 의지와 행동능력을 갖추고 있었기 때문에 인먼과 관계를 맺을 수 있었다. 실생활과 생존에 무능하던 백인 중산층 여성이 전쟁과 고아라는 커다란 변화 속에서 서발턴화하는 가운데 루비의 도움을 받기는 하였지만 자급적 능력을 갖추게 된 데에는 그녀의 특이한 성장배경과 성격이 큰 역할을 했던 것이다.

「그녀 양손 아래의 땅the ground beneath her hands」에 그려지듯, 아다는 찰스턴 시에서 예술(그림과 피아노), 정치, 문학 분야에서 상당한 교육을 받으며 아버지의 지적 정신적 동반자이자 활발하면서도 섬세한 딸로 자라난다. 6년 전에 건강 때문에 콜드 마운틴을 끼고 있는 블랙코브Black Cove로 이사 와서 목회하던 아버지가 갑자기 죽자, 아다

쫓기며 인먼의 부탁을 받고 위험을 무릅쓰고 강을 건너게 해주는 인디언 소녀, 〈빛나는 돌〉 전설을 이야기하는 체로키 여성, 흑인 여성 루신다. 흑인창녀들이 잠깐 나올 뿐이다. 블랙코브 지역을 중심으로 그곳에 밀착되어 사는 주인공 아다와 루비 삶의 반경이 타인종 여성들과의 접촉 경험을 제한하였기 때문일 것이다.

는 농장을 떠맡게 된다. 농장 관리를 위한 실용적인 지식을 배운 적이 없음은 물론 음식을 만들 줄도 몰라 거의 굶어죽을 상황에 내몰린 아다는 "삶에 노출된 인간존재한테 요구되는 것들이 있기 마련인데 인간이 어떻게 이보다 더 비실용적으로 키워질 수 있담"(22) 하고 자문할 정도이다. 생계수단이 아니라 일종의 이상향처럼 농장을 대했던 아버지[18]가 죽고 농장에 홀로 남게 된 아다는 "자급의 기술the craft of subsistence"(23)에 전혀 준비가 되어 있지 않은 자신의 현실을 인정하게 되는 셈이다. 거기서부터 아다의 자급적 주체화가 시작된다.

아다는 자신을 도와주러 온 루비를 통해 삶에 필요한 자급적 기술들을 하나씩 익혀 나가게 되고 도시의 지식이나 교양을 환기하는 책들이나 피아노 연주, 그림그리기가 아니라 자연 세계의 동식물들에게로 시선을 돌리기 지식한다. 아다는 루비로부터 농장 일을 배우고 그녀와 함께 농장 일을 해 나가는 과정에서 그저 먹고 사는 것 자체가 몹시 힘든 일임을, 루비와 같은 서발턴 여성들이 내내 익히고 깨쳐온 자급적 기술들과 살아 움직이는 자연세계의 다양함이 삶의 기본임을 알아간다. 그리하여 그녀는 자연세계와 더 많이 접촉하고 자연을 더 많이 알아가면서 인간과 자연 사이의 상호작용 관계를 체득해 간다. 이러한 변모가 아다의 자급적 주체화에서 핵심적인 것인데, 이는 루비의 도움이 없었더라면 불가능했을 것이다.

루비는 어머니 없이 또 떠돌아다니는 아버지로부터 제대로 돌봄을 받지 못한 채 허름한 오두막에서 아이 때부터 숲, 강으로 먹을 것을 찾아다녀 열 살 때는 근방 산의 모든 지세를 속속들이 알 만큼 자연과

---

[18] "아버지는 힘들고 지겨운데다 일거리만 많은 농사에 별 관심이 없었다. 사료용 옥수수와 식량을 살 돈이 있는데 뙤약볕 아래서 땀 흘려가며 농사지을 필요가 있느냐, 베이컨과 고기를 살 돈이 있는데 귀찮게 돼지를 키워야 하느냐 하는 것이 아버지의 생각이었다"(23).

함께 하는 삶을 살아왔다. 그녀는 교육이라곤 받은 적이 없지만 자율적이며 독립적이다. 루비는 아다와 처음 대면하는 자리에서 "난 일꾼이나 하녀로 일해 본 적 없거든요. 그런 일들에 대해 좋은 소리라곤 들어본 적도 없구요… 말했다시피 난 돈을 받고 일해 줄 생각은 없어요. 각자 자기 요강은 자신이 알아서 치워야죠"(52)라고 똑 부러지게 자기 의사를 밝힌다. 말하자면 루비는 두 사람 사이의 평등하고 자율적인 관계를 요구하고 있으며, 아다는 그 요구를 공평하다고 보아 수락한다.

블랙코브로 옮겨온 루비는 누구를 기다리거나 다른 사람의 지시에 따르는 게 아니라 스스로 알아서 일을 한다. 그래서 "어쩌다 아다가 끼어들어 주인처럼 명령을 내리면 루비는 날카로운 눈빛으로 아다를 쏘아보다가 하던 일을 계속하곤 했다. 그때 루비는 한 순간 사라지는 아침 안개처럼 가버릴 수도 있다는 표정을 지었다"(80). 루비는 그저 묵묵히 일을 하는 수밖에 없다고, 겨울을 이기고 살아남을 수 있도록 힘을 길러야 한다고, 그래서 씨뿌리다, 괭이질하다, 베다, 통조림으로 만들다, 먹이다, 죽이다 등 온통 지겹도록 동사들만 말한다. 매일 밥을 먹고 삶을 유지하는 것 자체가 얼마나 힘든 일인가를 아다에게 일러주려는 듯. 루비는 머리가 잘려 피 흘리는 닭을 가리키며 "저게 너를 먹여 살리는 거야That's your sustenance there"(80)라고 말한다.

루비에게 특이한 것은 돈이 아니라 물물교환barter의 견실함에 대한 믿음, 점성술과 같은 민간 전통에 대한 근거 있는 믿음, 책에서 얻은 지식과 다른 종류의 박학함을 갖고 있다는 점이다. 루비는 "항상 주변 사람들로부터 물건을 구입했고 아무리 좋은 시절에도 돈이라는 것에 큰 의혹을 품었다. 사냥하고, 채집하고, 식물을 심고 곡식을 수확하는 일이 지니는 견실함과 대조할 때 특히 그랬다"(73). 이에 대해 아다는 화폐경제the money economy에 속박되지 않고 사용가치에 기반을 두는 교환의 원리를 이해하기는 힘들었지만 그것이 돈의 압박으로부터 해방되는 느낌을 주니 좋다고 생각하였다. 루비의 일처리 방식 또한 하늘의 규칙을 따르는 자연의 여러 징조들로부터 살아 있는 것들이 각기 특정 장소에 거주하는 방식들이 있다는 믿음을 따르는 것이었다. 이에 대해 아다는, 아버지였다면 루비의 믿음을 말도 안 되는 미신으로 일축해 버렸겠지만, 자신은 다른 어떤 세계와 교차하고 있는 자연세계의 여러 징조들이 물질세계의 패턴과 경향들에 대한 관심의 의식儀式을 제공함으로써 우리를 깨어 있게alert 만드는 한 방법이라고 받아들인다(104).

루비에게는 농사일뿐만 아니라 비실용적인 분야, 예컨대 쓸데없는 동식물의 이름이나 그들의 생활방식과 관련해 알고 있는 것이 하도 많아 세상의 한쪽 구석을 차지하고 있는 조그만 생물들 이야기가 끊이지 않는다. 예컨대 돼지풀 줄기에 붙어 있는 버마재비, 인주솜풀 이파리로 작은 천막을 만들어 놓고 붙어사는 조명충나방, 실개울 바위 밑에서 다정하게 웃고 있는 줄무늬와 점박이 불도마뱀, 죽어가는 나무의 축축한 껍질에서 자라는 작고 복슬복슬하고 독이 있어 보이는 암갈색 식물과 곰팡이, 나뭇가지나 돌멩이나 풀잎에 집을 짓고 혼자 사는 유충, 곤충, 벌레 등 자연이 잉태해 낸 모든 생명에 루비는 관심을 갖고 작은 움직임을 알아보고 즐거워한다. 자연과 생물에 대한 다양한 지식을 어떻게 얻게 되었느냐는 아다의 질문에 루비는 다음과 같이 대답한다.

많은 부분이 마을 분들이 일하는 모습을 지켜보다 질문하면 대꾸해 주는 할머니와 이런저런 이야기를 나누던 중에 주워들은 지식이라고 했다. 루비는 스왕거 아줌마가 아주 평범한 잡초들에 이르기까지 조용히 있는 많은 것들의 이름을 수없이 많이 알고 있다고, 아줌마 일을 도와주다가 얻은 지식도 얼마간 있다고 했다. 하지만 세상의 논리가 작동하는 방식에 대해 자기 마음속으로 이리저리 궁리하다가 얻게 된 지식도 좀 있다고 했다. 결국 대부분은 주의 깊게 관심을 기울이는 문제였던 것이다(106).

　루비는 미국 남부 서발턴 중의 서발턴 여성으로서 어릴 때부터 자연 속에서 험난함을 이겨내며 체득한 생존기술과 지식을 자급적 생산과 농장운영에 활용함으로써, 아다는 서발턴화하는 가운데 루비의 기술과 지혜를 배움으로써 자급적 주체화로 나아간다. 두 사람의 유대와 협력은 해체되어 가던 남부사회를 지속가능하게 하는 하나의 원천과 장소를 지켜나갈 수 있게 한다. 아다와 루비의 서발턴적 유대로써 가능했던 자급적 주체화는 자급하는 서발턴 여성들만의 공동체에 머물지 않는 친절과 환대를 가능하게 한다. 그들의 친절과 환대는 이웃 테네시로부터 도망치는 피난민 여자들과 아이들에게로 향한다. 아다와 루비는 복수와 약탈을 일삼는 북군들로부터 집을 잃고 희생되며 고난을 겪는 여자들과 아이들한테 잠자리와 음식을 제공하며, 동행한 흑인 노예들한테까지 따로 그렇게 한다. 또한 에필로그에서 보듯, 아다와 루비의 여성공동체에 인먼, 스토브로드와 조지아 소년이 합류한다. 아다는 딸을 낳고 루비는 세 아들을 낳는다는 작품의 에필로그는 남부사회의 자급적 공동체가 확장될 가능성을 암시한다.
　아다와 루비의 자급하는 지역경제와 공동체는 미국 자본주의의 식민화 공략을 버텨낼 수 있게 하는 서발턴들의 저항성을 구현한다. 반면, 이들에 비해 더욱 험난한 고난을 겪는 사라라는 백인 서발턴 여성은 인먼의 도움을 받고 완전히 절망에 빠지지는 않지만 그 삶의 역경이 어떻게 풀려나갈지 암담하다. 사라의 삶을 그나마 부축해 주는 것은 잠들지 못하는 아기를 위해 부르는 노래다. "사라는 여태 살아온 자신의 삶이 노래로 들통 나지나 않을까, 부끄러운 듯 노래를 불렀다… 절망, 원한, 공포의 저음이 담긴 날카로운 노래가 여명 속으로 퍼져 나갔다. 인먼은 그렇게 저항하듯 노래 부르는 모습이 지금까지 목격했던 일들 중 가장 용감한 행위로 보였다"(253). 이로써 집 바깥에서 싸우는 서발턴 남성들과 다른 한편으로 집 안에서 나날이 벌어지고 있는, 잘 드러나진 않지만 생존하기 위해 집을 고수하려는 또 하나의 투쟁이 얼마나 용감한 것인가가 작품에서 인정되고 있다.

미국 남부사회의 변동 속에서 서발턴이 된 오델이 새로운 삶을 위해 집 바깥에서 나날을 싸워 가는 측면을 갖듯, 아기와 함께 집 안에서 목전의 생존을 위해 싸우고 있는 사라를 루비와 아다의 자급적 주체화에 이르지 못한 부정적 주체로만 볼 수 없다. 남편의 전사와 북군의 약탈로 공포와 박탈감 속에 외딴 집에서 살고 있던 사라는 처절하게 외롭고 힘들어서 그저 그것을 누군가와 조금이나마 나눌 수 있기를 바란다. 인먼과 함께 침대에 누워 하룻밤 같이 잠드는 사라는 통상 남녀 사이의 이성애관계 혹은 결혼관계로 포획될 수 없는 특이한 관계를 경험한다. 이 경험은 이후 그녀의 삶에 긍정적으로 작용할 것이다.

서발턴 여성으로서 염소할머니의 주체화 역시 루비와 아다의 자급적 주체화와는 좀 다른 양상을 지닌다. 이 할머니는 집안 형편 때문에 사랑하지 않는 남자의 첩으로 가야 하는 강제적 이성애관계를 거부하고 숲으로 도망쳐 26년 동안 외롭지만 독립적이고 자급적인 삶을 살아가는 백인 여성이다. 이 여성은 인먼에게 음식을 주고 상처도 치료해줌으로써 인먼이 마지막 힘을 다해 콜드 마운틴에 갈 수 있도록 도움을 준다. 결국 인먼은 전쟁 전이었으면 만날 수 없었을 여성에게서 친절과 환대를 받았기 때문에 그 힘으로 아다를 다시 만날 수 있었고, 딸을 얻게 됨으로써 남부 자급공동체의 지속과 확대가 가능하게 된다. 사라와 달리 자발적으로 이성애적 결혼관계를 벗어나 있는 염소할머니는 사라의 참담함 없이 또 남북전쟁의 결과와 상관없이 누구든 도움을 필요로 하는 사람들을 도와주며 살겠지만 여성성을 포기하는 대가를 치르는 구세대이다. 그러므로 사라와 같은 젊은 백인 서발턴 여성이 루비와 아다와 다른 차원에서 이룩할 자급적 주체화 가능성을 열어놓는 것은 중요하며, 그러기 위해서는 현재의 싸움이 지니는 의미를 인정할 필요가 있다. 아다와 루비와 달리, 예컨대 남부 혹은 북부 도시로 이동해 새로운 삶을 모색할 수도 있을 사라의 주체화 지평은 유동적인 지대로 남아 있다.

5. 페미니즘적 정전비판의 원리로서 자급의 가치

『콜드 마운틴』에는 호머의『오디세이』로부터 셰익스피어의『폭풍 Tempest』및『한여름 밤의 꿈 Midsummer Night's Dream』, 조지 엘리엇의『플로스의 물방앗간 The Mill on the Floss』과『아담 비드 Adam Bede』, 디킨슨의『황량한 집 Bleak House』, 에머슨의『삶의 행실 The Conduct of Life』, 워즈워스의 소네트와「서곡 The Prelude」, 코울리지의「늙은 노수부 The Ancient Mariner」, 키츠의「엔디미언 Endymion」, T.S. 엘리엇의「이스터 코우커 East Coker」등 영미문학 정전의 작품들로부터 나오는 인유들로 널려 있다. 기존 정전에서 나온 모티프들로 흩뿌려져 있는『콜드 마운틴』을 에워싸고 있는 또 다른 층위의 서사들은, 바트램 Batram의『여행기 Travels』, 스위머의 이야기들과 주문들 spells, 체로키 할머니의〈빛나는 돌〉전설, 사라의 노래, 스토브로드의 노래, 자연의 노래 등과 같은 소위 비정전들이다.

서구 정전 작품들을 즐겨 읽었던 아다는 농장일로 바쁘기도 했지만 차츰 정전 작품들에 인내심을 잃고 그것들의 교양에 별로 연연해 하지 않게 된다. 인먼을 기다리다 지친 아다는 "마음으로 느끼는 감정을 솔직하게, 단순하게, 직선적으로 털어놓는 것이 존 키츠의 시 4천

줄보다 훨씬 더 유익할 수 있다는 걸 인정할 수밖에 없었다. 지금까지 단 한 번도 그렇게 해볼 수 없었지만 그렇게 하는 방법을 배우고 싶다는 생각이 들었다"(272)고 말한다. 어느 날 아다는 "나한테로 돌아와 주세요, 부탁입니다Come back to me is my request"라고 간단하게 쓴 쪽지를 인먼에게 부친다. 말하자면 아다는 정전에 대한 반응의 일환으로, 자신의 현재 상황에서 정전을 거스르는 식으로 자신의 욕구를 솔직히 드러내는 방법을 실행한다.

「장미의 재ashes of roses」라는 장에 루비가 아다와 함께 『오디세이』를 읽는 장면이 나온다. 루비는 페넬로페의 이야기가 나오는 대목에는 지루해하다가, 신들이 돌을 던져 시련을 겪는 오디세우스 대목에서는 오랫동안 웃고 또 웃는다는 대목이 나온다. 여기서 루비는 호머가 그렇게 털어놓진 않겠지만 오디세우스가 아버지 스토브로드와 닮은 구석이 많다며, 특히 그가 전쟁을 나간 이유가 아주 의심스럽다고 말한다. 결국 등장인물들이 돼지 치는 사람의 오두막에 모여 술을 마시면서 웃고 떠드는 장면이 나오자 루비는 자기 짐작이 맞아떨어졌다며, 시간이 아무리 많이 흘러도 세상사는 그리 변하지 않는다고 결론내린다(108). 말하자면 남자들의 전쟁 무용담이 아무리 거창한 명분을 내걸고 있어도 실은 가정과 아내를 벗어나 마음껏 술 마시고 웃고 떠들며 즐기려는 속셈이 크다는 뜻이다.

이 두 대목은 소위 서구 정전의 두 작품이 함축하는 정전의 방법과 가치에 대한 백인 서발턴 여성들의 구체적인 반응으로서 흥미롭고 시사하는 바가 크다. 그들은 성, 계급, 인종의 축들이 교차하는 가운데 형성되어 온 특정한 약탈적 권위적 남성주의 가치관을 위장하듯 온갖 미화된 이상들, 명분들, 대의들을 둘러싼 애매모호한 정신적 갈등과 모순 운운하는 사이비 가치들을 꿰뚫어봄으로써 그것들을 가볍게 넘어서고 있기 때문이다. 사실, 앞에서 언급한 서구 정전 작품들도 우리가 생각하듯 총체적 동일성을, 문화적 동질성을 갖는 것도 아니며, 비정전 작품들이라고 해서 정전을 통째로 거부하며 그에 따른 또 다른 통일성을 구현하는 것도 아니다. 요컨대 페미니즘적 작품도 비정전에 속한다고 해서 전부 새로운 가치를 담는 것도 아니다. 정전이건 비정전이건 어떤 통일성을 미리 전제하는 것은 각 구체적 역사적 맥락을 부인하고서 특정한 목적을 위해 그 통일성을 전유하는 것이다. 이 점을 인식하고 인정한다면, 정전 비판의 페미니즘적 방향은 비정전 작품을 정전화하려거나 대안(대항) 정전으로서 구축할 게 아니라 오랜 역사적 작품들과 당대 작품들 사이의 협상을 실천하는 중요하고도 의미 있는 문화적 행위로서 위치시키는 쪽이 되어야 한다.

『콜드 마운틴』에 그려진, 자연과 함께 하는 인간 삶의 기술들과 지혜를 갖춘 두 여성의 삶은 다양하고 복잡한 면모를 지니고 있지만 그들이 지향하는 가치는 단순하고 명백하며 간단하다. 한마디로 그 가치는 뜬구름 같은 거창한 것들에 현혹되지 않고 주위의 작은 것들에 섬세한 관심을 지속적으로 가짐으로써 상호 작용하는 흐름들을 분기시켜 삶과 생명을 지속하게 뿐만 아니라 개별 존재를 풍부하게 함으로써 즐겁게 사는 것이다. 『콜드 마운틴』은 자연과 역사와 전쟁을, 또 정전과 비정전을 두루 아우르는 생각들을 복합적으로 펼치는 가운데, 비가시화되어 온 서발턴 여성들의 자급적 노동/생존능력을, 주체성을 재현한다. 거기서 구현되는 자급의 가치야말로 미국을 넘어 전세계 서발턴 여성들을, 또 나아가 서발턴 남성들을 서로 연대할 수 있게 하는 원천일 것이며, 지금도 곳곳에서 벌어지고 있는 약탈 전쟁을 이겨낼 수 있게 하는 힘일 것이다. 『콜드 마운틴』이 재현하는 자급의 가치는 앞으로 정전 및 비정전 작품들을 통틀어 심각하게 고려되어야 한다.

[제3부]

한국 민주주의와 여성주의

7
생태문화 민주주의의 페미니즘적 재구성을 위하여

1. 생태문화 민주주의 담론에 느끼는 불편함

새로운 진보의 내용과 목표에 대한 논의가 한창 진행 중이다. 노동사회에서 문화사회로의 구성과, 민주화 세계화 '이후'의 민주주의 탐색이 그 주된 방향인 것 같다. 이 방향에 생태론적 전환이 함께 설정됨으로써 생태문화 민주주의 담론이 가동되고 있다. 생태-문화-민주 담론에서는 신자유주의 시대 한국사회의 위기를 어떻게 돌파할 것인가, 진보와 개혁의 관계를 어떻게 설정할 것인가, 다양한 각 부문 사회운동들은 어떻게 새롭게 연대할 것인가 등의 문제들이 거시적으로 또 미시적으로 점검된다. 이러한 탐색에서 생태학적 인식은 한국사회의 숱한 문제들을 헤쳐 나가는 데서 근본적으로 필요한 새로운 사회구성의 원리로 제시되고 있다.

나는 대구 인근의 경산 지역에서 10여 년 넘게 살아왔으면서도 대구에서 발행되는 『녹색평론』의 작업에 거의 관심을 갖지 않았다. 진보적이라는 사상들에서 흔히 그렇듯 너무나 심대한 생태위기 앞에서 생태론적 인식 전환과 생태운동만 일어나면 여성문제는 그냥 해결될 것으로 보는 무언의 전제에 대한 반감 때문이었을 것이다. 그래도 이런 저런 자리에서 나에게 깊이 박혀 있는 근대주의자의 면모를 지적받으면서 그 면모가 왜 문제인가를 생각하게 되었고, 탈주, 변이, 증식과는 다른 탈근대 방식을 찾아보고 싶은 욕구가 생겼다. 그러다가 2, 3년 전부터 에코페미니즘 책들을 접하게 되었다.

   2000년대에 접어들면서부터 지금 이 글을 쓰고 있는 순간까지, 내게서 떠나지 않는 가장 큰 의문은 나는 왜 이렇게 갈수록 노동을 많이 해야 하는가 하는 것이었다. 그래서 내가 읽으려고 한 에코페미니즘 책들은 소위 급진적 문화주의적 에코페미니즘 책들이 아니라 여성노동을 중심에 놓는 유물론적 경향의 에코페미니즘 책들이었다. 이러한 경로를 통해 접하고 받아들이게 된 생태학적 인식은 앞으로 어떤 식으로든 나의 이론과 실천에 큰 영향을 미칠 것이라고 본다. 그런 점에서 나의 주위 사람들에게도 생태론이 점차 퍼져나가고 있다는 것은 반가운 일이다. 나의 사유와 진보적인 지인들의 사유가 그리는 유사한 궤적은 민주적 생태적 문화사회 구성에 긍정적인 힘으로 작용할 테니 또한 신나는 일이다. 그런데 나는 『문화/과학』의 생태-문화-민주 담론에 불편함을 느낀다. 왜 그런 것일까 하는 물음에서 이 글은 시작된다.

2. 남성 권력-지식-욕망의 네트워크가 문제다.

8, 90년대 포스트주의가 언어학적 전환을 표상한다면, 현재 우리의 지식생산에는 가히 생태학적 전환이 일어나고 있다고 할 만하다. 이 전환은 10 대 90의 사회라고 할 사회적 양극화의 심화와 사회적 공공성

의 약화라는 흐름과 맞닿아 있는 우리의 정치, 경제, 문화 패러다임을 좀더 넓고도 깊게 성찰할 것을 요구하고 있다. 그래서 분배의 정의와 민주개혁만이 아니라 환경의 위기, 주체성의 위기, 사회적 소통의 위기가 거론되며, 그러한 맥락에서 사회적 공공성과 민주적 공론장의 확대재생산 과제와 사회운동들 사이의 연대 방식이 탐구되는 가운데 새로운 진보적 사회구성의 원리와 방법이 제시되고 있다. 『문화/과학』에서 그동안 주로 제시된 내용은 "이제 생태주의를 무시한 민주주의는 성립할 수 없다," "사회운동 전반을 가로지르는 '거대한 생태연대,'"[1] "생명인권적 사상과 생태문화적 자치민주주의," 지역공동체의 생태문화운동을 통한 '생명-민주효과의 생산,'[2] "자립적이고 호혜적인 생태적 삶의 영위," "노동-농민-환경-보건의료-교육-여성-문화운동이 서로 협력하여 각자에게 부족한 부분을 채워주는 방식"[3]으로 정리된다.

    이러한 모색에 공감이 가는 부분도 많고 동의하는 대목도 많다. 하지만 다양한 운동주체들 사이의 차이들이 '생태'의 이름으로 다시 지워지고 해소되는 것은 아닌가 하는 의문이 든다. 특히 페미니즘에서 줄기차게 말해 온 '가부장적 사회구성'의 문제는 현단계 신자유주의적 자본주의와 떼려야 뗄 수 없이 얽혀 있다. 여성을 가정주부화하고 남성을 부양자로 이분화하는 이데올로기와 (핵)가족 이데올로기는 여러 층위에서 다양한 형태의 노동을 하고 있는 대다수 한국 여성의 실상과 어긋난다. 또한 여성을 성적 대상으로 여기게 하는 성차별 이데

---

1) 홍성태, 「개발주의와 생태주의」, 『문화/과학』 43호, 137쪽, 「생태적 전환의 사회운동」, 45호 108쪽.
2) 고길섶, 「정치, 새로운 민주주의로: 생태정치와 자치민주주의」, 『문화/과학』 44호, 120쪽, 「생태문화사회 — 나의 상상, 나의 실험」, 『문화/과학』 46호, 212쪽.
3) 심광현, 「한국 사회-운동의 문화정치적 쇄신을 위하여」, 『문화/과학』 45호, 31, 32쪽.

올로기는 '조신한' 주부의 규제된 섹슈얼리티를 잣대로 성매매 여성들의 섹슈얼리티를 범죄시함으로써 우리 사회의 가장 하위주체라 할 성노동자들의 노동을 은폐시킨다.

그런데 바로 이러한 젠더/섹슈얼리티 이데올로기들을 기반으로 하는 가부장적 남녀관계가 계속 유지되지 않는다면 현 지구적 자본이 도모하는 축적과 성장은 성취될 수 없다. 현단계 신자유주의적 자본주의는 가부장제 없이 기능할 수 없으며, 가부장제는 가시적인 자본주의의 가장 비가시적인 이면을 구성한다. 또한 한 국가 내의 자본주의적 비대칭적 성별노동분업은 국제적 노동분업을 떠받치는 사회적 패러다임으로 작동한다. 제3세계로 배치되는 공해산업에서의 값싼 비정규직 여성노동자들과, 성관광sex-tourism산업 및 성산업에 종사해 온 여성들은 제3세계 국가들이 이룩한 눈부신 경제발전의 대들보였고 신자유주의적 지구적 자본의 토대였기 때문이다.[4]

지난 30년간 한국사회가 이루어온 외형적 경제 성장은 "비가시적, 자연적, 사회문화적 자원의 소모와 고갈을 바탕으로 한 것"으로서 "한국 경제의 재생산 과정을 공짜로 떠받쳐온 비가시적 자원의 누진적 소모라는 문제"[5]를 안고 있다는 점이 지적되기는 한다. 출산율 저하가 바로 이 문제와 닿아 있음을 부인할 논자는 없을 것이다. 그런 만큼 여기서 누구의 어떠한 소모와 고갈인지를 구체적으로 말하는 것이 새로운 사회구성을 위해 중요한 부분일 것이다. 그렇다면 비가시적 자원의 소모와 고갈을 말할 때 '자연'과 함께 '여성'의 감정노동 자원도 반드시 가시화되고 거론되어야 한다. 이 비가시적 자원들이야말로 우리 사회의 발전을 추동해 온 근간이므로, 죽어가는 이것들을 살려내지 않고

---

4) Maria Mies, *Patriarchy and Accumulation on a World Scale: Women in the International Division of Labour* (Zed Books, 1986), p. 38, p. 142.
5) 심광현, 「위기의 한국경제 생태문화적 리모델링의 전망」, 『문화/과학』 43호, 25쪽.

서는 새로운 사회구성을 말할 수 없기 때문이다.

우리 사회에서 주 5일제 근무 등으로 인해 노동 시간이 줄고 여가 시간이 많아짐으로써 문화사회로 가는 여건이 마련되고 있는 것으로 보일지 모르겠다. 하지만 실상 길어진 주말은 대다수 여성들에게는 더 많은 일거리와 감정노동만을 안겨주고 있을 뿐이다. 임노동 시간이 줄어들어서 새로 생긴 시간을 가사, 육아에 할애하기보다 다른 사회문화적 행위들이나 텔레비전, 비디오, 컴퓨터 등 미디어에 더욱 열중하는 남성들이 많기 때문이다. 매일 그것도 오전 9시에서 오후 6시까지도 아닌, 끝없이 이어지는 일인데다 반복적으로 해도 크게 표시나지도 않는, 사회적 경제적 가치도 인정받지 못하는 가사노동을 누군들 좋다고 기꺼이 하겠는가? 가사노동을 기피하고 회피하고 싶은 것은 남성이나 여성이나 마찬가지다. 그렇지만 생명생산, 가사, 육아 등, 삶(돈이나 부가 아니라) 자체의 생산이 바탕이 되어야 소위 지식생산과 문화생활이 비로소 가능해진다. 그렇다면 우리의 지식생산물은 누군가의 노동과 감성과 정서를 착취하는 가운데 획득되는 것은 아닌지 다시 생각해 볼 일이다.

생태적 삶을 주장하는 남성 논자들의 논리 저변에는 사회나 국가가 생명생산, 가사, 육아 등 삶을 생산하는 일에 실질적인 경제적·문화적 이니셔티브를 주자는 생각이 깔려 있는 것으로 짐작된다. 그렇지만 아무도 우리의 일상 삶을 영위하도록 하는 가사 및 감정노동 자체에 대해서, 양성 간의 비상호적 착취적 노동분업에 대해서 한마디도 말하지 않는다. 침묵의 공모라고나 할까? 엄청난 생태위기 앞에 일반 여성들이 여전히 일방적으로 감당하는 일상의 노동문제는, 구체적인 거론을 회피함으로써, 거창한 대안들의 화려한 수사들이 난무하는 가운데 또다시 가려지고 잊혀진다. 노동운동-농민운동-교육운동-문화운동-환경운동-여성운동-보건의료운동 사이의 긴밀하고도 역동적인 네트워크적 연대라는 새로운 사회운동 패러다임에서 언급되는 여성운동은 그저 하나의 부문운동일 따름이다. 말하자면 생태문화 민주주의 사회구성을 위해 여성문제는 동일한 수준의 다른 운동들 — 아마도 더욱 시급하고 더욱 일반적인 — 의 긴 리스트에 하나 더 첨가되는 수준이다.

현존하는 남녀관계를 바꾸고 가부장적 성별노동분업을 넘어선다는 목표 설정과 처음부터 함께 하지 않는 문화사회와 대안경제에 대한 개념화는 불완전할 뿐만 아니라 기존체제를 털끝하나 건드릴 수 없다. 여성문제를 여러 일반적인 사회문제들에 하나 첨가되는 수준의 것으로 설정하는 논리는 자본-국가-민족이라는 강력한 삼각동맹에 대항하거나 넘어서기는커녕 그 동맹과 공모하는 것이다. 자본이 선호하는 현 가부장적 사회구성을 유지하기 위해 국가가 핵가족을 조직하고 보호하고 있기 때문이다. 진보진영이 오랜 고뇌와 탐색 끝에 내놓는 지식과 논리라고 해서 그것에 자동적으로 정당성이 담보되지 않는다. 남성논자들이 누리는 지식의 기술들, 권력의 전략들, 남성적 자기확대 욕망의 네트워크에서 생산되는 지식의 효과들은 자기비판적으로 또 자기혁신적으로 성찰되어야 한다.

3. 여성노동과 초과착취를 계속 말해야 하는 이유

생산력 발전과 자동화로 노동시간이 줄어들고 문화적 향유의 시간이 길어질 텐데 여성노동과 초과착취를 말하는 것이 시대에 맞지 않는, 좀 지겨운 소리로 들릴지 모르겠다. 최근 한국 여성들 중 70% 이상이 비정규직 임노동, 생명생산노동, 가사노동, 육아라는 실제 노동에다 그 외 여러 형태의 감정노동에 교육노동과 소비노동까지 부과되고 있는 실정이다. 이런 노동들로부터 면제되는 대신, 성산업에 종사하는 여성들의 경우는 노동으로 인정받지도 못하며 아이를 낳아 기르고 싶은 욕구를 가질 수조차 없다. 몇 중의 노동 부담에 더 이상 자신을 소모시킬 수 없어 아이를 낳지 않기로 (강제로) 선택하거나 아이를 아예 낳을 수 없는 처지로 내몰리는 숫자가 점점 늘어나는 추세다. 여성들이 아이를 낳지 않으면 대한민국이라는 국가의 존립 자체가 위협받는다. 한국 여성의 최근 출산 기피 현상은 여성의 생명생산노동과 가사노동이 놀면서 하는 '자연스런' 일이 아니라 엄청나게 부담스럽고 힘든 노동임을 입증한다. 이것이 21세기 한국에서만 일어나고 있는 특별한 현상일 뿐 옛날에는 달랐는지, 우리 사회가 추종해 온 서구 자본주의 가부장제의 역사를 여성의 시각에서 살펴볼 필요가 있겠다.

근대 자본주의 이후 여성의 가정주부화/매춘부화를 통해 여성에 대한 차별과 착취가 이루어졌을 뿐 적어도 농경사회에서는 그렇지 않았을 것이라고 생각하기 쉽다. 하지만 남성-수렵자/여성-채집자 모델로 흔히 이해되는 농경사회에서부터 폭력과 강제를 통한 여성에 대한 착취가 시작되었다. 남성은 활, 창, 도끼 등으로 짐승을 사냥해 오고, 여성은 바구니, 항아리, 호미 등으로 주변의 숲에서 열매들을 따오거나 식물들을 키웠는데, 식량을 마련하고 보전하는 여성의 자급subsistence노동 패턴에서 여성이 생산하는 식물들이 식량의 주를 이루고 남성이 갖고 오는 육식 동물은 어디까지나 보조적인 것이었다. 사냥에서 아무것도 잡지 못하고 허탕 치는 날도 많았을 것이기 때문이다. 사실 남성의 사냥은 생산적인 것이 아니라 있는 것을 잡아오는 것일 뿐, 여성이 키우는 식물들과 가축들이 생산적인 것이다. 또한 아이들을 낳고 먹이고 입히는 것도 그러한 여성의 자급노동으로 이루어지는 삶과 생활의 일부로서 수행되었다.[6]

그런데 남성들은 한 공동체에 필요한 것 이상으로 생산되는 잉여를 점차 일방적으로 전유하고자 할 뿐만 아니라 다른 공동체들과 거래(무역)할 때에도 필요물들을(심지어 여자들이나 어린 아이들까지) 무기를 써서 강제로 빼앗고 훔치는 비생산적 약탈적 전유방식을 일삼게 된다. 특히 백인 유대-기독교인들의 정복, 전쟁, 노예제도로 축적된 자본은 서구 자본주의 발전의 원동력이 되는 셈인데, 이들의 전유방식은 그냥 양적인 이익의 착취만이 아니라 자율적인 인간적 생산자들을 타자들을 위한 생산조건으로 자연자원으로 바꾸는 것으로서, 세계가 자본주의로 묶이는 시대 이후 인간존재들 사이의 모든 역사적 착취적 관계들의 패러다임이 된다. 서구 중세 때 유럽에서 자행되었던 마녀사냥도 생산적 성적 자율성을 지닌 여성들을 통제해 그들의 자본과 지식을 강탈하는 것이었다. 중세 이후 근대 자본주의적 임노동은 노동통제의 새로운 형식들을 취함으로써 '평화로운' 생산관계로 보일 뿐, 경제적 강제(구조적 폭력)의 메커니즘에 기초해 생산자들(무역업자, 중간상인들, 자본가들)이 생산자들을, 그들의 생산수단과 생산물을 약탈적으로 폭력적으로 획득하는 양상은 크게 바뀌지 않는다.[7]

서구 근대 자본주의 사회에서 남성노동자는 상품을 생산하는 생산자이기는 하였지만, 노동과정의 조직, 법, 경제적 종속, 가족/교회/국가의 제도들의 힘을 빌려 그의 '식민지'인 여성의 몸과 노동을 마음대로 종속시키는 특권을 누린다. "비대칭적 위계적 노동분업들의 다양한 형태들은 이제 자본주의의 명령 하에 전체 세계가 불평등한 노동분업 체계 속으로 구조화되는 단계에 이르기까지 역사를 거쳐 발전되어 왔다. 이것들은 약탈적인 사냥꾼-전사의 사회적 패러다임에 근거를 두고 있다. 이 사냥꾼-전사는 자신은 생산하지 않으면서 무기에 의해 다른 생산자들을, 그들의 생산력을, 생산물을 전유하고 종속시킬

---

6) *Ibid.*, chapter 2 "Social Origins of the Sexual Division of Labour" 참조.
7) *Ibid.*, p. 66, p. 67.

수 있다."[8] 따라서 사냥꾼-전사는 기본적으로 기생자이며 생산자가 아니다. 무기독점으로 자행되어 온 약탈 및 도둑질과 소위 무역 사이의 밀접한 연계는 이처럼 오랜 역사를 갖는다. 한미 FTA의 역사적 뿌리만 해도 바로 이러한 일방적 약탈적 서구 백인남성주의 및 군사주의였던 셈이다.

한편 삶(생명)의 일반적 생산 및 일상생활에서의 먹을 것과 입을 것을 공급하는 자급노동은 여성들과 식민지에서의 노예들, 계약노동자들과 같은 다른 비임금노동자들의 비임금노동을 통해 주로 수행되어 왔다. 소위 자본주의적 생산과정은 비임금노동자들(여성들, 식민지 사람들, 농민들)에 대한 초과착취 ─ 임노동 착취를 가능하게 하는 ─ 로 이루어진다. 여기서 초과착취라는 것은 자본주의적 잉여가치를 획득하기 위해 사람들 자체를 자원으로 삼아 사람들 자체의 생존 혹은 자급적 생산에 필요한 시간과 노동을 전유하는 것을 말한다. 초과착취에 의한 이러한 인간적 자원의 소모와 고갈은 임금에 의해 보상되고 있지 않음은 물론, 이런저런 부분적 방안들로는 회복되기도 힘들다. 현 단계 지구적 자본주의의 근간에는 여성, 자연, 이민족에 대한 초과/착취(착취 및 초과착취)가 자리 잡고 있다. 따라서 생산노동에 대한 편협한 자본주의적 정의에 따라 여성노동을 재생산노동이라고 규정하면서 부차화하는 태도는 여성노동에 대한 초과/착취를 비가시화하는 장애물로서 척결되어야 한다.

생태문화사회에서라면 적어도 인간의 몸과 노동이 초과/착취된다는 느낌이 지배하고 있어서는 안 될 것이다. 여성의 입장에서는 여성노동을 '생산적이지 못한' 재생산노동이라며 여성을 고갈시켜 온 성별노동분업체계의 근본적인 변화와 더불어 생태문화사회가 시작된

---

8) *Ibid.*, p. 71.

다고 볼 수 있다. 이 입장에 따라 자본주의적 생산노동과 시장경제중심 경제의 근본적 재구조화를 도모하는 대안경제라면, 현존하는 성별 노동분업(남성부양자-가정주부)구조의 변혁을 그 중심에 놓아야 할 것이다. 그런데, 이러한 페미니즘적 주장은 그동안 끈기 있게 제기되었는데, 또다시 지금 말해야 하는 것은 무엇 때문인가? "서발턴은 말할 수 없다"는 오해 사기 십상인 스피박의 주장은 서발턴들이 자기 말을 할 수 없다는 뜻이 아니다. (젠더화된) 서발턴들이 수없이 말을 한들 그들의 이해관계가 지배적 서구 백인남성중심적 담론구조에서 제대로 인정받거나 나아가 그 구조와 상호작용하는 데까지 이르기 힘든 불평등한 구조를 지적하는 말이다. 그냥 인정하는 제스처 정치는 기존 담론구조에 페미니즘적 주장을 포섭시킴으로써 그 비판의 날을 무디게 하고 문제의 근본을 무마하며, 결국 그 주장을 배제시키고 만다. 이러한 현실 때문에 성별노동분업구조 및 국제적 노동분업구조를 둘러싼 여성노동과 초과착취를 계속 말해야만 하는 것이다.

4. 그렇다면 여성주의자와 남성주의자는 무엇을 할 것인가

내가 글을 쓰고 말을 할 때 나의 발화 지점을 여성주의라고 한다면, 생태문화 민주주의 담론을 형성해 온 『문화/과학』 논자들의 지점은 남성주의일 것이다. 이 차이와 간극은 이론과 실천에서 두루두루 나타날 것이다. 서로 분리된 채 남아 본의 아니게 자본-국가-민족에 힘을 실어주는 결과를 빚지 않으려면 어떤 식으로건 소통해야 할 것이다. 사실 이 소통행위 자체가 굉장히 문화적인 것이다. 그야말로 민주적으로 자유롭고 활발하게 소통이 이루어지다 보면 풍성한 담론 공간이 생성됨은 물론 창조적인 실천 운동도 더욱 힘을 받을 수 있을 것이다. 그런데 그렇게 되려면 몇 가지 해야 할 일들이 있을 것 같다.

　이 글에서 여성주의자와 남성주의자를 동일한 수준에서의 행위 소통주체인 것처럼 언급하고 있지만 출발부터 불평등한 관계이며 그 역사는 너무나 오랜 것이다. 어쩌다가 양념처럼 한 번씩 기획되는 페미니즘 특집 구도부터 그러한 역사의 산물이다. 그러니 그 구도에 발을 디디고 역사의 짐을 진 채 이성애 지식인 여성이라는 나의 정체성으로부터 구축된 나의 시각에 따라 현 국면과 상황에서 말해야 할 것을 말할 수밖에 없다. 나의 지점에서 지금 말해야만 하는 것들은 더 보편적이거나 더 옳다기보다 하나의 상황적 지식이다. 이 말들은 우선 귀 기울이고 들리도록 하는 게 중요하다.

　한국 여성주의 지식과 이론이 학계나 비제도권이나 운동단체에 자리 잡기 시작한 지 20여년이 되었지만 남성중심인 진보진영의 지식 판도와 맺고 있는 담론상의 크나큰 불균형 관계는 좀처럼 바뀌지 않고 있다. 여성주의 지식과 이론 자체가 부족한 데다 그나마 생산되는 것조차 제대로 읽히거나 연구되지 않는다. 간혹 여성주의 이론의 중요성을 인정하고 단편적으로 언급되기는 하지만 일회성인 경우가 많다. 나는 이러한 현상을 일상의 여성노동을 무시하고 비가시화하는 구도와 같은 선상에 있다고 본다. 예전의 우리 유교사회에서 식자인 선비들은 일상에서 무슨 일이 벌어지고 있는지 모르는 것이 남자다운 지식인 윤리였던 것처럼, 요즘은 일상생활은 물론 여성주의 지식과 이론도 그렇게 도외시된다.

　이러한 비대칭적 관계를 어느 정도 대칭적인 관계로 만들어야 소통다운 소통을 할 수 있을 것이다. 그러려면 여성주의자들 편에서 남성 일방적인 담론구도에 개입하는 글들과 책을 많이 써야 할 것이다. 그런데 그렇게 하려면 일정한 물질적 조건이 확보되어야 한다. 여성주의자들은 더 조금 자고 거의 휴식을 취하지 않으며 몸을 축내가면서 글을 쓸 조건을 만들어야 하는가? 아니다. 여성으로 하여금 몇 중의 노동에 시달리게 하는, 여성은 일차적으로 가정주부라는 이데올로기와 그것을 바탕으로 한 성별 노동분업구조를 바꾸는 데서부터 먼저 그 조건을 마련해 나가야 한다. 거기서 남성주의자의 의식과 역할이 크다는 점은 두말할 필요 없을 것이다.

 내가 보기에 여성주의에 심정적으로 동조하는 것만으로 남성주의를 탈피하는 이론과 실천으로 나아가기 힘들다. 두리 뭉실 은근슬쩍 가만히 있는 것은 기존체제를 부지불식간에 도와준다. 여성주의에 동조한다고 하면서도 그 이론을 읽을 생각을 하지 않는 남성주의자들은 여성주의는 여자들만 하는 것이라는 초보적 인식 혹은 편견 때문일 것이다. 그 정도 이상의 의식을 갖고 있는 남성주의자들은 뭔가 거창하고 거대한 지평에 대한 끝없는 욕망, 새로운 담론들을 놀라울 정도로 계속 생산해 무한히 자신을 뻗어나가게 하고 싶은 자기확대 욕망, 보편성 및 일반성에 대한 집착 및 애착 — 자본의 그것과도 유사하게 느껴지는데 — 이 큰 것 같다. 그래서 대다수 지식인 남성들이 여성의 일상 노동에 기생하면서도 여성노동을 사소하고도 하찮은 것으로 외면하고 부인하고 싶을지도 모르겠다. 어쩌다가 여성노동·여성문제의 중요성을 인정하는 척하면서 궁극적으로는 의도적으로 무시하고 소홀하게 대하는 밑바탕에 꿈틀대고 있는 것은 지식과 이론에 대한 과도한 욕망으로 보인다. 이 욕망은 인간의 소박한 욕구마저 어느덧 망각하게 하고 급기야 상실하게 한다.

 남성주의자들은 '가사'(생명생산, 육아, 가사노동, 노인 수발)에 대한 책임을 맡아 보아야 한다. 그저 어쩌다가 돕거나 보조하는 차원이 아니라 여성과 동등한 조건 위에서 가사를 함께 해야 한다. 남성 스스로 생명을 키우고 보전하는 일에 동참함으로써 신체로 소통되는 공통감각과 생명존중의식을 키울 수 있을 것이며 상생적인 상부상조에 대한 감각을 일상생활에서 몸으로 체득할 수 있을 것이다. 그러한 감각과 의식을 바탕으로 성, 세대, 교육환경별로 나뉘어 있는 가족들과의 소통능력부터 키워나가는 것이 바로 생태문화 민주주의 능력으로 나아가게 하리라 본다.

그러한 궤적 속에 있을 때 착취적이고 폭력적인 자본주의적 가부장적 제도에서의 노동 — 지식노동도 그 주요한 일부가 되어 가는데 — 을 극복하는, 오래전부터 있어 온 여성의 자율적·자립적 활동과 일이 보이기 시작할 것이다. 가부장제에 반대하는 남성들의 이론과 실천은 온정주의가 아니라 여성의 몸과 삶의 자율성에서 출발하는 여성의 일들을 존중하는 마음을 키움으로써 오히려 자신의 존엄과 인간성을 찾는다는 소박한 욕구에 의해 동기화될 수 있다. 이로써 현존하는 성별노동분업에 변화가 일어나도록 해야 하며, 그리하여 자본주의 가부장적 남녀관계를 특징짓는 착취와 폭력은 여성이 아니라 남성에 의해 폐기되도록 해야 한다.

여성주의자들은 생명생산 및 일상생활 유지와 관련된 자급적 노동에 대한 몫을 받아들이라고 남성주의자들에게 요구해야 한다. 성, 세대, 교육환경을 축으로 서로 얽혀 있는 소위 사적 관계에서 하고 싶은 말을 자유롭게 하고 서로 소통하는 가운데 합의 구조를 이루어 나가고 일상의 노동을 지속적으로 분담하는 체계를 만들어가지 못할 경우, 소위 공적 관계에서 그러한 구조를 만들어나가기를 기대하기란 힘들다. 가족과 사회에는 각기 다른 차원이 분명 있을 것이다. 그렇지만 가족 내부에서 성별노동분업이 고착된 채 여성에게만 가사노동과 가족유지에 대한 책임이 부과되는 구도에 대해 말하고 바꾸어나가는 노력을 하는 것은 한국 여성의 인간적 고갈과 소모를 회복하는 첫 걸음인 것만은 분명하다. 그러한 첫 단추를 제대로 꿰지 못해 현 성별 노동분업구도를 묵인하고 묵종하는 핵가족 구조 속에서 자란 아이들에게 들러붙어 있는 성차별적 문화적 인식적 습속은 어른이 되어서도 시대가 바뀌어도 아무리 대대적인 문화운동이 일어난다고 해도 쉽게 바뀌지 않는다. 그래서 가정에서부터 어느 성을 성적으로 대상화하지 않고 말하는 주체로 존중하는 가운데 소통과 합의구조를 이루어내는 민주화 훈련을 거치는 것이 중요하다. 이 민주의식은 어느 한 성에 가족을 위한 노동을 일방적으로 부과하는 착취 구도나 사적 폭력을, 나아가 공적 폭력을 용인하지 않도록 할 튼튼한 바탕이 될 것이다.

지금 한국사회와 맞물려 돌아가고 있는 거대한 공적 체제인 지구적 자본주의 가부장제는 여성, 이민족, 자연을 점점 더 초과착취함으로써 자본주의의 지속가능한 발전을 꾀한다. 이 인식은 한미 FTA의 공격에 대면할 수 있는 새로운 진보의 내용과 목표를 설정하는 작업에 필수적이다. '가부장적 사회구성의 문제'를 계속 덮어둔 채, 누군가의 노동에 대한 착취와 자연파괴라는 밑바탕의 폭력을 그대로 둔 채 도모하는 대안 담론은 지식생산자들 자신도 모르는 사이에 기존체제를 온존시킨다. 따라서 이 체제를 넘어서기 위해서는 자연과 생명을 살리고 돌봄으로써 우리의 삶을 지속·소통하게 하는 일상노동에 대한 지속적인 관심과 공평한 배분을 통해 문화를 거론하고 삶을 생산해 내는 민주정치를 구상할 필요가 있다. 이를 위해 진보진영의 대안 담론에 촉구하는 '여성주의적 전환' 혹은 '페미니즘적 재구성'이라는 이론적 과제가 나의 주위 사람들에게 또 독자들에게 이번엔 정말로 제대로 들릴 수 있게 되기를 바란다.

8
'운동'으로서의 민주주의와 그 주체들의 구성 문제:
지구촌 민주주의론에 대한 여성주의적 개입

1. 한국 진보남성 진영의 지식생산이 지니는 문제적 양상들

지구화로 인해 민주주의가 거의 전지구상에 퍼지고 제자리를 잡아가고 있는 것처럼 보이는 요즘, 새로운 단계의 민주주의를 위한 논의가 진행 중이다. 최근 민주주의 논쟁의 복잡다단한 지형들에는 한국 사회가 나아가야 할 정치적·사회적 방향과 대안을 탐색한다는 진보남성 진영의 이론적 지적 기획이 깔려 있다. 나는 이 기획을 2000년 이후 본격적으로 재편되어 온 지구적 지식생산의 노동분업구도에서 '로컬'이 담당하는 분업의 일환으로 자리 매긴다. 현 단계 지구적 지식생산을 주도하고 있는 미국(서구) 메트로폴리스들로부터 '글로벌,' '차이들,' '다중,' '시민권,' '민주주의' 등이 유포되고 있다. 이러한 지식생산체제의 영향권에 있는 한국 진보남성 지식인들의 최근 이론화작업은 로컬에 특수한 시각들과 주장들을 희석시키는 양상과, 남성지식인 관점의 편파성을 심문하지 않거나 못하는 양상을 함께 드러낸다.

최근 한국의 민주주의 논쟁은 기본적으로 글로벌/로컬 남성들 사이의 연대라는 틀 안에서 로컬 남성들끼리의 경쟁을 보여준다. 다시 말해 로컬 남성지식인들은 지구적 자본의 흐름 안에서 사안에 따라 입장 차이를 갖고 서로 경합하기도 하지만, 남성패권의 유지라는 기본 골자를 벗어나지 않는다. 이에 대한 여성주의적 문제제기들에 대면하고 여성주의의 통찰을 이론적으로 경유하지 않고서는 남성지식인들은 근본적으로 보수성을 띨 수밖에 없다. 민주주의의 근현대 기획이 지닌 젠더화된 편향성을 상대화할 수 없거나 하지 못하게 하는 고착된 보수성은 남성중심적 이성의 마비지점인 셈이다. 그렇다면 진보는 '진보'가 아니다.

성, 계급, 인종/민족의 특수한 맥락과 입장에서 볼 때, 민주주의란 언제나 불충분해서 계속 실험되고 실천되어야 하는 미완의 기획일 수밖에 없다. 남성들 사이의 계급투쟁(귀족 대 훗날 부르주아가 되는 제3신분)으로 시작된 서구 근대 민주주의는 자본주의, 식민주의, 제국주의와 앞서거니 뒤서거니 하면서 전지구적인 거대한 남성연대(가부장제라 부르는)를 놓친 적이 없다. 그런 만큼 민주주의를 여성주의 입장에서 젠더화하여 민주주의의 주체로서 여성들의 전체 및 개별 투쟁을 말하고 가시화한다면, 민주주의는 정치권력과 제도 정치의 한계를 통해 민주주의의 합법성을 끊임없이 심문하고 성찰함으로써 완성의 단계를 향해 부단히 나아가는 운동적인 것임이 입증된다. 그래서 서구 여성의 입장에서도 국가와 밀착된 대의정치의 토대인 정당제도 및 자유주의적 시민권을 핵심으로 하는 민주주의에 대해 거리를 두어 왔으며,[1] 그러한 형식적 추상적 민주주의를 실질적인 민주주의로 바꾸어

---

1) Carol Pateman, *The Disorder of Women: Democracy, Feminism, and Political Theory*, Cambridge: Polity Press, 1989, p. 210: "여성주의자들에게 민주주의란 결코 존재했던 적이 없다. 여성들은 민주주의 국가라고 알려진 어느 나라에서도 충분히 평등한 구성원들과 시민들로 여전히 인정되지 못하고 있다."

내기 위한 '운동'으로서의 민주주의를 주장하여 왔다.[2] 여기서 운동에 따옴표를 치는 것은 남성중심적 운동을 여성주의 입장에서 젠더화한다는, 또 거시구조적 이론을 가능하게 하면서도 손상시키는 일상적 삶의 실천을 상정하고 강조한다는 의미에서다.

성, 계급, 인종/민족의 축들에서 구성되는 다양한 소수자 주체들의 관점과 입장으로부터 미완의 기획으로서 또 새로운 형태의 '운동'으로서 정의되는 민주주의야말로 역설적으로 민주주의를 지속 가능하게 한다. 그렇다면 '차이들'에 대한 인식이 광범위하게 받아들여지고 있는 지구화 시대의 새로운 민주주의론에서는 우선 로컬에서부터 민주주의를 구성할 주체는 구체적으로 어떤 층의 누구이며, 이 경주를 담당할 주체들은 어떠한 관계들과 맥락들 속에 있으며, 그들 사이의 관계는 어떤 방식으로 설정될 것인가 하는 점이 중요할 것이다. 이 점을 바탕으로 로컬의 민주주의 문제가 글로벌 차원과 연결되고 어긋나는 지점들 또한 해명될 수 있을 것이다. 로컬 내부의 특수한 차이들에 관한 작업을 생략한 글로벌 민주주의의 틀은 여성, 자연, 이異민족/인종의 착취와 식민화를 근간으로 하는 지구적 자본주의 가부장제의 신자유주의에 실질적으로 도전하지 못하고 오히려 그것을 도와줄 뿐이다.

신자유주의적 전지구적 자본주의 가부장제에서 '차이들'은 부추겨지고 환영된다. '차이들'에 대한 인정認定의 제스처들은 지배구조에 동화 가능한 부분들만 선별적으로 받아들여 포섭함으로써 오히려 차이들의 비판적 잠재력을 말소해 버리거나 더 근본적인 것들을 배제하고 침묵시킨다. 자유주의적 다원주의 혹은 다문화주의에서의 다양성, 차이들 운운은 불평등과 착취의 문제를 침묵시키는, 식민주의의 세련

---

[2] M. Jacqui Alexander and Chandra Talpade Mohanty eds., *Feminist Geneologies, Colonial Legacies, Democratic Futures* (Routledge, 1997); Catherine Eschle, *Global Democracy, Social Movements, and Feminism* (Westview, 2001).

된 문화적 판본일 뿐이다. 차이와 다양성을 권장하면서 계급과 젠더와 인종의 위계를 따르는 초국가적 전지구화의 지배 구조는 평등과 민주주의를 허용하지 않는다. 따라서 차이들에 대한 단순한 인정만으로 문제가 해결된 것처럼 제시하는 인정의 정치, 포섭의 정치는 차이들 문제를 제대로 다룬다고 볼 수 없다. 차이들은 해소되는 것도 극복되는 것도 아니며, 그 갈등과 긴장을 정치적으로 생산적인 것으로 만들 다른 정치를 필요로 한다.

지구적 자본주의 가부장제의 위와 같은 구조적 조건에서 탄생 가능한 것이 바로 '다중'이다. 『제국』의 저자들은 그 조건의 곤경(인적·자연적 자원의 초과착취와 고갈)을 드러내거나 그 곤경을 돌파하는 다중의 잠재력의 구체적인 면면을 파고들기보다, 어떠한 소모와 고갈이라도 뛰어넘을 존재의 적극적 긍정성을 담지하는 주체구성을 거듭 주장한다. 그리하여 결과적으로 『제국』은 지구적 자본주의의 조건을 찬양하게 되기 때문에 미국에서 반향을 얻었으며, 한국의 진보적 남성지식인들도 현재의 위기국면을 돌파할 수 있을 '다중' 개념을 환호하여 왔다. 새로운 조건에서 구성되는 주체들 사이의 차이 나는 면면들을 구분하고 규명하기보다 미시적인 것들을 휩싸버리는 식의 개념화는 지구적 자본 쪽에서 보면 무척 좋아할 만한 것이다.

이러한 지적 개념적 배경 하에 한국 진보남성지식인들은 지구화 시대의 새로운 민주주의 주체로서 '차이들'을 인정하지만 또다시 '민중'으로 일원화하거나, '차이들' 사이의 순탄한 연대를 상정하며(혹은 욕망하며) 민중-대중-다중-시민-소수자의 '우리는 모두 하나'라는 담론을 많이 쓰고 있다.[3] 나는 이러한 경향을 지구화 시대에 부응해

---

3) 필자가 주로 접한 글들은 심광현, 「위기의 한국경제 생태문화적 리모델링의 전망」, 『문화/과학』 43호(2005년 가을); 조희연, 「지구촌 민주주의와 국민국가 민주주의의 대안적 원리 탐색 — 민주주의의 지구적 확장이냐 민주주의의 지구적 허구화

지식, 이론을 통해 담론 권력을 획득하는 새로운 방법이라고 본다. 민주주의의 주체들을 특정한 층위에 국한해 거기서부터 구체적으로 말하기보다 모든 층위를 한꺼번에 아우르는 거대담론 편향은 남성지식인들로 하여금 자기들이 생산한 지식이 얼마나 특권적인 것이며 성, 계급, 인종적으로 특수한 편파적인 것인가를 보지 못하게 한다. 이들이 즐겨 쓰는 민중-대중-소수자-시민-다중을 별 구분 없이 뭉뚱그려 묶어 쓰는 어법은 '차이들'을 인정하고 추켜세우는 가운데 차이들 간의, 차이들 내부의 권력관계를 계속 관철시키는 데 기여하는 결과를 빚는다.

이 글에서는 『황해문화』 49호(2005년 겨울)에 실린 「지구촌 민주주의와 국민국가 민주주의의 대안적 구성 원리 탐색」[4]에서 개진되고 있는 지구촌 민주주의global democracy론을 앞서 지적한 문제적 양상들을 보여주는 한 가지 예로서 다루어보고자 한다. 지구촌 민주주의론에서는 정치경제적 차원에 한정되어 온 한국 민주주의를 참여·직접 민주주의로 또 지역적 풀뿌리 수준으로 재구축하고, 일국적 수준의 민주주의를 왜곡하는 지구적 수준의 구조 자체를 민주적으로 개혁하는 확장된 민주주의가 주장된다. 반론 성격의 이 글은 한국 여성주의 지식인의 입장[5]에서 지구촌 민주주의에 비판적으로 또 편파적으로 개입

나」, 『황해문화』 49호(2005년 겨울); 이진경, 「소수자와 반역사적 돌발: 소수적인 역사는 어떻게 가능한가?」, 부커진 『R』 창간호(2007년 4월); 고병권, 「주변화 대 소수화: 국가의 추방과 대중의 탈주」, 『R』 창간호(2007년 4월).
4) 이 논문은 신영복, 조희연 편, 『세계화·민주화 '이후'의 한국 민주주의의 대안체제 모형을 찾아서』(한울, 2006)의 1장 「지구촌 민주주의와 국민국가 민주주의의 대안적 재구성 원리 탐색 — 지구촌 민주주의론 서설」, 35-98쪽에 몇 군데 가필하고 수정 보완을 거쳐 다시 실렸는데, 기본적인 논지에서는 변함이 없다고 본다. 여기서는 『황해문화』에 실린 글을 대상으로 하여 본문에서 「지구촌 민주주의」라고 약칭하며 인용 쪽수를 본문 중에 표기한다.
5) 한국 여성주의 지식인들 사이에 다양한 차이들이 있고, 특정인의 입장이 한국 여성주의 입장을 대표할 수 있는 것도 아니다. 나의 입장은 여성가족부의 활동이나 여성

함으로써 한국 민주주의의 주체들은 어떤 식으로 구성되어야 할 것인가 하는 문제를 짚어보는 계기로서 제시된다.

2. 근대적 시민권과 지구적 시민권

지구촌 민주주의론의 핵심 주장은 국민국가의 민주주의를 위협하는 신자유주의적 지구화에 대처하기 위해서는 현재의 맥락에서 지구화에 따라 새로운 하위집단들이 더욱 다양하게 존재함으로써 생기는 "사회적 차별을 극복하는 힘으로서 민주주의"(257)가 국민국가 차원은 물론 초국가적 혹은 지구적 질서로 구성될 필요가 있다는 것이다. 여기서 갈수록 첨예해지고 있는 "지구화 시대의 갈등과 충돌의 극복을 위해, 지구화 시대 공존 가능성을 증대시키기 위해, 국가적 차이에도 불구하고 보편적 인간으로서의 권리가 존중되고 동등한 권리와 의무를 갖는 지구적 시민권"(259) 문제가 중요한 사안으로 떠오른다. 복잡다단한 양상으로 '차이의 도전'에 직면하고 있는 지구화 시대의 민주주의에서 '보편적인 인권'과 '차이의 권리'를 내포하는 것으로 확장되는 시민권(258)이, 초국경적으로 확장되는 시민권이 바로 지구적 시민권이다.

  이러한 개념들의 이론적 근거로는 코스모폴리탄 민주주의 모델을 실현하기 위한 중단기적 제도적 과제를 구체적으로 제시한 헬드Held, 국민국가적 주권형태가 제국적 주권형태로 대체된 제국 시대에 민중의 생존권과 민주주의적 권리투쟁을 위해 국민국가의 공간적 한계를

관련 법령제정들을 중시하는 국가(화된) 페미니즘 경향에 비판적 거리를 두며, 한국의 위치를 경제적 지리적 기준만으로 '북北'에다 두지 않고 정치적 문화적 지적 식민성의 정도를 더욱 중요한 척도로 삼아 '남南'에다 두는 것이다.

넘어서는 새로운 복수적인 저항적 정치적 주체 조직의 조건을 사유하는 네그리Negri와 하트Hart가 제시된다. 헬드의 코스모폴리탄 민주주의가 국민국가들을 공적으로 규율하는 초국경적 체제를 중시하는 '위로부터'의 입장이라면, 네그리와 하트는 '아래로부터'의 입장에서 지구화 시대의 새로운 변혁주체를 개념화하기 위해 '다중'을 제시하고 '다중'에게 지구적 시민권이 필요하다고 주장한다.「지구촌 민주주의」는 헬드와 네그리와 하트의 입장을 모두 받아들이는데, 헬드와 네그리와 하트 외에 의사소통적 공론장으로서 시민사회의 민주주의적 규범과 제도의 능력을 중시한 하버마스Habermas의 논의에 또한 크게 의존하고 있다.

「지구촌 민주주의」는 서구에서 논의되기 시작한 지구적 민주주의, 지구적 시민권을 전폭적으로 받아들이며 서구 이론가들의 이론적 입장들에 대체로 동의하는데, 그 입장들과 거의 비판적 거리 없이 지나치게 우호적이며 동일시하고 있다. 나는 이해하기 힘든 이 현상을 '지구촌' 혹은 '글로벌'이라는 수사가 갖는 지식권력 탓이라고 본다. 차이들을 에워싸는 '지구적인 것'은 우리 모두를 제1세계 혹은 북北에 있건 제3세계 혹은 남南에 있건 거의 동일하고 동등한 위치에 있는 것처럼 착각하게 할 수 있다. '글로벌'이라는 수사의 마력을 경계하고 그 착각으로부터 깨어나게 할 수 있는 것은 '로컬'의 입장을 견지하면서 그 입장으로부터 '글로벌'과의 관계를 인식하는 태도이다.

우선 하버마스는 기본적으로 현대 자유주의-자본주의 국가의 민주주의에서 작동되는 평등주의적 상호소통성, 대화적 평등주의적 이상을 근거로 "현존 자유민주주의에서 권리규정은 고정된 것이 아니라, 의사소통과정을 통하여 규범적 요구를 현실의 실제적인 논리에 관철시키거나 후자를 전자의 관점에서 변화시켜가는 과정"(257)을 현대 민주주의의 심의적 성격으로 중시한다. 말하자면 차이들의 권리주장이 제기되고 인정되는 데서 의사소통의 민주적 절차를 중시하는 셈이다. 그런데 이 인정의 주체는 권력의 중심부로서 주변부를 환영하고 받아들이는 자의 특권을 가진 것이라 그 관계는 평등한 게 아니다. 권력이 개입되지 않는 대화상황이란 없다. 소위 '사회적 합의'란 주변부의 관점에서 보면 '사회적 양보'라는 수사로 미화되기 일쑤인 정치적 담론적 힘의 논리에 의한 것이다.[6] 이 점을 고려하지 않는 하버마스는 "국민국가의 시민권과 지구촌 시민권은 하나의 연속체를 형성하는 것으로 파악되어야 한다"(259)고 주장한다. 하버마스의 논리는 한마디로 서구 자유주의-자본주의 국가와 시민사회 논쟁에서 시작되고 형성된 제한된 대화 모델을 따르는 의사소통적 합리성, 공론장, 의사소통적 담론윤리를 지구적 수준에 적용하고 확장하는 방식을 따르고 있다.[7] 「지구촌 민주주의」는 이 논리를 그대로 받아들이고 있다.

그렇다면 「지구촌 민주주의」에서 서구 근대 민주주의 국가의 '시민권,' '민주주의'라는 것을 도대체 어떤 것으로 보고 있으며, 그것을 지구적 시민권으로 확장하려고 하는지 살펴보기로 하자. 「지구촌 민주주의」에서 근대 민주주의는 다음과 같이 정의된다. "근대 민주주의는 한편으로 '시민권적 동등성' 위에 작동하고 있음에도 불구하고 다른 한편에서는 다양한 사회적 분할(分轄)요인들을 중심으로 사회적 차별구조를 내포하면서 유지된다. 예컨대 성, 인종, 지역, 종교, 종족, 사상 등 다양한 사회적 분할요인에 따라 소수자가 존재하고 이러한 소수자

---

6) 이 부분을 인식하지 못하는 하버마스에 대한 비판으로는 Nancy Fraser, "Rethinking the Public Sphere: A Contribution to the Critique of Actually Existing Democracy," in Craig Calhoun, ed., *Harbermas and the Public Sphere* (Cambridge: MIT Press, 1992); Ien Ang, *On Not Speaking Chinese: Living between Asia and the West* (Routledge, 2001), p. 164; Catherine Eschle, pp. 65-6.
7) 지구적 수준에서 의사소통 윤리는 영어제국주의의 문제를 경유할 수밖에 없다. 한미 FTA 협상 때 통역을 쓰지 않고 영어로 직접 협상한 한국인들은 이미 처음부터 불리한 위치에서 힘의 논리에 지배되었을 것이다.

에게 차이差異가 차별差別로 전화된 구조로 존재하는데, 민주주의는 이를 침식하면서도 동시에 이러한 차별요인과 병존하면서 작동된다"(234). 그렇다면 서구에서도 민주주의가 보편타당한 것이 아니라 편파적인 것이었음을 인정하는 셈이다.

거대한 남성연대를 배경으로 역사적으로 특수한 시점에서 형성된 남성들 간의 계급투쟁인 서구 데모크라시의 '데모'(people)에 주체로서 여성은 애초부터 없었다. 이런 점에서 근대 이후 여성(주의)의 역사는, 근대 민주주의를 정당화한 계몽주의 패러다임의 통찰에 근거하면서도 동시에 그 한계점에서 출발하여, 남성중심적으로 젠더화된 이 '데모'를 다시 젠더화하는 투쟁의 역사였다. 「지구촌 민주주의」의 238쪽에 나오는 각주 13[8]은 바로 그 역사를 언급하고 있다. 프랑스 혁명이 이끌어낸 근대 자유민주주의의 이념으로서 보편적 인권이라는 담론 자체에 여성을 보편적 인간에 포함하면서도 동시에 배제하는, 근대 자유민주주의의 아포리아가 내재되어 있었다. 따라서 이 아포리아가 형식적 민주주의에서 실질적 민주주의로의 전화 과정에서 또 다양한 사회적 차이들과 차별들의 분화 과정에서 어느 정도로, 어떤 식으로 해결되어 왔는지 각 국민국가에서부터 먼저 구체적으로 짚어보는 과정이 중요할 것이다.[9] 그러한 세밀한 분석과 점검 없이 "보편적인 권리와 의무체계"(245)로서의 근대적 시민권 개념을 지구적 시민권으로 확장하자는 북에서 나온 논리는 서구 근대 민주주의의 추상적이고 형식적인 관념을 지구화 맥락에서 또다시 반복하는 것에 불과하다.

북北이건 남南이건 국민국가의 부르주아 남성중심적 대의민주주

---

8) 참정권, 시민권이 인정되기까지 150여 년이 걸렸던 프랑스 여성들의 투쟁역사를 간단하게 언급하는 이 각주가 그 본문 전체를 뒤집을 수 있다.
9) 프랑스에 관한 한, 조앤 W. 스콧, 『페미니즘, 위대한 역설』, 공임순, 이화진, 최영석 옮김(앨피, 2006) 참조.

의 제도가 국민국가 내부에서 확대해 온 시민권이 지니는 피상성과 이데올로기성은 계속 문제로 제기되어 왔다. 그 문제의 세부내용을 정밀하게 짚지 않은 채 국민국가의 시민권을 지구촌 시민권으로 확장하자고 할 때, 더욱 복잡하고 다층적인 문제들을 야기할 것이다. 북北에 위치한 국민국가의 시민권과 민주주의는 남南에 위치한 국민국가의 자원들과 사람들을 식민화하고 착취함으로써 성립된 것이므로 두 가지 민주주의 사이에는 엄청난 불균형, 비대칭성, 불연속성이 있다. 이를 인식하는 것이 로컬에 특수한 맥락에 따라 민주주의를 재정의하는 출발점이 된다.

한국 여성을 비롯해 식민 경험이 있는 대다수 남의 여성들에게 시민권이나 민주주의는 텅 빈 허구적 단어에 불과하다. 그것들은 허구적인 만큼 차별 이데올로기로 잘 활용되어 왔다. 그런 만큼 민주주의의 근현대 기획이 지닌 젠더화된 편향성에 주목하는 여성주의 관점에서 볼 때, 국민국가의 시민권 자체도 문제적인 것인데, 그것과 지구촌 시민권은 하나의 연속체를 이룬다는 주장은 공허하기 짝이 없다. 모호한 수사에 지나지 않는 국민국가의 시민권을 또다시 지구적 차원에 유추적으로 또 연속적으로 확산, 확대, 확장하는 형태로 구축되는 지구적 시민권이라는 개념은 결국 어느 쪽을 이롭게 하는 것인지 생각해 볼 일이다. 남南의 국가들에 과연 서구적 모형의 '시민'이라는 것이 성립될 물적 토대와 기반이 있는가, 모순투성이 서구 남성중심적 '시민권' 모델을 누가 무엇 때문에 따르라고 말하고 있는가 하는 점을 말이다.

「지구촌 민주주의」에서는 "경제의 '초국경화'가 먼저 진전되고 그것을 물적 토대로 하여 정치적 통합이 진전되는 과정을 밟았다" (251)[10]고 한다. 나는 이 구절에서 "경제적 지구화 과정의 진전은 불가

---

10) 이 인용문은 2006년 판 글에서는 "경제의 '초국민국가적 초국경화'가 진전됨에 따라 국민국가의 통제를 벗어나는 정치사회적 현상들이 증대하고, 그 결과 경제적

피하게 현재의 국민국가적 정치적 권위체를 넘는, 초국가적 정치적 권위체의 창출"(251)에 동참하고 기여하고 싶은 한국 남성지식인의 은밀한 욕망을 읽는다. 이 욕망의 실현체가 지구촌 민주주의론이다. 이 이론에서는 한국 여성문제의 결들은 누락되고 배제되고 방치된다. 그리하여 결국 여성의 노동과 섹슈얼리티 착취에 기반해 구축되는 전지구적 지식생산의 노동분업구도에서 로컬 지식인 남성들에 배당된 분업은 글로벌과 로컬에서 동시에 성차별주의를 지속시키고 가동시키는 데 일익을 담당한다.

3. 민중-시민-소수자-다중-대중의 연합?

엘리트 남성지식인의 위치에서 국민국가적 차원과 지구적 차원에서의 민주주의를 전체적으로 조망하는 「지구촌 민주주의」에서 민주주의의 주체로 민중(230)에서 시작해서, 시민(230), 소수자(234, 238), 다중(242, 250, 259), 대중(273)이 다소 산발적으로 거론된다. 민중-시민-소수자-다중의 연합체를 상정하듯, 각 용어들이 별 구분 없이 뭉뚱그려지는 가운데 민주주의의 심화와 확장에 중요하다는 그들의 투쟁이 서술되고 있다. 이 개념들 중 엄밀한 재정의 없이 '민중'이 가장 많이 쓰이고 있다. 나는 이러한 서술방식에서 민중-시민-소수자-다중, 즉 모든 것 위에 '군림'하고자 하는 남성지식인의 욕망을 읽는다.

'민중'은 자본과 국가에 저항하는 주체를 개념화하는 대표적인 휴머니즘적 용어다. 잘 알다시피 온갖 종류의 포스트 담론들이 난무한 지난 20여 년간은 소위 휴머니즘적 주체 비판으로 일관된 포스트휴머

토대에 상응하는 경계를 갖는 정치적 상부구조의 필요성에 직면하게 된다"(68)고 수정보완된다.

니즘 시대였다고 해도 과언이 아니다. 그런데「지구촌 민주주의」는 휴머니즘적 형상화로 회귀하고 있다. 포스트휴머니즘 시대에 우리가 얻게 된 가장 중요한 것은, 본질론적으로 일원화된 주체 개념의 허구성을 비판적으로 인식하게 되면서부터 보이기 시작한 차이들 혹은 타자들의 정치다. 본질론적으로 규정되고 획일화되기 쉬운 정체성(동일성)의 정치에서 '차이들의 정치'로 인식구도가 바뀌게 된 것은 이제 돌이킬 수 없는 형세라고 할 수 있다. '보편'을 자임해 온 온갖 종류의 담론들을 성찰하고 보편들의 모순과 이데올로기성을 밝혀온 차이 담론을 역행하듯 휴머니즘 시대로 돌아갈 수는 없는 일이다.

사실 20세기 중반 이래 "초국경적인 노동이동의 증가로 인하여 민중의 구성과 경계가 변화되고, 민주주의를 표방하는 정치적 공동체의 인종적 민족적 종교적 사회적 이질성을 강화시키게 된다"(244), 1990년대 이후 시민운동이 발전되어 "대의 민주주의에 도전하는 시민사회의 힘이 강화되어 왔고, 민중들의 다층적인 주체화가 진전되어 왔다"(254)는 대목에서 보듯,「지구촌 민주주의」는 민중을 구성하는 다양한 차이들의 분화가 민주주의의 심화와 확장과 직결된다는 점을 짚고 있다. 그렇다면 다분히 일원화된 저항주체를 함축하는 '민중'을 그대로 쓰거나 시민, 소수자, 다중과 별 구분 없이 쓰거나 그 연합을 손쉽게 상정하는 것과는 다른 자세가 필요할 터이다. 민중을 구성하는 다양한 '차이들'이 서로 갈등, 상충, 대립, 적대하면서도 연대하고 제휴하는 복잡한 양상들을 어떻게든 이론화해야만 차이들이 고립, 분화로 끝나지 않고, 지금 국민국가 민주주의를 퇴행시키는 신자유주의적 지구화에 대항하는 새로운 주체들의 민주주의 논의가 가능할 것이다.

민중-시민-소수자-다중-대중이라는 서로 겹치고 연합하는 새로운 주체 지형에서 여성의 위치를 묻는다면, 모두 다에 있거나 아무 데도 없다는 답이 나올 것이다. 이러한 답은 한국 여성주의자들이 힘겹게 제기해 온 여성문제를 실종케 한다. 또한 차이들이 중요함을 인정한다고 해도 성, 인종, 종교 등으로 사회적 분할의 선들을 계속 열거하면서 그 선들을 첨가하고 확장하는 것은 차이들을 무화無化하는 결과를 빚는다. 그리하여 민중을 구성하는 다양한 주체성들이 기존에 문제시되지 않았던 차별들을 각 국면마다 쟁점으로 제시했을 때의 비판적 잠재력을 거세시키고 순치시킨다. 따라서 민중의 구성요소들 사이에 있는 차이들을 새로운 방식으로 개념화할 수 있어야 차이들을 어떠한 동일성(정체성)으로도 축소시키지 않으면서 그 비판적 날을 벼리게 할 수 있고, 현재의 지구화와는 다른 방식의 국제주의를 도모하는 힘으로 결집시킬 수 있을 것이다. 포스트담론 시대에 재등장한 '민중'과 같은 휴머니즘적 형상화는 시민-소수자-다중-대중과 같은 다른 이론적 시대적 지형에서 생겨난 개념들과 혼란스럽게 섞이면서 원래의 계급 논리를 느슨하게 할 뿐만 아니라 어떠한 동일성으로도 환원될 수 없는 각 존재의 '특이성singularity'[11]이라는 지평을 사상시킨다.

얼굴과 얼굴을 맞대지 않아도 되는, 얼굴 없는 무리들은 관리, 처분, 방치가 용이하며, 이들에 대한 윤리와 책임을 망각하게 하기 쉽도록 한다. 계속 배제되고 침묵하며 비가시화되는 어떤 층위의 존재들을 특권적인 위치에 있는 지식인이 민주주의를 진척시키는 대항적 주체로 일원화하는 것은 소통과 관심을 방기하는 비평등주의적이고 비윤리적인 것이다. 지구화 시대의 지식인들은 차이들 사이의 공통적인 것을 인지하면서도 엄연히 있는 적대와 갈등을 제대로 알기 위해 어떻게 노력할 것인가를, 그들을 어떠한 마음으로 만나고 접촉할 것이며, 그들의 얼굴을 한 사람 한 사람마다 어떻게 대면하고 그들의 말을 어떻게 들을 것이며, 그들과의 관계는 지속성과 끈기와 사랑으로 어떻게

---

11) 보편과 특수 사이의 이분법을 벗어나고자 들뢰즈와 가타리가 제시하고 강조한 개념인데, 이후 진전된 소수자, 서발턴subaltern 논의에서 중요한 위치를 차지하게 된다.

깊어질 것인가를 숙고해야 할 것이다.[12] 그러한 노력 없이 또 하나의 통괄하는 일반 담론으로서 민중 논의 또는 뭉뚱그려진 민중-시민-소수자-다중-대중 논의는 '연구'의 이름으로 소위 '아래로부터의 민중'을 분과학문체계에 귀속시키는 가운데 그들의 이해관계와 욕구를 차단시키는 현 (남성)지식인중심 담론구조를 유지하는 데 일조한다.

사회학이라는 분과학문의 연구주제인 지구촌 민주주의를 구성하는 '민중'은 엄밀히 말해 대상이지 주체가 아니다. 민주주의에 기여하고 있는 민중들의 '아래로부터의 투쟁'을 인정하고 논의해 주는 방식으로 사회학 담론에 포섭된 '민중'은 주체가 아니라 편리하게 손쉽게 동원되는 대상으로 전락할 위험에 처한다. 일국의 민중을 구성하는 무정형의 얼굴 없는 무수한 존재들은 국민국가의 민주주의를 넘어서 지구촌으로 확대된 지구촌 민주주의를 위해 다시 호명되고 동원된다. 「지구촌 민주주의」가 구축하는 지식인의 담론체계를 위해 '민중의 주체화'는 다음과 같이 전제된다. "민중이 자신의 존재를 규정하고 있는 차별과 억압 등을 주어진 것이 아니라 구성된 것으로 인식하고 이를 극복하기 위한 다양한 행위를 조직화하는 성찰적 저항적 존재로 변화해 가는 것을 '주체화'라고 표현하고자 한다. 여기서 중요한 함의는, 민중들이 결코 고정된 존재가 아니라는 점이다. 부단히 의식성과 성찰성, 비판성이 고양되어가는 존재로서 민중이 파악되어야 한다는 것을 의미한다"(236). 그러나 과연 '민중'은 이렇게 주체화되고 있는가, 위

---

12) 이러한 숙고를 바탕으로 실행된 지식인의 작업으로는, 정신대 할머니들과 함께 한 변영주 감독의 『낮은 목소리로』(1995), 『습관적 슬픔』(1997), 『숨결』(2000), 미군 병사와 결혼해 미국으로 건너가게 된 기지촌 출신 할머니와 미국서 몇 달을 함께 생활했던 이호섭 감독의 『그날 이후』(2003년 부산영화제 출품작), 정신대 할머니들의 증언을 각고의 노력으로 녹취해 언어화한 『강제로 끌려간 조선인 군위안부들』1-6집, 성노동자들이 무슨 생각을 하고 있으며 무슨 말들을 하고 있는지 듣기 위해 성매매방지 특별법이 시행된 이래 1년 반 동안 평택을 수십 차례 오르내린 여성문화이론연구소 성노동 세미나 팀의 활동을 들고 싶다.

의 전제 자체를 문제시해야 하는 것은 아닌가?

지식인과 민중의 관계에, 지식인이 민중을 위해 말한다는 재현 representation 과제에 얼마나 많은 중요한 쟁점들이 깔려 있는 것인지 고려하지 않은 채 '민중'이, 그 다양한 차이들이 주체적으로 문제를 제기하고 쟁점을 구성함으로써 민주주의를 발전시켜 왔다고 전제하는 순간, 이들이 무엇을 생각하는지, 무슨 말을 하고 있는지를 봉쇄하게 된다. 지식인이 특권적인 위치에서 '민중의 주체화'를 선포하는 순간, 그러한 지식생산 자체가 궁극적으로는 민중의 목소리를 침묵시키기 때문이다. 그렇다면 복잡다단하게 얽혀 있는 차이들을 지식인의 큰 목소리로 일원화해서 민주주의의 주체라고 손쉽게 처리하기보다 지식인의 큰 목소리를 낮추고 그들의 말에 귀 기울이는 편이 낫다. 차이들과 만나고 접촉하면서 자기성찰적으로, 자기비판적으로 그들의 작은 목소리들로부터 듣는 법을 배우고, 배우는 법을 배움으로써, 그들의 생각과 욕망과 욕구가 들릴 수 있도록 사회 전반적인 재현구조 및 담론구조들을 새로 만들어가는 자세가 필요하다고 본다.[13]

이 맥락에 서 있지 못할 때, 민주주의를 발전시켜 온 힘을 "아래로부터의 민중 투쟁"(235), "아래로부터의 투쟁"(238, 239, 253), "노동자와 민중들의 투쟁력"(239), "아래로부터의 민중들의 진보적 동력"(272)에

---

13) 여기서 듣는 법을 배우고, 배우는 법을 배운다는 것은 차이들, 타자들과 '평등하게' 만나 그들에 대한 정보와 지식을 확보해 그것들을 지식인이 나서서 곧바로 대변해 주자는 게 아닌, 지식인 주체와 타자의 상호 흐름과 변화를 담아가는, 타자와의 관계맺음에서 쌍방향의 열린 관계를 말한다. 이러한 방향은 서구식 자유민주주의 담론이 지향하는, 모든 목소리들이 '평등하게' 들리도록 하자는 기계적이고 추상적인 대화의 정치와는 다른 정치를 함축한다. 한 사회의 아래로부터의 차이들, 타자들은 자신들의 이해관계나 위치에 대해 계속 말하고 있지만 그것이 제대로 들리지 않고 인정받지 못하도록 하는 기존담론체계에 의해 계속 배제되고 있다. '서발턴이 말할 수 있는가?'라는 가야트리 스피박의 문제제기는 바로 이러한 형편을 부각한 것이다.

서 구하면서 계속 구사되는 이 '아래로부터의' 수사 또한 문제가 된다. 헬드가 주장한 '위로부터' 추진되는 초국가적 질서 구축을 위한 중단기적 과제들은 중요하지만 그것만으로는 부족하고, 이 '위로부터'가 아래로부터의 투쟁에 의해 강제되는 과정을 밟도록 하고 "지난한 과정을 거쳐서 이러한 아래로부터의 투쟁이 결집될 때 비로소 초국가적 질서의 사회적 정치적 성격이 각인"(253)된다고 한다. 그렇다면 위로부터와 아래로부터의 역학에 대해 좀더 살펴볼 필요가 있겠다.

대한민국이라는 로컬에서 대학 혹은 대학연구소라는 제도권 공간을 중심으로 국가로부터 연구기금을 받아 세계학문을 선도하기 위해 지식생산에 전념하는 지식생산구도가 강력하게 형성되고 있다. 많은 지식인들이 세계적 수준에 이르기 위해 서구 메트로폴리스에 의해 구축된 특정 지식기술들과 권력전략들을 유포하는 이 구도에 점차 갇혀가고 주어진 연구기간에 맞춰 지식생산에 몰두하는 사이, '아래'에 속하는 다양한 차이들을 지닌 사람들과 더욱 분리되면서 그들의 생각과 관심사 및 활동 반경과 점차 멀어진다. '아래' 사람들 사이의 차이들과 적대들이 특정 문제와 위기에 대한 인식과 실천방식에서 어떤 양상으로 구체화되고 있으며, '아래로부터의' 투쟁과 운동을 어떤 방식으로 제한하고 규제하는지 지속적으로 관심을 갖고 살펴볼 시간도 부족하다. 그래서 '아래로부터의 투쟁'은 지구촌 민주주의론을 위한 밑거름으로서, 추동력으로서 적절히 수사적으로 구사된다. 현 자본주의-자유주의 국가와 밀착된 연구비 제도의 파장 속에서 '아래로부터'와 거리를 둔 채, 국가와 상당히 동일시된 남성지식인의 위치는 어느덧 자신도 모르는 사이에 위로부터 '아래'를 전유하게 된다. "국가는 부단히 민중들을 특정한 정체성을 갖는 존재로 호명呼名하고 규정하고 동원하면서 현존하는 차별들을 재생산하는 방식으로 존재한다"(237)는 통찰을 남성 지식인 자신에게는 적용하지 못한 셈이다. 국민국가와 지구적 질서를 위로부터 아래로부터 동시에 조망하는 자신의 위치는 기존 체제와 연루되지 않은 채 그 바깥에 초월적으로, 전지적全知的으로 있다고 생각했기 때문일 것이다.

4. 남성지식생산에서의 보편성과 (탈)식민성 문제

「지구촌 민주주의」에서는 민주주의를 "사회적 계급적 각축과정 혹은 투쟁과정"(232)이라고 규정하는 정의와, "인류사회의 부정할 수 없는 정치원리적 자산"(230-1), "정치적 차원을 넘어 경제·사회·문화 등 생활영역에 관철되는 보편적인 원리"(233)로서 민주주의를 강조하는 논리가 상충하면서 혼란을 야기한다. 그렇지만 궁극적으로 지구촌 민주주의론을 위해서는 보편적 인권과 이성에 호소하는 문법을, "지구화 과정은 이질성의 증대과정이고 이질성 간의 충돌이 증대되는 과정"이므로 "구성원의 이질성이 증대하는 조건에 대응하는 동질화의 보편적인 기준"(269)을 설정할 필요성을 강조하는 데로 귀착된다. 그리하여 예컨대 정신대 문제를 "우리의 특수한 쟁점들과 다른 많은 국민국가들의 특수한 사례들을 관통하는 초국경적인 보편성을 통찰하는 노력"(274)과 함께 인류적인 보편규범을 확립하는 맥락에서, 다시 말해 "한국 민주주의의 현장에서 논란이 되는 많은 이슈들을 국내정쟁의 이슈가 아닌 보다 보편적인 관점에서 파악하는 변화가 필요"(274)하다며 「지구촌 민주주의」는 끝난다.

민주주의는 과정적 개념이자 역사적 개념일 뿐인데 왜 그것의 보편성에 그토록 집착하는가? 소통과 심의 구조의 방안으로서 서구 자유민주주의 모델은 정복과 약탈과 식민화에 기반에 두고 발전된 것이다. 그 모델의 유산 속에서 배태된 하버마스, 헬드, 네그리와 하트의 입장에 대해 비판적 거리를 상실한 한국 사회학자는 보편적인 것으로 오도된 백인남성 기준에 부지불식간에 동화되어 글로벌 차원에서 서구 남성지식인들과 연대하고 있다. 지구화 시대에 재편되는 지식생산체계 속에서 백인남성 입장과의 동일시를 기반으로 하는 민주주의는 이제 보편성만이 아니라 지구성을 담보하는 데로 나아가는 것이다.

포스트 담론들에 의해 낱낱이 드러난 보편담론의 허구성과 이데올로기성을 보건대, 보편적 지식에 대한 집착 혹은 애착의 고리를 끊고 좀더 타당한 상황적 지식을 탐색하는 편이 바람직할 것이다. 이 글만 해도 보편성의 이름으로, 지구성의 이름으로 배제되고 침묵당하는 것들을 살려냄으로써 좀더 열린 담론체계를 만들어가고자 하는 것이지 보편성을 인정받고자 하는 것은 아니다. 한국의 남성지식인이 생산해 낸 지구촌 민주주의론은 보편타당한 이론이 아니라 일정한 틀 안에서 어디까지나 제한된 과제를 담당하고 있을 뿐이다.

백인남성중심의 헤게모니적 민주주의는 민주주의의 이름으로 여성, 이민족, 자연을 착취해 온 자본주의적 가부장제 경제구조를 가려 왔다. 따라서 이 구조를 가시화하면서 로컬의 특수한 맥락에서 로컬/글로벌 민주주의의 상호관계를 밝혀나가는 지구촌 민주주의론은 여성, 이민족, 자연을 착취하지 않는 원리에 기초를 두는 민주주의와 대안 경제를 누가 어떻게 말할 수 있을 것인가 하는 문제와 씨름할 수 있어야 할 것이다. 예컨대 여성주의 입장, 관점, 지점에서 상상해 보는 새로운 민주주의란 서구중심 자본주의 운동과정을 통해 식민화되어 온 여성의, 토착민의, 식민지의, 자연의 장구한 역사 속에 새겨져 있는 식민화의 굴레를 바깥에서나 위로부터나 아래로부터가 아니라 안에서부터 떨치고 나올 수 있는 지속적인 실천으로서 개념화되는 민주주의다.

식민주의가 겹겹으로, 시대마다 교묘하게 위장된 형태로 우리의 일상에 새로운 모습으로 스며들고 있는 문화제국주의 현실에서 제3

세계 지식인의 탈식민화는 한때의 관심과 의식만으로 일거에 이루어지지 않는다. 조금 방심하는 사이, 식민화의 덫은 곳곳에 놓여진다. 탈식민은 지속적인 과정으로서, 어느 순간 또다시 식민의 잔재가 다른 모습으로 음흉스럽게 탈바꿈하여 둥지를 틀지 않는지 늘 경계하고 조심하며 그 양상을 점검하고 되짚어보아야 한다. 그렇게 하지 못할 때, '아래로부터의' 박탈당한 사람들을 결코 대상화하지 않으면서 그 타자들과 만나 새로운 관계맺음으로 나아간다는 윤리적 지평은 망각될 위험에 처한다. 그들을 특정 연구주제의 대상이라는 틀에 가두고 포섭과 배제의 교묘한 이중 술책을 탁월하게 구사하는 현재의 지식기술들과 권력전략들을 답습한다면 말이다. 특권적인 엘리트 남성의 '위로부터' 혹은 '바깥으로부터' 민주주의의 진전을 위해 계속 호명되고 동원되는 얼굴 없는 비체들, 비존재들을 전유하는 식의 지식효과는 자기 비판적으로 성찰되어야 한다. 그렇게 될 때, 현 단계 한국 자본주의와 민주주의가 이룩한 성취 자체의 지위나 전제를 근본적으로 점검할 수 있고, 민주주의의 주체 구성문제를 제대로 진척시킬 수 있을 것이다.

현재 자유주의적·자본주의적 지식권력 체계가 강력하게 작동 중이다. 그런데 그 체계는 벗어날 수 있다고 보고 국민국가 민주주의와 지구촌 민주주의를 협의하는 메타정치적 토대 같은 것을 구축하면서 보편성을 주장하는 입장은 아마도 최근 지구적 지식과 권력 네트워크의 가장 교활한 책략과도 무관하지 않다. '보편적인 것'의 기호 아래서 지구촌 민주주의의 법이 제정된다. 하나의 자기-폐쇄적 혹은 자기-증식적 논리로 통합된 이론으로서 지구촌 민주주의는 민주주의의 주체들을 분할하는 선들을 계속 나열할(234, 263)뿐, 어느 분할선을 갖고도 구체적으로 미시적으로 파고들지 않는다. 이러한 지식 유형은 제도권화된, 국가화된 지식효과를 발휘하며 한국 민주주의가 봉착한 문제를 해결하기는커녕 그 문제의 일부가 된다.

민주주의란 글로벌 대 로컬이라는 집단 사이에서만 조율, 실행되는 것이 아니라, 집단 내부로부터, 가족 내부로부터, 자기 내부로부터 실천될 때라야 유의미하다. 이 유의미성을 담보하는 심장부에 가장 방대하면서도 미세한 권력 네트워크로서 젠더를 위치시키는 여성주의 통찰이 있다. 여성과의 관계로부터 벗어나 있는 남성은 없다. 따라서 여성을 민주주의의 대상이 아니라 민주주의의 주체로 이론화하는 지평을 갈무리하지 못하면 반쪽짜리 민주주의 논의에 그칠 것은 뻔하다. 민주주의는 로컬의 특수한 맥락 속에 있는 차이들의 시각들과 주의주장들, 실천들에 의해 실현된다. 차이란 집단 사이에만 있는 것이 아니라, 집단 내부에도 있다. 이 점에 유의할 때, 사회과학 담론의 거시적 틀에서는 생략되거나 잊혀지기 쉬운 자기변혁으로서의 민주주의, 일상으로서의 민주주의라는 장이 열릴 수 있을 것이다.

5. 한국 여성주의 관점에서 구상해 보는 민주주의

한국 진보남성 진영은 한국 여성들의 위치가 상당히 나아졌으니 그만하면 괜찮은 것 아니냐는 식으로 말하기도 한다. 투표권, 참정권, 낙태권, 노동권 등을 여성들에게 시혜적으로 부여하고 여성을 사회적 시민으로 인정해 주니 이제 되지 않았느냐 하는 식의 인정recognition의 정치를 은연중 받아들이고 있기 때문이다. 그렇지만 여성에게 시민권이란 국가가 가부장적·이성애중심적 명령들을, 실제로는 폭력적이지만 법과 제도와 자연의 이름으로 누리는 헤게모니적 이데올로기들을 '평화의 제스처'로써 재정박한 것일 뿐이다. 여성에게 시민권은 기계적인 평등이라는 맥락에서 형식적인 권한들을 부여함으로써 실질적으로는 국민국가 내부에서 종속적 존재로 남게 하는 유용한 국가 장치로 기능한다. 피상적으로 몇 가지를 내어주면서 여성문제가 해결된 것처럼 은근슬쩍 넘어가려는 제스처 정치는 더욱 본질적이고 근본적인 차별과 종속 메커니즘을 비가시화하면서 온존시킨다. 그러므로 이러한 포섭과 배제의 이중 책략은 비판과 경계의 대상이 되어야 한다.

그러한 의미에서 지구화 시대 남南의 여성들에게는 오히려 국가가 간섭하지 않는, 국가로부터 거리를 유지할 수 있게 하는 민주적 권리 개념, 추상적이고 형식적이고 보편적인 권리로서 인권이나 시민권을 그대로 연장한 지구적 시민권보다 '성차의 권리' 개념이 더 바람직하다. 또한 서로 다르고 주변화된 구성인자들의 욕구 충족에 기반을 두는 권리 개념을 사유하는 것도 필요하다. 그 개념에서는 무엇보다 일상의 성폭력, 가정 안팎에서의 과중한 노동 부담, 초과착취, 계속 대상화되고 식민화되는 존재의 비체화를 넘어서 자급적 자율적 삶을 가능하게 할 먹거리와 자연과 땅에 대한 주권이 필수적이다. 대의제를 근간으로 하는 현재 남성중심의 민주주의 제도는 일상 삶을 정치로부터 분리시키고 정치와 일상 삶을 위계화하는 구조를 바탕으로 하고 있다. 여성이 생각하는 민주정치란 거시적 구도나 제도를 통해 일거에 획득되는 게 아니라 먹고 사는 문제와 직결되어 있는 삶과 생명의 생산/재생산을 위한 노동을 일상적으로 공평하게 분담하는 나날의 실천과 직결되는 것이다. 지금 남南의 여성들은 신자유주의적 지구화로 인해 빼앗기고 있는 토착 농업, 숲, 땅, 자연자원들을 지키고 거기서 각 국민국가가 자급할 수 있는 토대를 유지하도록 해주는 다른 정치, 다른 민주주의를 다양하게 모색하고 실험한다.[14]

각 국민국가의 지역공동체에서 직접 민주주의를 실험하는 남南의

---

14) Maira Mies and Veronika Bennholdt-Thomsen, *The Subsistence Perspective: Beyond the Globalised Economy*, trans. Patrick Camiller, Maria Mies and Gerd Weih (Zed Books, 1999), pp. 214-9.

여성들은 소위 '글로벌 거버넌스'를 구현한다는 추상적이고 멀리 떨어져 있는, 정치적 초강력 권력기구를 믿지 않는다. 현재, 유엔을 급진적으로 재구축하는 '위로부터' 개혁을 추진하거나, 설령 어떤 초국가적 권력체가 공적 규제 기능을 GATT, WTO. MAI, EU, NAFTA에 행사한다고 해도, 지역의 일상생활에 침투해 있는 글로벌 마켓의 힘을 상쇄할 실질적이고 유효한 힘은 바로 지역공동체에서 나온다. 우리가 실제로 나날이 '강요되는 소비자'로 만들어지는 상황에서 식량주권과 같은 기본적인 민주적 권리들을 다시 확보하는 방법으로서 지역경제와 직접 민주주의의 일상적 실천은 더욱 중요해진다.

앞의 관점에 따라 나는 한국 남성중심의 정당정치나 운동으로서의 민주주의도, 너무나 멀리 떨어져 있는 초국가적 정치적 권위체 같은 것도, 한국 여성의 삶을 나아지게 하리라고 생각하지 않는다. 다음에 소개하는 글은 케냐 여성 농민들이 민주주의의 주체로서 투쟁한 이야기인데, 지역에서 일상적인 삶과 노동을 통해 가족 내부, 로컬, 글로벌이라는 세 층위 사이의 연관을 구체적으로 드러낸다. 이 이야기는 로컬에서 출발하지만 로컬을 횡단하는translocal 글로벌한 방향들과 효과들을 다음과 같이 구체화한다.

마라구아Maragua의 여자들

마라구아는 케냐의 수도 나이로비 북서쪽에서 80마일 떨어진 곳에 있는, 커피 재배 지역의 중심부다. 그곳의 남자들은 보통 1헥타르에서 5헥타르 정도의 작은 농장을 소유하고 있다. 그들의 아내들은 법적으로도 실제로도 땅을 갖고 있지 않지만, 아내들은 남편들의 땅을 경작하고 그 노동의 산물을 관할할 수 있는 전통적인 권리를 갖고 있었다. 케냐 여성들은 전통적으로 커피 재배 일을 집단적으로 수행해 왔다. 그러나 수출생산이 도입되자 여자들은 남편들의 수출생산을 위해 사적私的으로 일하기를 거부했다. 이 노동의 수익금이 남편에게만 돌아갔기 때문이다. 성공적인 가정주부라고 할 수 있는 여자들만이 남편들의 환금작물cashcrop 밭에서 사적으로 일했으며, 자신들의 노동에 대한 수익금에 대해서는 어떠한 관할권도 갖지 못했다.

1975년까지 커피 재배는 소작농들에게 괜찮은 수입을 가져다주었고, 국가도 이를 통해 그 어느 때보다 많은 외화 수입을 얻었다. 그러나 케냐 여성들이 수출생산에 아주 중요한 이 새로운 젠더적 생산 관계에 협조하기를 거부함으로써 케냐의 경제적 기적은 계속되지 못했다. 케냐 여성들은 자체적으로 조직한 공동체의 일을 통해 그들의 자급생산을 계속 고집했다. 70년대 후반에 들어와 전 세계의 커피 값이 하락했고, 1980년에서 1990년 사이에 아프리카 커피 값은 70%나 떨어졌다. 케냐 여성들과 아이들이 남편의 커피 농장에서 농장 일의 거의 대부분을 했으면서도 남편으로부터 그 일에 대한 수익금을 제대로 받지 못했기 때문에 이러한 가격붕괴가 가능했다. 남자들은 읍에 나가 술집에서 시간을 보내며 술을 마시는 데 자신들의 수입을 써버렸고, 커피 열매를 따는 힘든 일을 아내들과 아이들이 해 왔다는 사실을 인정하고 싶어 하지 않았다.

케냐 여성들은 부재지주인 양 주인 나리처럼 구는 남편들이 지겨워졌다. 그래서 몇몇 여자들은 "난 이제 커피를 따지 않겠다"고 했고, 남편들은 여자들을 집에서 쫓아내겠다고 협박하는 한편 정부 공직자들에게 이에 대해 불평하기 시작했다. 공무원들은 성난 여자들과 그들의 남편들 사이를 중재하려고 노력했다. 공무원들은 여자들의 일이 수출생산에 얼마나 중요한지 잘 알고 있었기 때문에 여자들을 지지함으로써 결혼과 수출생산 둘 다를 구제하려고 애를 썼다. 그러나

이러한 노력은 조금도 도움이 되지 않았다. 커피 생산은 1986년까지 하향 일로를 걸었으며, 그 결과 〈세계은행〉과 IMF는 행동을 취하게 되었다. 이 세계경제기구들(의 구성원들)은 커피수출로부터 생기는 수입에서 이자를 받아야 하는데 그러지 못할까 봐 전전긍긍했다.

IMF는 케냐를 위해 그 유명한, 아니 악명 높은 구조조정 프로그램(SAP)을 처방책으로 내놓았고 커피생산 증가를 위한 기금을 제공했다. 케냐 정부는 남자들에게 더 높은 커피가격을 제시하면서 강제로라도 아내들이 다시 커피 따는 일로 돌아오도록 해보라고 고무했다. 구조조정과 그로 인해 새로 지게 된 빚 때문에 보건, 교육, 사회적 프로그램들 — 여자들에게 특히 중요한 — 에 대한 비용 지출은 삭감되었다. 국제적 개발 전문가들은 케냐 여자들이 남편들의 농장에서 무보수 일을 계속 하도록 설득했다. 1985년 나이로비에서 열린 〈제3차 유엔여성협의회〉 전후로, 최대 관건은 '여성과 개발' 프로젝트들이었다. 〈세계은행〉조차 '여성에 대한 투자'를 옹호했다.

하지만 이러한 '여성 정책'의 새로운 진전도 케냐 여자들의 저항을 그만두게 할 수는 없었다. 마라구아의 여자들은 커피나무들 사이에 콩을 심기 시작했다. 이것은 물론 금지되어 있었지만 여자들은 이를 감행했고 자신들과 아이들을 좀더 잘 먹일 수 있었다. 마라구아의 여자들은 남편들이나 공무원들이 자급식량과 확실한 현금 수입에 대한 자신들의 요구를 충족시켜주려는 마음도, 그럴 능력도 없다는 사실을 깨닫자 바로 행동에 나섰다. 마라구아와 그 밖의 다른 곳에서 여자들은 커피나무들을 뽑아버렸고 그것들을 땔감으로 사용했다. 여자들은 별일 아니라는 듯이 "커피농장에서 한 우리 일에 대한 보수를 경찰더러 갖고 오라고 하자"고 말했다. 이 운동은 곧 걷잡을 수 없이 퍼져나갔다. 자급능력을 다시 확보하려는 이러한 유형의 저항은 동부 아프리카 곳곳에서 다른 강도로 반복되었다.

여성들의 투쟁은 적어도 세 가지 수준의 여성 착취에 맞서는 것이었다. 자신들의 남편들에 의한, 국가에 의한, 국제적 자본 — 예컨대 화학 산업, 국제적 커피 무역, 〈세계은행〉— 에 의한 착취 말이다. 여자들은 투쟁하는 동시에 그들의 일상적인 삶에 필요한 자급의 토대를 새로 창조했기 때문에 이 투쟁에서 이겼다. 그들은 새로운, 그리고 오래된 착취적 억압적 구조로부터 더 이상 협박당하지 않게 되었다. 그들은 자급의 토대인 땅을 다시 찾음으로써 남편들의 통제로부터 자유롭게 되었기 때문이다. 여자들은 자신들을 국가에 묶어놓았던 만성적인 빚의 사이클을 깨뜨렸고, 자신들의 지역 시장을 집에서 기른 과일과 채소로 확고하게 키워나갔다. 그들은 또한 국제적 커피 회사들로부터, 또 초국가적 자본의 통제로부터 자신들을 해방시켰다. 80년대 말에 이르러 남자들도 지역 시장을 위해 과일을 생산하는 것이 더 낫다는 사실을 깨달았고 여자들의 투쟁에 합류했다.

케냐 여성들이 그들의 자율적 자급을 다시 확보하기 위해 취한 직접적인 행동은 좁은 의미에서의 경제적 행동이었을 뿐만 아니라 정치적으로도 곧바로 중요한 결과들을 가져왔다. 사가나Sagana 읍에 있는 작은 규모의 여성 무역종사자들이 자신들의 커피를 정부기관에 팔기를 거부했던 것이다. 여성들의 이러한 행동은 실질적으로 정치적인 대항세력을 형성해서, 일당 체제의 정부로 하여금 결국 야당들을 허용하도록 하는 데 기여했다. 정부가 신자유주의적 인클로저 enclosure 정책을 부과하려고 했지만 여자들은 자신들의 땅을 지킬 수 있었다. 남자들은 여자들의 저항이 하나의 경제적 토대와 조직된 전투성을 대변한다는 점을 깨달았다. 여자들은 땅에 대한, 특정한 유형의 생산에 대한 생산자들의 관할권을 다시 확보하게 되었다.[15]

---

15) Leigh S. Brownhill, Wahu M. Kaara, Terisa E. Turner, "Gender Relations and Sustainable Agriculture: Rural Women's Resistance to Structural Adjustment in

마라구아 지역의 케냐 여자들이 실험하고 보여준 것은 국가 권력을 중앙의 제도들에 집중시키지 않고 사회 전역과 지역공동체에 배분하는 다원적이고 급진적인 직접 민주주의다. 이 민주주의의 주체들은 다른 공동체들의 자기-규율과 자기-결정을 통한 표현 및 각기 다른 관심사들을 인정할 뿐만 아니라 식민주의를 폐기하고 신분과 젠더에 근거한 지배구조들을 폐기하는 데 앞장선다. 케냐와 같은 남南의 지역에서 일상적 삶과 노동을 바탕으로 전개된 여성운동이 이룩하고 지향한 것들을 북北의 국가들도 채택하도록 해서 여성운동들이 각기 동심원을 그리듯 퍼져나갈 때, 착취에 기초하지 않는 진정한 국제주의가, 일방적 착취적 지구화를 민주적으로 규제하려는 국제적 연대가, 가부장적 온정주의나 피상적인 자매주의를 넘어서서 평등한 자들 사이의 만남과 소통을 바탕으로 성취될 수 있을 것이다. 따라서 여성주의 관점은 지구적 차원에서의 민주주의의 급진적이고 포괄적인 재구축에 필수적이다. 케냐 여성의 이야기는 민주주의의 주체로서 한국 여성의 실천과 공유될 수 있고 연결될 수 있는 지점들을 제공한다. 바로 거기서 로컬에 특수하게 정의되는 글로벌의 진짜 의미를 찾을 수 있다고 생각된다.[16]

Kenya," *Canadian Women's Studies*, Vol. 17, NO.2, 1997a, p. 42.
16) 이 글에 대한 답변의 형식으로 「진보의 다차원화를 위하여」가 『황해문화』 2007년 가을호에 실렸다. 이 답변에서는 이 글의 논점들을 과잉비판이자 부당비판이라며, 남성 진보진영에서 나름대로 애써 수행하는 이론적 변신과 확장을 합리화하기 위한 많은 보충설명이 제시되고 있다. 민주주의와 관련된 주체구성의 문제에서 필수적인 분석범주로서 젠더를 인식해야 한다는 논점은 제대로 소통되지 못한 채 답보 상태에 있음은 2008년 1월 11일에 있었던 비판사회학회 학술심포지엄 〈지구화 시대 탈국가적 상상력〉에서 발표된 「글로벌 체제의 민주화: 민주주의의 지구적 차원」에서 다시 확인할 수 있었다. 비판이 소통을 가로막지 않게 하는 방법을 심도 있게 고민해야 할 것 같다.

9

다문화주의, 민주주의, 한국의 이주여성

1. 들어가며

지구화 시대는 국경을 넘어 일어나는 이주와 이동으로 점철되는 시대이다. 한국에서도 이제 이주 문제는 피해갈 수 없는 시대적 현안이 되고 있다. 이주는 그 규모가 증대될 뿐만 아니라 속도도 더 빨라질 전망이다. 단일민족주의와 순혈주의가 유독 강한 한국의 경우에도 전체인구의 약 2%가 외국인이며, 대도시에서나 농촌에서 외국인을 보는 것이 일상이 되어 가고 있다. 국제결혼 비율도 2005년에 4만여 건으로 13.6%에 육박한다.[1] 이처럼 국경을 넘는 이주는 우리의 인식틀을 일국 단위에서 초국가적 단위로 넓힐 것을 촉구한다. 하지만 개개 국가마다 이주현상은 특수한 역사적 문화적 맥락을 갖는다. 미국, 캐나다, 호주, 영국과 같은 다인종 서구 국가들은 1960년대에 거세게 일었던, 유럽중심주의와 문화제국주의에 대한 비판에 대응하기 위해 다문화

---

[1] 오현선, 「한국 사회 여성 이주민의 삶의 자리와 기독교 교육의 응답」, 『한국에서의 다문화주의』(한울, 2007), 239쪽.

주의를 채택하였다. 말하자면 서구에서는 자유민주주의 체제의 발전이라는 배경 하에 20세기 후반 이래 이민, 다문화적 사회구성, 다문화 교육 등을 둘러싼 논란들을 거쳐 다문화주의가 정치철학이자 이론으로서 또 문화 혹은 이주정책으로서 자리를 잡아왔다. 아직 민주주의가 제대로 정착했다고 볼 수 없는, 한국을 비롯해 이주노동자를 받아들이기 시작한 아시아의 여러 국가들에 수입된 다문화주의는 그 담론적 힘을 국가마다 지역마다 상이한 형태로 발휘하고 있는 중이다.

전후 아시아 국가들 중 상당수가 수입해 온 중요한 정치이론은 일국중심의 서구 자유민주주의였다. 대다수 아시아 국가들의 정치적 과제인 민주주의 프로젝트는 보편적인 인권 개념에 따른 인권, 노동권, 시민권의 확보와 함께 서로 다른 성, 계급, 인종의 구조가 만들어내는 다양한 차이들의 차별화된 권리 인정이라는 과제들이 뒤섞여 진행되어 왔다. 이러한 미완의 민주주의 프로젝트는 다인종 다문화 사회라는 주장을 유포하는 다문화주의 담론에 의해 실종되는 듯하다. 형식적이고 추상적인 권리일망정 인권, 노동권, 시민권이 어느 정도 정착되고 정비된 민주주의 체제 하에서 다문화주의를 거론할 수 있을 터이다. 그런데 한국 사회에서 2005년 이후 정부, 미디어를 통해 수용되고 범람하게 된 다문화 논의는 민주주의를 대체하는 양상으로 전개되고 있다. 다문화주의와 또 그것과 긴밀하게 결부되어 있는 이주문제는 "다수결 민주주의의 한계, 배타적인 민족 및 국민 정체성의 허구성, 가부장적인 발전 패러다임과 국가중심의 안보논리의 폭력성 및 상대성"[2]을 의도하지 않은 방식으로 폭로함으로써 다시금 한국 민주주의의 심화와 확장이라는 문제를 제기한다.

한국에서의 다문화주의 논의가 지니는 특이성은 정부 주도의 다

---

[2] 오경석, 「어떤 다문화주의인가?」, 앞의 책, 24쪽.

문화 정책으로 전유된 다문화주의가 '결혼 이주여성 및 그 다문화 가정'에 과도하게 쏠림으로써 이주문제의 핵심이었던 미등록 이주노동자 문제를 가린다는 것이다. 이러한 방식으로 일어난 다문화주의 담론의 득세는 인권, 노동권, 시민권의 확보에서 더 나아가 소수자권, 공동체권리의 증진이라는 민주주의의 심화와 확장과는 거리가 멀다고 하겠다. 초국가적 시대에 다양한 차이들의 문화를 인정함으로써 상호공존하자는 다문화주의가 지구촌 민주주의론에서 보는 것과 같은 또 하나의 자유주의-남성주의 담론에 머무르면서 은폐하는 것들은 무엇일까? 이런 의문은 자유주의적 '인정의 정치'와 문화상대주의에 머무를 수 있는 다문화주의를 극복하게 할, 민주주의 본래의 급진적 비판정신과 그 실천적 과제를 상기하지 않을 수 없게 한다.

이 글에서는 다인종 다문화 시대에 부응하는 급진적 민주주의의 과제에 여성주의 인식은 필수적인 것이라는 시각에서 다문화주의에 접근하여 보고자 한다. 먼저 2절에서는 차이의 철학, 차이의 정치라는 기반을 갖는 다문화주의와 여성주의 사이에 있는 접점 및 갈등을 살펴봄으로써 핵심의제로 삼을 논점들을 제안하여 본다. 다음 3절에서는 서구 다문화주의 논자 윌 킴릭카Will Kymlicka가 중요하다고 제시하는 인종, 젠더, 계급 범주의 상호교차성이라는 다문화적 여성주의 multicultural feminism[3]의 영역과 방법이 타당한지, 거기서 '문화' 개념은 어떠한 위치를 차지하고 있는지를 살펴본다. 4절에서는 3절의 다문화적 여성주의의 한계를 넘어서기 위해 비판적 다문화주의critical multiculturalism로서 여성주의를 어떻게 구성하여야 할지 점검하여 볼

---
[3] 킴리카는 기존의 자유주의 시민권 모델로는 포괄할 수 없는 공동체의 집단적 권리를 '다문화적 시민권'이라고 개념화한, 서구 자유주의 다문화주의 논자이다. 킴리카, 『현대정치철학의 이해』(동명사, 2006) 중 제8장 「다문화주의 페미니즘」은 엄밀히 말해 다문화적 페미니즘이다. 이 글에서는 '다문화적 여성주의'라고 표기하기로 한다.

것이다.

　이러한 이론적 논의를 바탕으로 5절에서는 이주의 여성화와 한국에서의 다문화주의 논의를 연결시켜 본다. 1991년 11월부터 산업연수생으로 국내에 들어오기 시작한 이주노동자는 지금까지 지속적으로 유입되고 있으며, 그중에서 이주여성의 증가율은 점점 높아가는 추세다. 이러한 추세 속에서 2005년 이후 본격화된 한국에서의 다문화주의 논의는 그 초점이 '이주노동자'에서 '결혼이주 여성'으로 또 '다문화 가정'으로 이동된다.[4] 이 이동은 문화주의적 편향을 갖고 국가주의적 민족주의적 가부장적 시선으로 또 자유주의 지향의 통합주의를 목표로 전개되는 한국에서의 다문화 논의 지형을 함축한다. 그러한 지형 속에서 다문화주의 담론을 여성주의적으로 재설정하는 방향에 대해 급진적 민주주의의 실천과 관련하여 타진하여 보고자 한다.

2. 다문화주의와 여성주의: 접점과 긴장 사이에서

서구에서 6,70년대에 활발했던 민권 운동이 인종문화적 소수자들에 대한 〈차별철폐조치〉로, 또 다문화주의 교육정책 및 제도로 결실을 보았던 다문화주의는 이제 이주의 지구화 시대를 주도하는 새로운 담론으로 부상하고 있다. 다문화주의는 국가 간 이주 문제의 해법과 연관되기도 하지만, 좀더 넓게는 "근대 체제 '이후'의 탈전통적인 사회공동체의 구성을 전망하는 철학, 이론, 사회운동론을 아우르는 키워드

---

4) 안지현, 「한국사회에서 다문화주의 담론의 배치와 그 성격에 관한 연구」, 연세대 석사학위논문, 2007년 7월; 김현미, 「국가와 이주여성: 한국사회의 '다문화가족' 만들기의 갈라지는 희망들」, 2007년 11월 1-2일 한국 여성연구원 30주년 기념 학술대회 〈지구지역 시대 지식생산과 여성연구의 도전〉, 213-27쪽.

라는 점에서 지극히 논쟁적인 개념이다."[5] 광의의 이상주의적인 지평에서, 심의의 제도적인 차원에서, 더 구체적으로는 시민권의 재규정에서, 민주주의의 심화 프로젝트라는 맥락에서 다문화주의를 규정할 수 있다. 또한 동일한 정치적 지향성 내부에 있는 차이점에 따라, 다문화 사회의 핵심주체를 어떻게 설정하느냐에 따라, 문화를 어떻게 규정하느냐에 따라 다문화주의의 내용과 범주는 달라진다.[6] 따라서 다문화주의는 단수가 아니라 복수가 된다.

다문화주의는 복수형일 수밖에 없지만, 그것이 주로 프랑스 철학자들에 의해 개진된 차이의 철학을 바탕으로 한 차이의 정치학, 인정의 정치학을 공통의 기반으로 한다는 점에는 이견이 없을 것이다. 보편적이라는 개인의 권리와 보편적 인권 개념이 포괄하지 못한 특수한 집단의 공동체적 정체성을 드러내고 이해시키고 인정받기 위한 차이로서의 권리 투쟁과 인정 투쟁이 다문화주의의 핵심 정치학을 이루기 때문이다. 주체의 정체성은 분리, 고립 속에서가 아니라 타자와의 관계에 의해 규정되므로, 타자가 주체를 오인하거나 인정하지 않는 것은 주체의 정체성 형성에 치명적이다.

테일러는 이러한 맥락에서의 '인정의 정치학' 이야말로 동등한 인정에 도달하는 길이라고 본다.[7] 그에 따르면 집단들 간의 또 개개인의

---

5) 오경석, 「어떤 다문화주의인가?」, 『한국에서의 다문화주의: 실천과 쟁점』(한울, 2007), 25쪽.
6) 더 자세한 내용은 오경석, 26-8쪽 참조. 광의의 이상주의적 지평에서는 "상이한 국적, 체류자격, 인종, 문화적 배경, 성, 연령, 계층적 귀속감 등에 관계없이, 모든 인간이 인간으로서의 보편적 권리를 향유하고, 각각의 특수한 삶의 방식을 존중하며 공존할 수 있는, 다원주의적인 사회 문화 제도 정서적 인프라를 만들어내기 위한 집합적인 노력"(26)을, 심의의 제도적인 차원에서는 "자유민주주의에 대한 광범위한 합의와 지지가 선결된 조건에서 다양한 문화적 주체들의 특수한 삶의 권리에 대한 제도적 보장"(26)을 뜻한다.
7) 이하 '인정의 정치학'에 대한 설명은 Charles Taylor, "Politics of Recognition," in *Multiculturalism: Examining the Politics of Recognition*, ed. Amy Gutmann

차이에 무관심한 형식적 동등성에 그치게 하는 보편적 존엄의 정치학 politics of universal dignity과 달리, 인정의 정치학은 지배적인 정체성에 동화되지 않는 다른 개인이나 집단이 지니는 차이의 인정을 요구하는 차이의 정치학이다. 그에게서 서구 자유민주주의의 절차적 민주주의는 "차이에 무관심한 권리의 자유주의"라고, 피상적이고 형식적인 권리 개념으로 말미암아 사회의 상이한 구성원들이 열망하는 문화적 생존을 가로막는다고 비판받는다. 그래서 테일러는 특정 집단의 문화적 생존을 위해 자유주의 내에 일종의 '간섭'을 요구하는데, 그러한 공동체주의가 반드시 개인의 자율성을 해치는 것으로 볼 필요는 없다고 한다. 그의 논리를 따르자면 다문화주의가 소수문화의 권리 인정을 지향하는 만큼 문화적으로 주변화된 여성들에게 필수적인 문화적 정체성의 인정을 제고한다는 점에서 다문화주의와 여성주의는 조화를 이룰 수 있게 된다.

테일러의 이러한 생각은 각 문화가 지닌 가치를 평가하기 위한 지평을 넓혀주는 '지평융합'의 노력을 강조하는 데로, 문화적 차이의 정당성을 인정할 근거를 주체와 타자의 차이보다는 도리어 그 공통점 혹은 '가치의 공통기준'에서 찾는 데로 유도된다. 그리하여 갈등이나 투쟁을 야기하지 않는, 역사와 권력을 초월하는 온화한 차이들만 수용하는 공허한 다문화주의로 기울 위험을 노정하게 된다. 테일러는 자유주의적 권리의 피상성과 형식성을 비판한다고 하지만 다양성 속의 조화라는 뿌리 깊은 관념론적 이데올로기에 붙들려서 결국 자유주의의 범주를 벗어나지 못한다. 그러므로 가치의 공통기준을, 즉 단순한 차

(Princeton UP, 1994)에 자세히 나옴. 이 책의 9장 이전의 글들에서는 다문화주의와 '인정의 정치'를 간략하게 비판하고 넘어갔는데, 9장 2절에서는 〈여성문화이론 연구소〉 2007년 여름 강좌 중 현남숙의 1, 2, 4강을 참조하여 대화적 다문화주의의 내용을 먼저 자세히 논의하고자 하였음을 밝혀둔다.

이를 넘어서는 인간으로서의 공통성의 차원인 존엄성을 실현하자는 테일러의 주장이 자유민주주의에서 말하는 추상적 인권과 별로 다를 게 없게 되는 결과가 어디서 연유하는지, 집단 간에 이미 언제나 엄연히 존재하는 불평등한 권력 관계 속에서의 '동등한 인정'이라는 것이 누구로부터 무엇을 위한 것인가 하는 문제가 좀더 심도 깊게 다루어져야 할 것이다.

전지구적 자본주의 가부장 체제에서 서로 대등하지 못한 집단들 사이의 불평등한 권력관계는 여성주의에서 곧바로 제기할 문제이다. 오킨은 킴리카와 같은 다문화주의자에 대해 "소수자 문화들이나 종교들의 주장이 자유주의 국가들에 의해 적어도 형식적으로는 인정되고 있는 젠더 평등의 규범과 충돌할 때, 어떻게 해야 할 것인가?"[8]라는 문제를 제기한다. 오킨의 이 질문은 1980년대에 프랑스 정부가 이민자 가정의 일부다처제를 승인하였을 때, 그 부인들을 인터뷰한 결과, 거의 참을 수 없는 제도라고 한 해당 여성들의 말에서 유래한다. 프랑스 정부의 가부장적 소수문화[9]에 대한 인정은 다문화주의와 여성주의 사이의 긴장을 단적으로 보여주는 예이다.

여성이 그들의 성 때문에 불이익을 받아서는 안 되고 인간으로서의 존엄성과 자율성을 인정받아야 한다는 여성주의적 주장과, 민주주의 사회라고 해도 그동안 소수자 문화나 삶의 방식이 충분히 보호되지 못했기 때문에 이제 소수집단의 권리는 특권적 조치를 통해 보호

---

8) Susan Moller Okin, "Is Multiculturalism Bad for Women?" in *Is Multiculturalism Bad for Women?*, eds. Joshua Cohen, Matthew Howard, and Martha C. Nusbaum (Princeton UP, 1999), p. 9.
9) 그 예로 아프리카, 라틴 아메리카, 아시아, 중동 등지의 음핵절개, 아내 살해, 아동 결혼, 강간 및 납치에 의한 결혼, 푸르다purdah를 들 수 있고, 그러한 사회문화적 관습 외에 비공식적이고 사적으로 이루어지는 성차별도 많다. Bhikhu Parekh는 그 예를 12가지로 좀더 자세히 기술하고 있다. *Rethinking multiculturalism: cultural diversity and political theory* (Harvard UP, 2000), pp. 264-5 참조.

받아야 한다는 다문화주의적 주장 사이에 친화 관계가 아니라 갈등관계가 노정되고 있다. 오킨의 여성주의 관점에서 볼 때, 문화적 차이들에 대한 존중이라는 미명하에 종종 젠더 불평등을 영구화하기까지 하는 젠더 실천들과 규범들을 유지하는 문화를 묵과해서는 안 되는 것이다. 그래서 오킨은 서구의 다수 문화보다 더 가부장적인 소수집단의 문화적 권리 인정이 매우 사적이고 문화적으로 강화된 종류의 성차별과 불평등을 묵인하는 문제에 대해 주목할 것을, 집단의 권리보다 개개인의 자유로운 선택을 중시할 것을 요청한다.

그런데 아프리카, 중동, 라틴 아메리카, 아시아의 문화가 그 자체로 혹은 서구보다 더 가부장적이라는 오킨의 주장은 서구 여성중심적이어서 제3세계 혹은 다문화 사회의 소수자 여성문제를 제대로 가시화하는 데 한계가 있다. 다문화주의야말로 서구중심의 단일한 범주로서의 '여성'을 거부하고 문화적 다양성을 지니는 '여성들'의 고유한 차이들을 고려하게 할 가능성을 갖는데, 하지만 이것도 비서구의 각 문화적 전통이 지니는 가부장성 때문에 그 차이들을 가로막는 딜레마를 야기한다.[10] 따라서 비서구 사회의 각 문화적 전통들로 눈을 돌리되 그것들이 지닌 여성 억압성을 극복하기 위해 보편적 인권 개념에 기반하는 자유로운 개인들의 선택에 대한 존중을 실현하는 민주주의의 법적 제도를 현실화하는 방안이 있을 수 있다. 하지만 서구 자유민주주의의 보편적 인권과 평등 개념 역시 '성'이라는 변수와 무관한 그래서 백인남성의 관점을 반영하는 것이라는 데 문제가 있다.

이에 대해 벤하비브는 이민집단의 가부장적 소수문화만을 보고 비서구 문화를 모조리 가부장적이라고 보는, 문화를 하나의 통합된 체계로 보는 오킨의 인식론을 문제삼는다. 벤하비브가 보기에 오킨처럼

---

10) 김혜숙, 「여성주의 관점에서 본 다문화주의: 열린 주체형성의 문제」, 『철학 연구』 제76집(2007), 212-4쪽 참조.

문화를 국가나 대륙으로 구분하여 그 안에 존재하는 다양한 문화적 전통, 사람들, 지역들, 정치적 구조를 보지 못할 게 아니라 누구의 문화이고, 어떤 문화이고, 언제, 어디서의, 누구에 의해 실행된 문화인지를 물어야 한다. 그때 재해석과 재의미화의 과정을 통해 문화정체성의 경계를 넘나들고 변화시키며 새롭게 재규정하는 문화적 과정이 보일 것이며, "잘 짜여진 민주적 다문주의 정책들은 여성과 어린이를 그들 의사에 반해서 토착집단에 묶어두지 않으며 오히려 그들에게 주어진 정체성을 마주하여 행위의 자율적 주체성을 계발하도록 돕는"[11] 양상이 파악된다는 것이다.

이러한 문화 개념에 따라 벤하비브는 '대화적 다문화주의'를 제안한다. 벤하비브는 대화중인 당사자들 사이의 불평등한 권력 관계를 무마하는 자유주의적 대화 개념을 극복하기 위해 대화 상대를 일반화된 타자로 보는 형식적 보편성이 아닌, 타자들의 존재를 그들 자신의 이야기를 통해 듣는 구체적 타자들concrete others과의 대화 과정에서 추구되는 실질적인 상호적 보편성interactive universalism(벤하비브, 14)을 주장한다. 이 담론윤리를 바탕으로 일정한 원리와 조건에 따른 대화[12]를 통해 소수문화의 자율성과 그 구성원들의 자유라는 다문화주의의 딜레마를, 따라서 여성과 관련된 다문화 시대의 갈등을 해결해 나갈

---

11) Seyla Benhabib, *The claims of culture: equality and diversity in the global era* (Princeton UP, 2002), p. 86.
12) 그 원리는 1. 모든 존재가 말과 행위로 대화에 참여할 수 있는 권리를 보장하는 "보편적 존중universal respect"이고, 2. 담론들 안에서 각자가 같은 정도로 다양한 언어행위speech act를 할 수 있는 권리를 보장하는 "상호평등성egalitarian reciprocity"(107)으로, 특히 다문화주의와 여성주의의 긴장을 풀어나가는 데 필요한 3가지 규범적 조건은 1. 소수자들이 다수자들과 동등한 제반 권리를 갖는다는 상호평등성, 2. 개인의 출생이 집단의 소속을 자동적으로 귀속시키지 않는다는 자발적 자기 귀속voluntary self-ascription, 3. 귀속 집단에서 자유롭게 나가고 다른 집단과 자유롭게 결속할 수 있다는 퇴거와 결속의 자유freedom of exit and association (106)으로 제시된다.

수 있다는 것이다. 민주주의 이론가로서 그녀의 주장은 결국 '심의 민주주의적 다문화 정치학deliberative democratic multicultural politics'으로 귀결된다. 이 정치모델에서 다문화 투쟁은 시민사회 내의 공론장에서 벌어져야 하는 것이다.[13] 그러기 위해 벤하비브는 1) 자유 민주사회의 입법 사법 제도, 2) 민주주의적 공론장을 통한 시민사회의 사회운동 연합이나 집단적 정치행동이라는 이중 트랙(106)을 가동시킬 것을 주장한다.

결국 다문화주의와 여성주의의 긴장 관계는 가부장제에 대한 비판의식을 얼마나 사회적으로 공론화할 수 있어 다문화적 민주사회를 만들어가는 운동들에 실질적인 영향을 미칠 수 있을 것인가 하는 문제를 관건으로 제시한다고 하겠다. 벤하비브만 해도 심의 민주주의 모델에서의 '대화'가 지닌 서구 자유주의의 함정과 위험을 벗어나고자 이런저런 개념화를 꾀하는 셈이다. 그렇지만 '대화'를 통해 숙고하는 공론장이 하나의 단일한 것이 아니라 무명의 공적 대화를 낳는 다양한 형태의 연합 및 기구와 연결되어 있고, 따라서 대중의 다양하고 중첩되는 망, 다른 추론의 논리, 체화된 말들이 쏟아져 나와 상호평등하지 못하게 되는 대화를 막을 수 있다는 벤하비브의 주장(139)은 애초에 그러한 공론장에의 참여가 체계적으로 배제된 사람들의 관점에서 보면 여전히 심각한 한계를 갖는다고 하겠다.

최근 한국 사회에 범람하는 '다문화 가정'이라는 언표 이면에서 미등록 이주 노동자들은 더욱 배제되고 차별받고 있으며, 한국 남성의 가부장적 성적 편견에 방치되고 있는 결혼 이주여성들은 온정주의적

---

13) 이와 같은 맥락에서 다문화적 대화와 사유가 갖는 중요성을 공론장과 연결시킨 국내 논의로는 Honglim Ryu, "Conceptualizing the Multicultural Public Sphere: Public Sphere, Rationality and Multiculturalsim," 『한국 사회과학』 제24권 제2호 (2002), 43-62쪽 참조.

으로 다문화 가정의 대상이 됨으로써 더욱 주변화되고 있는 실정이다. 그러므로 이들이 다문화적 대화의 주체로서 공론장에 들어와 다른 논리와 관점을 제시하기 힘든 것이 현실이다. 그런데 대화적 다문화주의 모델로써 그들의 현실적인 불평등과 착취문제가 얼마만큼 해결될 수 있을지 의문이다. 대화적 다문화주의 모델에 깔려 있는 인정의 정치는 재분배의 정치와 함께 숙고됨으로써 '정의'와 '책임'의 관점 하에서 재조명되어야 한다.[14] 다문화주의의 핵심 문제가 문화가 아니라 기회의 균등이나 재화의 분배라면, 여성주의 입장에서는 '문화' 개념을 인종, 계급, 젠더를 상호교차시키는 틀과 관련하여 어떻게 재설정할 수 있을 것인가? 이 질문에 대한 답을 찾아보는 일환으로 킴리카가 소개하는 다문화적 여성주의multicultural feminism에 대해 살펴보고자 한다.

3. 다문화적 여성주의

다문화적 여성주의라는 용어는 킴리카에 의해 제시된다. 잘 알려져 있듯이 킴리카는 다문화 사회의 다양한 정체성 인정을 장려하는 공적인 시도라는 맥락에서 '시민권'을 중요한 주제라고 주장한 정치철학자이다. 그는 1990년대 이후 현대 정치철학에서 가장 활발하게 논의되고 있는 두 가지 주제를 '시민권'과 '다문화주의'라고 보고서 시민적 권리의 확장이라는 측면에서 다문화주의를 다루어 왔다. 그에게 "시

---

14) Nancy Fraser, "Social Justice in the Age of Identity Politics: Redistribution, Recognition and Participation," in *Redistribution or Recognition?: A Political-Philosophical Exchange* eds. Nancy Fraser & Axel Honneth (Verso, 2003), p. 90. 이 주장에 따르자면 '상호문화주의'라는 제안도 벤하비브의 대화적 문화주의와 비슷한 맥락에 있는 것이어서 다문화주의 담론을 여성주의적으로 재설정하는 방향이 될 수 없다. '상호문화주의'라는 제안에 대해서는 김혜숙, 앞의 글, 216-8쪽 참조.

민권 개념은 한편으로는 개인주의적 권리와 자격이라는 자유주의적 개념과 긴밀하게 연결되어 있고, 다른 한편으로는 특정한 공동체의 멤버십과 복속이라는 공동체주의적 개념들과도 연결되어 있어, 자유주의와 공동체주의 사회의 논쟁을 중재할 수 있는 개념을 제공한다."[15]
'중재'라는 표현에서 짐작되듯이, 그는 개인 및 시민의 자유로운 권리 및 의무 위주인 자유주의와, 공동체 및 집단의 권리 위주인 공동체주의 사이에 적절한 균형을 취하는 것이, 다시 말해 자유주의적 의미의 개인 권리와 공동체적 정체성으로서의 권리가 양립하는 것이 가능하다고 본다. 따라서 다문화주의 논의에서 많이 우려되는 바, 소수자 집단의 권리 옹호가 반드시 자유주의적 가치를 위배하지 않을 뿐더러 증진시키는 것도 가능하게 된다.

이러한 이상적인 자유주의 맥락에서 다문화주의 옹호자인 킴리카는 『현대 정치철학의 이해』 증보판 8장에 다문화적 여성주의를 본격적으로 논의한다. 그가 제시하는 다문화적 여성주의에 대한 정의는 8장 서두에서 "비판이론과 운동정치학에 합류하고 있는 다문화적 여성주의(때로는 다민족적 혹은 다인종적 여성주의라고도 칭함)는 젠더, 인종, 민족배경, 사회계층의 교차성에 초점을 맞춘다"(204 필자가 수정한 번역)고 나온다. 이 교차성은 특정 사회의 지배체제가 여러 사회적 요인들과 얽혀 있어 결코 분리될 수 없다는 다중성, 중층성의 의미를 갖는다. 또한 각 층위의 지배/종속이 서로 복잡하게 얽혀 있어 국가와 지역마다 특정한 여성 집단, 남성 집단, 동성애자 집단, 가내노동자 집단 등에 따라 삶의 기회와 조건이 다를 뿐만 아니라 억압 및 착취의 정도에서도 상당한 차이가 나게 마련이다. 그래서 미국에서의 다문화적 여성주의란 "흑인 노동계층 여성들과 흑인 노동계층 남성들, 부유한 백

---
15) 킴리카, 『현대 정치철학의 이해』(동명사, 2006), 397쪽.

인 여성들과 부유한 백인남성들, 중산층 라틴 여성과 중산층 라틴 남성, 가난한 중국 여성과 가난한 중국 남성 등등의 시각과 행동에 대해 각각 말"(207)하는 것이라고 정의된다.

그는 맥신 베이커 진Maxine Baca Zinn과 보니 손톤 딜Bonnie Thornton Dill의 글[16]에 나오는 다인종적 여성주의multiracial feminism의 구조적 전제들을 소개함으로써 다문화적 여성주의의 이론적 윤곽을 제시하고자 한다. 그들은 인종의 축이 구축하는 미국 사회의 '내부국외자'의 사회적 위치가 자아와 사회에 대한 독특한 관점을 제시하므로 다문화적 여성주의를 일단 미국의 다인종적 여성주의로 좁히는 것이 새로운 페미니즘 흐름으로서 다문화적 여성주의의 대상과 방법을 윤곽짓는 데 유효하다고 본다.[17] 다음은 그들의 글에서 밝힌 주요한 입장들이다. 먼저 다인종적 여성주의에서 인종은 기본적인 사회적 분류, 권력구조, 정치적 투쟁의 초점이 되고, 여성과 남성의 삶을 형성하는 근본적인 권력으로 취급된다. 다시 말해 "다른 구조화된 불평등들과의 상호작용을 통하여 젠더를 형성하는 하나의 권력구조인 인종을 강조하는 방법으로서 '다문화' 대신에 '다인종'이라는 표현을 사용한다"(209)는 것이다. 여성들 사이의 문화적이고 집단적인 차이조차도 인종적으로 계급화된 사회질서 내의 상호작용을 통해 만들어지므로 인종을 강조하는 인종적 여성주의 분석은 "현재 미국사회에서 인종이 갖는 근본적이고 포괄적인 특성을 강조하고, 동시에 인종이 어떻게 기타 다양한 사회적 관계들을 형성하고, 다시 이 사회적 관계들에 의해

---

16) Maxine Baca Zinn and Thornton Dill, "Theorizing Difference from Multiracial Feminism," *Feminist Studies*, 22(2) Summer 1996: 321-31.
17) 진과 딜은 그들의 한계를 1. 다인종주의라는 용어를 부주의하게 갖다 붙이면서 인종 모델에 의존하여 다른 집단들의 문화적 차이를 보려고 하는 문제, 2. 다인종적 여성주의의 주요 구성원인 유색인 여성을 비차별화된, 하나의 범주로 취급하는 문제(210)로 파악하고 있다.

형성되는가를 확인하려는 것"(209)이다. 이러한 인식은 다인종적 여성주의가 사회주의적 여성주의의 영향을 받았으면서도 다른 점을, 즉 지배 체제들 간의 좀더 복잡한 상호관련성 문제를 끌어안는 측면을 드러내는 것이며, 미국의 아프리카계, 라틴계, 아시아계 사람들과 토착 미국인을 구성하는 인종적이고 문화적인 독특성을 밝혀내고 지키는 데 다인종적 여성주의가 유용하리라고 보는 셈이다. 유색인 여성들에 의한 페미니즘은 다양한 지적, 정치적 입장을 가지고 있어서 일관성이 없어 보이지만 다양성과 풍부함을 갖고 "인종과 젠더의 교차가 만들어내는 구조와 경험"(211)을 보여준다는 것이다.

　이러한 윤곽에 따라 다인종적 여성주의에 필요한 젠더의 개념과 이론화를 위한 일련의 분석적 전제들은 다음과 같은 여섯 가지 특징적 양상들을 갖는다고 파악된다. 1) 젠더는 상호관련된 일련의 불평등들에 의해, 서로 함께 혹은 서로를 통해 작용하는 몇 개의 기본적인 체제들에 의해, 다시 말해 인종, 계급, 섹슈얼리티 구조에 의해 구성된다. 이와 같은 다수 체제는 동시성이라는 특성을 지니며, 여성이 젠더화되고, 인종화되고, 계층화되고, 성적으로 구별되는 자신을 경험하는 다중적 방식과 연관된다. 2) 다인종적 여성주의에서 강조되는, 모든 차원의 사회생활에 있다는 서열의 교차적 특성으로 말미암아 여성과 남성은 사회질서 속에서 자신의 인종, 계급, 젠더와 섹슈얼리티에 따라 다른 형태의 특권과 종속을 경험한다. 3) 다인종적 여성주의는 지배와 종속의 관계적 특성을 강조한다. 4) 다인종적 여성주의는 사회구조와 여성의 주체적 힘 간의 상호작용을 탐색함으로써 유색인 여성의 '역동적 저항력'이라는 공동 목표를 이루고자 한다. 5) 다인종적 여성주의는 관점 이론standpoint theory을 비롯해 다양한 이론적 도구들에 의존하며, 지식생산자의 사회적 위치에 주의를 기울임으로써 소위 보편적이라는 것들의 허구성을 드러내며 주변화된 위치의 유효성을 그동안 보이지 않던 사회적 관계를 가시화하는 데다 둔다. 6) 다인종적 여성주의는 계속 변화하는 다양한 여성 집단의 산 경험들이 지니는 차이들을 종합하는 가운데 공통성과 차별성 모두에 민감한 비교연구의 중요성을 지속적으로 상기시키고, 다양성과 보편성 사이의 창조적 긴장을 유지하게 한다(211-4).

킴리카는 이와 같은 다인종적 여성주의의 윤곽에 부응하는 정치적 선언문을 미국이 아닌 남아프리카의 여성연구자 늘란흘라 조단이 여성의 일상생활과 노동 경험을 관류하는 노래와 춤에 주목해 토착 아프리카 여성주의 입장에서 수행한 트란스케이Transkei 농촌여성에 관한 글[18]에서 도출해 낸다. 노래 가사는 아프리카 토착 농촌여성들의 힘을 실어 나르고 있는데, 여태껏 인정받지 못한 그 힘은 억압적이고 성차별적인 남성의 행동에 저항하고 경고하는 여성들의 우정과 연대를 표현하고 있다. 그래서 토착 아프리카 농촌 여성들의 노래와 그 목소리에 주목하는 다인종적 여성주의가 중요하다는 것이다. 이 노래는 아프리카 사람들의 심미적 지식의 일부이자 그들 존재의 기반으로서 삶에 대한 특정한 접근방식을, 가장 내밀한 감정을 드러내는 것이다(215-7). 그동안 이러한 표현이 제대로 부각되지 못한 까닭은 그것이 서구의 인식론적 방법들에 의해 주변화되어 왔기 때문이다. 아프리카 여성지식인이 트랜스케이 농촌 여성들의 공간에 들어가 그들과 접하면서 그들의 경험을 배우고 그들의 노래를 듣고 춤을 보면서 그들의 삶의 관점과 세계관을 더 잘 이해하게 되었고, 그럼으로써 그것이 그동안 얼마나 주변화되어 왔던가를 깨닫게 되었다는 것이다. 아프리카 농촌여성들의 노래는 그들의 고통을 토로하기 위한 것이며, 갈등의 좀더

---

18) Nhlanhla Jordan, "Feminist Methodology and Research Among rural African Women in Transkei," in *Gathering Voices: Perspectives on the Social Sciences in Southern Africa*, ed. Teresa Cruz Maria e Silva and Ari Sitas, 1996, pp. 147-51.

나은 해결을 위해 협상하기 위한 것이다. 노래는 그것을 부르는 사람에게 지배에 저항하는 창의적 방식으로서 일종의 치유가 된다. 농촌 여성들이 옥수수를 타작하거나 빻으면서 노래를 부르는 전통은 남성지배와 자신의 무력함에 대한 사회적 저항의 개인적이면서도 집단적인 목소리를 담아내는 데 활용되었던 셈이다. 이러한 인식은 아프리카 토착 농촌여성들의 현실을 반영하고 그들의 관점에서 또 토착적인 구술사의 입장에서 이전과는 다른 방식으로 그들의 이야기를 듣고 말하는 것이다. 이와 같은 아프리카 여성연구자의 작업은 아프리카 여성뿐만 아니라, 더 큰 공동체에 대한 지식으로 확장될 수 있다(218-21).

이렇게 두 글을 바탕으로 다문화적 여성주의의 대상과 방법을 살펴본 킴리카는 다문화적 여성주의에 대한 자신의 평가를 다음과 같은 문제제기로써 제시하고 있다. 즉, 다중적인 억압체제의 밑바닥을 구성하는 유색인종 여성들이, 같은 인종 혹은 민족 집단의 남성들과 정치적 연합을 꾀할 때 여성주의 의식이 심각하게 약해질 수 있다면, 유색인종 여성의 헌신, 동일시, 정치는 누구와 더불어 어떻게 이루어져야 하는가? 여기서 그가 주목하는 것은 피억압 집단의 여성들이 성차별로 고통을 받고 있더라도, 그래서 가부장 체제에 비판의식을 갖고 저항하더라도 사안과 국면에 따라서는 남성 집단과 정치적으로 공조할 수 있는 열린 정체성의 정치학을 실천한다는 점이다. 그가 한마디로 요약하는 대로, 다문화적 여성주의는 다중적 종속의 모든 양상을 동시에 투쟁 대상으로 삼는 것을 지향한다. 따라서 다문화적 여성주의는 "개인의 삶을 형성하고 지역공동체와 국가를 조직화하는 다수 사회적 지위들의 교차성에 대한 유력한 이론"(224)을 우리에게 제공하여 준다. 그러나 다문화적 여성주의의 현실은 그 다중성과 교차성을 치밀하게 해명하고 분석하고 있는 경우보다 인종/민족의 정치학과 젠더/계급의 정치학의 틈바구니에 끼여 있는 경우가 많다는 지적 또한 놓치지 않는다.

　다문화적 여성주의에 대한 킴리카의 설명과 평가를 보건대 유색인종 여성의 위치와 관점과 직접적으로 관련되는 억압체계의 다중성과 교차성이라는 논제를 핵심으로 삼는 다인종적 여성주의는 인정의 정치나 대화적 다문화주의의 바탕에 있는 자유주의보다는 관념론과 거리를 두고 있는 것처럼 보인다. 앞에서 지적했듯, 다문화주의가 야기하는 딜레마의 근원에는 거기서 말하는 문화가 어떤 것이냐 하는 문제가 깔려 있다. 문화란 하나의 통합된 체계가 아니며, 고정된 본질론적 정체성을 유지하기 위한 것도 아니다. 그것은 물적, 이데올로기적 구조 속에서 계속 변화하며 형성되어 가는 것이다. 그렇다면 다인종적 여성주의는 문화를 정치경제와 상관없는 자율적인 공간으로 보는 문화주의적 편향에서 얼마나 벗어나 있는 것일까?

　앞서 언급한 조단의 경우에는 아프리카 토착 여성의 문화가 일상적 노동과 어우러져 있으면서 전지구적 자본주의와 밀착된 가부장적 지배질서에 대한 저항성과 연결되고 있다. 반면 미국에 국한된 다인종적 여성주의에서는 억압체계들의 다중성, 동시성, 교차성을 거듭 언급하지만 인종화된 젠더, 젠더화된 인종이 구성하는 문화적 차이에 치우침으로써 지구화 시대 사회 조직의 근본 원리인 자본주의에 대한 비판과 제대로 연결되지 못하고 있다. 이는 유색인종의 현존 자체가 압도적인 도전으로 다가오는 현실에서 미국의 기업화된 학계가 인종과 차이담론을 길들이고 관리하기 위해 젠더나 인종에 대한 자유주의적이고 신보수주의적인 생각들을 펼치는 한 형태, 다원주의를 제도화하는 한 형태라고 볼 수 있다.[19] 전지구적 자본주의의 계속적인 행진을 위한 촉매로 봉사하는 대학과 학계는 민주국가의 정의로운 시민을 창

---

19) 찬드라 탈파트 모한티, 문현아 역, 『경계 없는 페미니즘』(도서출판 여이연, 2004), 300쪽.

출하려는 게 아니라, '시장에 기반을 둔 자본주의적 시민권'[20]으로써 지식과 재화와 서비스를 소비할 시민을 만들어내고자 한다. 그러므로 이와 같은 소위 '강단 자본주의' 현실에서 여성주의 기획은 인종화된 젠더차별을 명백한 자본주의 비판과 연결시키는 실천이라는 맥락 속에 있어야 할 것이다. 이러한 문제지형이 여성주의를 비판적 다문화주의로서 전개하고자 하는 입장에서는 어떻게 펼쳐지고 있는지 4절에서 살펴볼 것이다.

4. 비판적 다문화주의로서 여성주의 혹은 비판적 다문화적 여성주의

'비판적 다문화주의'라는 용어는 미국 다문화주의 논자들 중에 맥라렌McLaren,[21] 킨첼로와 스타인버그Kincheloe & Steinberg,[22] 골드버그Goldberg[23] 등이 제시한 분류들 중에 나오는데, 다문화주의의 여러 갈

---

20) 앞의 책, 269쪽.
21) 맥라렌은 다문화주의를 1) 보수주의적 2) 자유주의적 3) 좌파 자유주의적 4) 비판적 다문화주의로 분류한다. 그는 비판적 다문화주의를 서로 다른 문화들이 따로 자기주장을 한다기보다 반목과 긴장, 갈등 속에서도 하나의 공동사회를 지향하면서 새로운 합의의 문화를 만들어가려는 흐름이라고 정의한다. Peter McLaren, "White terror and Oppositional Agency: Towards a Critical Multiculturalism," in *Multiculturalism: A Critical Reader*, ed. David Theo Goldberg (Oxford: Basil Blackwell, 1994, pp. 45-74. 맥라렌의 분류에 대한 자세한 설명은 김욱동, 「다문화주의의 도전과 응전」, 『미국학 논집』 제30집 1호(1998 여름), 30-4쪽 참조.
22) 킨첼로와 스타인버그는 다문화주의를 1) 보수적 또는 단일, 2) 자유주의적, 3) 다원적, 4) 좌파 원리주의적, 5) 비판적 다문화주의로 분류한다. 그들은 비판적 다문화주의를 인종, 젠더, 계급의 축이 구성하는 사회의 불평등에 비판의식을 가지는 다문화 주체들이 자기 성찰적 자세를 견지하려는 흐름이라고 정의한다. Joe J. Kincheloe & Shirley R. Steinberg, *Changing Multiculturalism* (Open University Press, 1977). 그 자세한 내용에 대해서는 김성곤, 『문화연구와 인문학의 미래』(서울대 출판부, 2003), 129-34쪽 참조.

래들 중에서 가장 바람직한 흐름이라고 주장된 것이다.[24] 다문화주의와 여성주의 사이의 관계를 단순히 대립적이라거나 조화로운 것으로 보기보다 친화와 긴장의 이중 관계에 주목하는 여성주의자들의 경우에도 암묵적으로 '비판적 다문화주의' 입장에 서 있는 것이라 하겠다. 여기서는 비판적 다문화주의로서 여성주의를 명시적으로 표명하고 있는 「문화를 풀기, 젠더를 펴기: 아시아 여성주의에서의 '문화'와 '젠더'에 관한 성찰들」[25]을 대상으로 자유주의의 관념론 및 가치의 공통기준 문제를 어떠한 맥락에 놓고 있는지를 검토하여 봄으로써 다문화주의 담론을 여성주의적으로 재설정하는 데 유효한 지점들을 찾아 보고자 한다.

앞서 2절에서 다문화주의와 여성주의의 관계를 놓고 오킨의 입장을 제시한 바 있는데, 「문화를 풀기, 젠더를 펴기」에서는 『다문화주의는 여성에게 나쁜 것인가?』라는 책 이후에 나온, 오킨의 주장에 대한 여러 논자들의 비판을 바탕으로 아시아 여성/지식인의 위치에서 아시

---

23) 골드버그는 다문화주의를 1) 급진적(극단적radical), 2) 통합적integrate, 3) 혼종적 incorporate, 4) 비판적critical 다문화주의로 분류한다. 그는 비판적 다문화주의를 다문화적 현실의 역사적, 정치적, 물질적인 맥락에 주시함으로써 좀더 구체적이고 실천적인 변화를 모색하려는 흐름이라고 정의한다. David Theo Goldberg, "Introduction: Multicultural Conditions," in *Multiculturalism: A Critical Reader*, ed. David Theo Goldberg (Blackwell, 1994). 그 자세한 설명으로는 최성희, 「다문화주의의 허와 실」, 『영어영문학』 제52권 1호(2006 봄), 8쪽 참조.
24) 앞의 분류들 중에 골드버그의 비판적 다문화주의에 해당하는 것으로는 지젝의 논의를 들 수 있다. 지젝은 다문화주의가 문화적인 것에 피상적인 관심을 집중함으로써 사회적, 경제적 불평등에 눈을 감게 만들고, 지구화, 혼종성, 신자유주의, 유연화와 연계되어 있는, 지구적 자본주의와 공모하는 다문화주의의 측면을 비판한다. 이러한 비판적 다문화주의 논의의 한계에 대해 다문화주의가 작동하고 배치되는 구체적인 현실에 대해서는 함구하고, 문화적 측면에 대한 단일한 해석(자본과 문화를 일률적으로 연결하는)을 전제하는 한계를 갖는다는 지적으로는 안지현, 37쪽 참조.
25) Chao-ju-Chen, "Unpacking Culture, Unbending Gender: Reflections on 'Culture' and 'Gender' in Asian Feminism," 2007년 7월 7일 한국 여성철학회 창립 10주년 기념 학술대회 「다문화주의와 아시아 여성철학」 발표문, 25-41쪽.

아 문화와 여성주의를 재개념화함으로써 문화 비판the critique of culture에 관해 더 진전된 논의를 펼치고 있다. 차오 주 첸에 따르면 오킨은 여성 개인과 그녀의 소수자 집단 사이의 갈등 해결이라는 국가의 짐을 개인에게로 돌리는 입장인 '시민권'을 다시 보편화한다(샤차르Shachar의 주장)고, 다문화주의와 여성주의 사이에 양자택일적인 선택을 강요한다(라이트만Reitman의 주장)고, 아프리카, 라틴 아메리카, 중동, 아시아와 같은 비서구 소수문화 집단의 여성들을 서구문화보다 더 가부장적이고 법적 권리를 보장받지 못하는 문화의 희생자로 다루는 오킨의 태도에 오리엔탈 보편주의, 본질주의, 식민주의의 역사, 이분법적 양분 논리가 깔려 있다(볼프Volpp의 주장)고 비판한다(29). 첸은 이러한 비판 지점들 중에서도 특히 볼프의 비판을 이어받아 서구 자유주의 문화의 우월성을 전제하고 있는 오킨의 담론전략을 해체하는 작업에 임한다. 첸의 전략은 서구를 우위에 놓는 문화들의 위계질서를 풀고, 젠더 평등이라는 것이 서구적인 것인 양 간주되어 온 젠더를 폄으로써 기존 서구중심적인 문화의 위계질서를 수평적인 것으로 만들어 서구/비서구 문화 사이의 상호작용 혹은 상호영향관계를 보게 하는 것이다.

서구문화 우월주의에 대한 첸의 비판을 통해 서구/비서구 문화의 관계를 재설정하는 작업은 젠더 평등이 바로 서구적인 것이 아니듯, 그것이 비서구 문화에 알려져 있지 않은 것도 아니라는 점을 보게 한다. 예컨대 가부장제 유지에 핵심적인 기제인 부계의 성을 따르는 방식만 봐도 한국, 대만을 비롯해 아시아에서는 기혼 여성이 남편의 성을 따르지 않거나 어떤 성을 쓸지 선택할 수 있다. 그러한 아시아 국가들에 비해 90%이상이 남편의 성을 쓰고 있는 미국의 실상은 서구문화가 아시아 문화에 비해 법적으로나 제도적으로 더 평등하다는 주장이 허구임을 입증한다(35-7)는 것이다.

첸은 아시아 문화권에서의 반여성주의적 실천들[26]에 희생되는 아시아 여성들에 대한 오킨의 묘사 또한 그러한 가부장적 실천에 맞서 그들의 목소리를 내고 저항해 온 면면을 가림으로써 아시아 여성들을 수동적인 대상으로 만드는 데 공모한다(31)고 비판한다. 이러한 담론적 현실을 바꾸어내기 위해서 첸은 서구 여성주의의 서구중심적 시각이 배제하고 침묵시켜 온 아시아 여성들의 목소리를 살려내고 담론화하는 '아시아 여성주의'를 비판적 다문화주의로 전개할 것을 주장한다.

첸에게 아시아 여성주의는 서구문화가 맨 위에 있고 아시아 문화는 바닥에 있는 위계질서 속에 배치된 봉인된 꾸러미로 문화를 다루지 않는 문화 이해를 요구한다. 아시아 여성주의는 대부분의 문화가 남성지배로, 또 그것에 대한 다양한 저항으로 특징지어진다는 점을 인식한다. 그러한 인식에 따라 아시아 여성주의는 다양한 여성주의 주체들을 단일한 보편적 여성주의 주체로 환원하지 않고 그들의 다양성과 차이들을 담아내는 다문화적 여성주의로 개념화할 것을 요청한다. 이 여성주의는 주변부적 차이들을 중심과 분리된 채 대립구도를 유지하게 하도록 내버려 두지 않고 중심에 지속적으로 개입하고 중심과 비판적 협상을 해나가도록 구성한다. 첸이 주장하듯, 비판적 다문화주의로서 아시아 여성주의는 남녀 사이의 차이에만 몰두해 여성성의 가치를 찬양하는 관념론적 문화 페미니즘과 달리, 젠더, 계급, 인종/종족성, 문화의 교차에 주의를 기울이며 여성주의 주체들을 다양화하면서도 서로 고립되지 않고 잠정적인 것이나마 유대를 찾는 길을 모색한다. 이러한 비판적 다문화적 여성주의의 방향성과 그 이론적 논거는

---

26) 오킨은 그 예로 강간 희생자들이 강간자와 결혼하고, 순종하지 않은 혹은 간통한 아내들을 살해하는 남편에 대한 관용, 남편-아버지의 간통에 수치심을 느끼게 하는 아시아 문화들에서 유래된 어머니-아이의 자살을 든다.

모한티로부터 제시된다.

> 나는 우리[페미니스트들]가 직면한 커다란 도전 중 하나가 우리를 식민화하고 우리의 상이한 역사와 문화를 대상화시킨 방식을 인식하고 풀어헤쳐, 이것을 지배와 통치의 헤게모니적 과정과 충돌시키는 과제라고 생각한다. 따라서 차이를 넘어서려는 대화는 긴장과 경쟁 그리고 고통으로 가득하다. 매우 불평등하며 식민화된 이 세상에서 급진적 혹은 비판적 다문화주의가 서로 다른 문화 간의 총합이나 공존으로 단순히 치환될 수 없는 것처럼, 대화를 위한 정의롭고 윤리적인 기반을 구체화하지 않고도 다문화적 페미니즘이 서로 다른 공동체의 페미니스트들 간의 대화를 가능하게 할 수 있다고 전제해서는 안 된다.[27]

여성주의자들을 비롯해 서로 다른 공동체와 문화에 소속된 다양한 사람들이 주변부적 차이들로 고립 분산되는 적대적인 대치관계에 빠지지도, 차이들 사이 또 주변과 중심 사이의 평화로운 공존을 안이하게 말하지 않으면서도 서로 연결되고 연대하기 위한 대화의 공간을 마련하기 위해서는 정의롭고 윤리적인 기반을 구체화해야 한다는 것이다. 이 작업에 대해 첸은 아시아 여성들이 겪는 '공통의 억압'을 이해하고 확인하고 공유하기 위한 만남과 대화를 요청하는 정도이다. 모한티에 따르면 이 기반은 인종화된 젠더차별, 젠더화된 인종차별의 물적, 이데올로기적 토대인 현 전지구적 신자유주의 자본주의의 상업화와 식민화를 비판하는 반자본주의 실천이라는 '공통의 이해관계'로부터 조성될 수 있다. 현 자본주의에 대한 비판적 인식에 근거한 유물론적 이해관계라는 조항은 '자본주의'를 '민주주의'라고 신화화하는

---

27) 모한티, 앞의 책, 191쪽.

관념론적 다문화주의자들의 '지평의 융합'이나 '가치의 공통기준'과는 다른 지평에 있는 것이라고 하겠다.

국내 다문화주의 논자들은 어떤 지평에서 이와 같은 다문화주의의 딜레마를 풀려고 하며 다문화주의에 대한 여성주의적 개입의 실마리를 어떻게 제공하고 있는가? 김욱동의 경우 비판적 다문화주의를 가장 바람직한 것으로 보는 이유는 다양한 문화들 간에 반목과 긴장, 갈등 속에서도 피상적인 균형과 조화, 만장일치의 합의가 아니라 공동체의 결속을 위한 상호작용의 폭을 넓히는 데 유효하다(34)고 보기 때문이다. 그러나 김욱동은 지배/소수, 정전/비정전을 서로 절충적으로 결합할 필요성을 주장하며 '지평의 융합'을 그대로 받아들인다(46). 에드워드 사이드의 입장을 수용하여 서로 다른 문화들 사이의 대위법적 울림을 수용해 온 김성곤의 입장도 다양한 주변부 문화들에 대한 인정, 소수인종문화의 적극적인 포용, 서로 다른 문화들 사이의 대화, 동서양 문화의 공존(126)이라는 듣기 좋은 말로 다문화주의의 복잡한 문제를 손쉽게 해결하기는 마찬가지이다. '다양성의 조화'라는 자유주의 학계의 오랜 이데올로기와 거리를 두지 못한 채, 그 이데올로기가 갈등과 투쟁으로 점철된 문화적 차이들을 탈정치화, 탈역사화해서 조화와 공존이라는 이름하에 암묵적으로 관리 가능한 것으로 순치시키는 과정을 보지 못하기 때문이다.

이들과 달리 최성희의 경우 차이의 문제가 평화로운 공존이나 적대적인 대치관계, 즉 문화적 상대주의와 절대적 보편주의의 이분법에 빠지지 않고 그 사이에서 균형을 만들어갈 수 있도록 하기 위해 비판적 다문화주의와 유사하게 보이지만 가치문제에 좀더 천착하는 생성적(혼종적) 다문화주의[28]를 주장한다. 이것이 "본질주의와 보편주의를

---

28) 생성적 incorporate 다문화주의의 기본 원칙은 "지배적 가치와 부상하는 insurgent 그룹의 가치 양쪽 모두에서의 이중적 변화(혁)라고 할 수 있다… 그러므로 '생성

동시에 경계하면서 중심과 주변 모두의 변화를 통한 공통의 보편성을 만들어"(8)가기 위해 "동화주의와 통합주의와 구별되는, 충돌하는 두 문화가 동등한 변화와 쇄신을 통해 갈등의 생산적인 해소를 도모"(9) 하게 해준다고 보기 때문이다. 그녀에게 중요한 것은 상반되는 가치들이나 충돌하는 입장들을 '중재할 수 있는 제3의 기준,' '함께 추구할 공동의 틀,' '문화들 사이의 진정한 대면이나 상호작용'(26)이며, "표면적인 평화와 공존의 환상을 깨고 '차이'를 넘어 함께 공유할 수 있는 '최소한'의 기준과 틀"(27)을 만들어가는 작업이다.

시민사회가 잘 정착되어 공론장에 소수자들이 동등하게 참여할 수 있는 조건에서라면 이러한 주장들에서 나오는 '균형,' '중재,' '갈등의 생산적인 해소'라는 것도 별 무리 없어 보인다. 하지만 누가 무엇 때문에 균형을 잡으려 하고 무슨 자격으로 중재하고자 하며 갈등의 생산적인 해소를 도모하려고 하는가 하는 물음은 남는다. 이 물음은 "위로부터 주어지는 것이 아니라 아래로부터 형성된 다수의 합의이자 공동의 가치규범"(27)으로서 '보편성,' 보편주의는 버리되 아래로부터의 상상, 심의, 구성을 통해 만들어지는 '보편성'이라는 궁극적인 준거를 놓고 볼 때, '아래로부터'를 구체적으로 해명해야 하는 문제와도 연결되는 셈이다.

비판적 다문화주의로서 아시아 여성주의를 말하기 위해서는 국가마다 젠더, 인종, 계급적으로 '아래'를 점하는 위치에서 형성되는 다양한 저항적 차이들이 전지구적 자본주의 이데올로기와 문화에 의해 또다시 관리되고 식민화되지 않도록, 기업화된 학계가 동원하는 문화

이란 지배가치의 확장이나, 소외된 계층에 대한 보호를 의미하는 것이 아니다. 사회문화적 공간에서 지속적으로 이루어지는 재협상은 관계들을 규정하는(물화하는) 일시적인 대화적 합의, 즉 계약에 의해 고정되지도 거기에 멈추지도 않는다"(9). incorporate는 엄밀히 말해 '병합'의 의미를 갖지만 '생성'이라는 적극적인 의미가 부여되어 쓰인다.

적 상대주의로서 다문화주의를 거부하고, "전지구적 자본의 세계질서에 적극적으로 맞서 싸우는 사회정의의 문제와 물적인 이해관계의 문제를 전면으로 배치하는 다문화주의"[29]를 필요로 한다. 이러한 다문화주의의 지평은 서구 다문화주의 논의의 핵심인 권리 담론을 책임의 담론으로 또 정의의 담론으로 변형할 것을 요청한다. 이 변형은 중심이 아니라 주변, 위가 아니라 아래, 엘리트가 아니라 하위층, 이성애가 아니라 성적 소수의 위치를 점하는 음지의 다양한 문화적 주체들이 젠더, 인종, 계급의 축이 야기하는 갈등과 반목을 버텨내며 서로 연결의 끈을 놓지 않고 대화하고 유대하기 위한 정의롭고 윤리적인 기반을 구체화하는 작업을 통해 가능해질 것이다.

5. 이주의 여성화와 한국에서의 다문화주의 담론

'아래로부터'의 합의를 바탕으로 한 다양한 문화들의 자유로운 창출을 다문화주의의 진정한 목표라고 한다면, 한국 사회의 '아래' 중의 '아래'를 구성하는 이주민 문제는 그러한 목표를 이루는 데 있어 시금석이 된다. 한국은 아시아 국가들 중에서도 유독 다문화 사회에 대한 고민을 심도 있게 할 만한 정신적 토양과 시민사회적 동력이 취약한데다 이주민 공동체를 '국적'이라는 획일적 잣대로만 보는 풍조가 강한 편이다. 그래서 인권, 시민권, 노동권의 배제에 덧붙여진 "젠더적 차별이라는 다중적인 차별구조 속에서 살아가는 여성이주자들의 사회적 위상과 그들을 향한 사회적 인식이 사적·공적인 영역에서 기존 제도와 문화의 한계를 명증하게 드러내는, 다문화 사회로의 전환을 평

---

[29] 모한티, 앞의 책, 284쪽.

가하는 주요한 척도"[30]이자 다문화적 사회구성의 핵심 고리가 될 수 있다. 그러므로 이주민 중에서 이주여성에 초점을 맞춘 이주의 여성화 현상은 고려될 만하다.

　이주의 여성화란 이주여성들의 숫자가 이주남성들의 숫자보다 수치상으로 많다는 의미라기보다 이주하는 여성의 높아가는 증가율을 가리키며, 그것이 갈수록 송출국의 가족 구성 및 유입국의 사회구성에 큰 영향을 미치고 있는 현상을 말한다.[31] 다시 말해 이주의 여성화는 노동 패러다임의 변화, 국제적 노동 시장의 흐름, 초국가적 가족이라는 새로운 형태의 가족구성을 함축함으로써 이제 이주여성만의 문제가 아니라 사회 전체의 재편과 결부되어 있다는 인식을 반영한다. 매우 여성화된 흐름을 포함하는 현재의 이주에서 가사도우미, 엔터테이너, 성노동자, 성산업 종사자 등 여성의 특정 직업 부문 수요를 쉽게 채울 수 있는 아내가 가족의 생계부양자가 되고 남편은 양육과 가사를 담당하는 역전된 성역할을 보여주는가 하면, 아이들을 남겨두고 떠나는 여성들은 '초국가적 모성'이라는 것을 경험하게 된다(Piper, 174-8). 또한 아시아 여성들의 이주 동기 중에 경제적인 것만이 아니라 원치 않는 결혼관계로부터 도피하거나 학대 관계 혹은 가족을 부양하지 않는 남편들로부터 해방되려는 동기도 왕왕 있다. 그들이 한국에 이주해 와서 구성하는 다문화 가정은 국적과 인종, 지역을 넘어 새로운 성적 결합과 가족 형태를 만든다는 점에서 이질적인 주체성들과 문화들 간의 개방성과 교류를 함축한다. 그들은 사회구성을 둘러싼 대대적인 변화의 정점에 있는 디아스포라 주체로서 중요한 사회문화적 의미를

---

30) 오경석, 앞의 글, 10-1쪽.
31) 아시아 국가들에서 일어나고 있는 젠더화된 이주의 다양한 양식에 대해서는 Nicola Piper, 「젠더 관점에서 이주-발전 연계 재고하기: 아시아로부터의 통찰」, 2007년 11월 1-2일 한국 여성연구원 30주년 기념 국제학술대회 발표문, 170-4쪽 참조.

지닌다.

그런데 '결혼이주여성의 다문화 가정'을 중심으로 전개되는 최근 한국의 다문화주의는 그러한 의미를 진지하게 고려하기는커녕 돌봄노동의 부재와 저출산 사회의 위기를 해결하는 데 가장 손쉽게 동원 가능한 대상을 타깃으로 "'한국식 가족'의 유지 및 재생산"[32]이라는 목적에 급급하다. 그런 점에서 '다문화 가정'에 함축된 대안적 가족관계 및 사회구성의 모색으로 나아가지 못하고 여전히 가족중심 패러다임에 머무르는 것은 결혼이주여성들을 동화주의적 통합 대상으로 삼아 그들의 모성을 도구화하여 한국 가족 만들기에 급급한 인종차별적인 인구조절과 통제라는 측면을 갖는다.[33] 그들의 인권은 한국 아이를 출산해 잘 양육하고 가사노동 및 돌봄노동을 얼마나 잘 성취하느냐에 의해 보장되기 때문이다. 이주여성에 비해 경제적으로 우위에 있는 한국 남성이 국제결혼을 통해 이주여성을 한국의 가부장제 안으로 포섭함으로써 한국 가부장제를 지속가능하게 하고 있는 것이다. 이것은 돌봄노동의 공백을 만들어냄으로써 그것을 메워줄 주변부 여성들의 이주를 부추기는 전지구적 자본주의의 확산이 일국의 가부장제 지속과 공모하는 예[34]라고 볼 수 있다.

그렇다면 이주노동 의제가 다문화 의제로 급작스럽게 전환한 것은 배제의 원리로부터 포섭의 원리로 옮아간 것으로 일단 볼 수 있다. 그렇다고 하더라도 그렇게 이분법적인 것만은 아니다. 다문화 가정 담론이 포섭적이라 하더라도 포섭하면서 동시에 배제하는 것이며, 이주노동의 양상은 다문화 가정 담론에 의해 가려지는 동시에 거기에 '문화'의 축이 새롭게 삽입되면서 포섭하는 측면이 있기 때문이다. 한국

---

32) 김현미, 앞의 글, 218쪽.
33) 안지현, 앞의 글, 106-7쪽; 김현미, 앞의 글, 217쪽.
34) 안지현, 앞의 글, 108쪽.

남성과 국제결혼을 하는 이주여성에 비해 남성 이주노동자들의 기본적인 인권, 노동권, 시민권을 더 많이 배제하고, 그들의 한국 여성과의 결혼생활에 많은 장벽을 두는 것은 한국의 가부장적 순혈주의 탓이다. 이렇게 인구통제와 조절 대상인 남성 이주노동자들에 대해서도 갑작스레 문화행사 위주의 문화정책을 펼치는 식의 방향 전환은 "문화적인 것의 유입과 함께 '적당한 수준에서의 통합'"을 위한 것이다. 다시 말해 정부의 다문화주의 기획 내에서 문화는 "이주노동자를 보다 잘 길들이고 사회적으로는 문화적 관용을 보여주는 지표로서 사용되고 있다." 이주노동자에게는 합법-불법(시민-비시민)-비정착의 틀이, 다문화 가정에는 문화-가족-정착의 틀이 작용하고 있지만, 동시에 어느 지점에서는 '문화'라는 코드와 함께 봉합되는 식으로 담론적 재편이 이루어지고 있다.[35] 인종적 기획이 문화라는 새로운 틀 안에서 진행되고 있는 셈이다.

이처럼 '이주노동자' 의제에서 '결혼이주여성'의 다문화 가정 의제로의 전환은 한국 사회에 인종적 질서를 세우는 데 '문화'가 적절히 활용되는 식으로 이주문제가 재편되는 양상을 보여준다. 이런 식의 재편이 지니는 문제는 정작 다문화 사회의 주요한 주체들인 이주민들 사이에 존재하는 상이한 정치적 입장과 문화적 욕구를 드러내는 다양한 목소리들이 배제됨으로써 그들을 또다시 주변화, 타자화, 동질화, 대상화한다는 점이다. 이 점을 주목하게 하는 "한국사회에서 다문화 가족은 국가, 시민사회, 이주여성들이 벌이고 있는 의미투쟁의 장"(김현미, 214)이라는 규정은 의미심장하다. 이러한 인식지평 속에서 결혼이주여성들을 만나 그 다양한 목소리들에 귀를 기울여 본 결과, 한국식 가족 만들기의 구조적 강제 과정에 순응하면서도 저항하는, 그래서

---

35) 이 문단의 지적들은 주로 안지현, 110-1쪽에서 따온 것임을 밝혀둔다.

매우 현실적인 갖가지 생존전략을 쓰는 '생존자'로서 또 '문화번역자'로서 이주의 동기와 함께 결합된 현대 가족의 이미지를 나름대로 구현하는 과정과 접촉할 수 있게 된다(김현미, 224-6).

그런데 이러한 목소리의 정치학이 개인 경험의 정치학에 머물러 그 경험이 하나의 문화집단을 재현하는 개인으로서의 측면에서 정의되는 데 멈추어서는 안 된다. 다시 말해 인종과 차이가 개별적인 측면에서 재규정되는 것은, 집단의 정치학이 내포하는 적극적 대항적 집단적 목소리로써 이의를 제기하는 공적 문화를 창출하는 것과 또 다른 차원이다. 결혼이주여성의 목소리들이 집단의 정치학과 연계되는 데에는 민주적 공론장의 형성이 필수적이다. 민주적이고 다문화적인 공론장을 활성화하는 데는 무엇보다도 자유주의의 동화주의적 통합주의라는 지향을 철폐하고 "거주민들과 이주민들의 상호연관과 상호침투 과정에서 형성되는 자기생성적이며 가변적인 정체성"(오경석, 9)이라는 새로운 인식지평을 또한 필요로 한다.

이러한 정체성 개념에 따라 이주 '노동'(남성) 의제의 '다문화'(여성) 의제로의 변환에 함축된 노동/문화의 이분법에 깔려 있는 젠더 이데올로기 역시 좀더 근본적으로 해체되어야 한다. 가족의 측면에서 정의되는 젠더 정체성이 여성의 일을 본질화하며 구조화함으로써 여성을 전체 '노동자'의 존재에서부터 배제하여 왔기 때문이다. 그러면서도 최근의 인종과 차이담론은 인종차별 받는 혹은 주변부 여성노동자의 이미지를 피해자로 구성하여 또한 퍼뜨려 왔다. 그러한 이미지 구성의 기저에는 여성을 남성과, 이성애 중심, 결혼 중심의 가족 단위와 연관지어 정의하는 가부장적 코드화가 자리 잡고 있다. 이 가부장적 코드화는 신자유주의 세계 자본주의의 인종차별적이며 젠더화된 착취 체계나 국제노동분업의 젠더화된 관계에 대한 인식을 배제한 채, 가부장적 온정주의를 따른다. 그러므로 가사, 출산, 양육 등 일상적인 노동뿐만 아니라 대다수 미숙련 비정규직 노동을 계속 하고 있는〈인종차별 받는 여성 혹은 주변부 여성〉의 '노동자' 정체성을 젠더 인종 계급 형성의 신자유주의 세계 자본주의 질서의 맥락에서 가시화함으로써 이주(남성)노동자와 다문화 가정의 결혼이주여성 사이에 설정된 젠더화된 경계를 풀고, '공통의 이해관계'의 기반이 되도록 하여야 한다. 그때라야 이 기반을 근거로 이주민들 사이의 정치적 연대가 잠정적으로 가능해질 것이다.

이와 같은 정치적 연대는 이주민들 사이에서 뿐만 아니라, 나아가 한국 사회의 농촌 남녀, 도시의 비정규직 남녀 노동자들이 서로 연결되는 잠정적인 연대를 가능하게 할 것이다. 이 연대를 촉발하게 할 민주적 공론장을 형성하는 과제에 이주여성들의 목소리를 들을 줄 알고 일상의 노동과 결부된 문화 논의를 할 줄 아는 여성주의 지식인들은 중요한 역할을 하게 될 것이다. 다양한 노동들을 일상적으로 수행하는 가운데 다문화 사회라는 진일보한 사회구성을 아래로부터 상상하는 지평을 갈무리해 내면서 허울 좋은 자유주의 권리 담론에 연연하기보다 정의와 책임 담론으로 무장한 사람들의 연대. 이것이야말로 민주주의를 심화하는 기획의 기반이며, 결국 급진적 민주주의 정신을 현장에서 살아 움직이게 하는 동력이다. 가부장적 사회구성에 대한 확고한 비판의식을 놓지 않고 이 급진적 동력의 자장에 합류하는 것이야말로 바로 다문화주를 여성주의적으로 재설정하는 데 필수적이라고 생각된다.

[제4부]

'아시아' 여성주의와
문학/문화연구

10
아시아 토착 여성문학의 지역성

1. 지구화, 아시아, 지역 여성

굳건하게 보이던 이데올로기와 민족국가의 장벽이 무너진 지 오래다. 국가들 사이의 경계를 무너뜨리며 종횡무진 움직이는 자본의 획일적 영향 아래 모든 것이 동질화되는 동시에 파편화된다. 전지구적 통합이 추진되는가 하면 민족·인종 간의 분리가 횡행한다. 이 이중적 양상을 관통하는 것은 인간과 자원에 대한 자본의 무차별적 통제이다. 이제 그 통제는 소위 제4세계[1]에까지 뻗치고 있다. 지구화라는 이 현상은

---

[1] 이미 16세기부터 세계가 자본주의의 제국주의적 흐름을 타게 되는데도 그 흐름과 동떨어진 채 자급자족하는 삶을 유지하며 제국주의 문화와 접촉하지 않았던 산촌과 숲에 살았던 부족민들, 토착민들의 공동체를 가리킨다. 최근 다국적 제약회사들은 대대로 전해져 온 약초에 대한 이들의 민간지식에 특허권을 설정하는 식으로 약탈을 일삼고 있다. Gayatri Spivak, *A Critique of Postcolonial Reason: Toward a History of the Vanishing Present* (Harvard University Press, 1999), pp. 380-5; Chandra Talpade Mohanty, "'Under Western Eyes' Revisited: Feminist Solidarity through Anticapitalistic Struggles," *Signs: Journal of Women in Culture and Society*, vol. 28, no. 2 (2002), pp. 511-4 참조.

아시아, 아프리카, 라틴 아메리카의 땅과 부족들을 둘러싼 서구 민족국가들의 군사적 쟁탈 논리에 의해 추진되어 왔다. 지구화라 이름 붙여진 서구 자본주의의 발전은 비서구의 자연과 자원을 탈취하는 폭력적 행위로 점철된다. 그 핵심에 여성의 섹슈얼리티와 노동 착취가 있다. 오늘날 화려한 자본주의 문화를 선도하는 서구 시민사회는 바로 자연, 이민족, 여성의 식민화에 기반을 둔 자본주의적 가부장제 세계체제[2] 위에서 구가된다.

미국중심의 전지구화 논리는 '자유' 무역, 구조조정 프로그램, 그리고 점차 더욱 빈번해지는 군사적 분쟁 등을 강제함으로써 다국적 기업들이 더 많은 이익을 거두도록 지원한다. 여기서 '문화적인 것,' '지역적인 것,' '차이'를 강조하는 것도 초국적 기업의 이해관계와 맞물려 있다. 지역문화들은 조각조각 나뉘어 그 단편들이 세계시장에 팔릴 만한 상품이 될 때라야 비로소 '가치'를 지니는 것으로 간주된다. 이 조각난 단편들이 세계시장에서 재결합됨으로써 모든 문화적 다양성은 표준화되고 동질화된다. 차이들은 서로 연결되지 못하고 파편화된다. 이렇게 다양성이 제대로 인정되지 않은 채 차이들이 지속되는 상황으로 말미암아, 인간과 자연 사이, 남성과 여성 사이, 전세계 여성들 사이에 상호연관성이 존재했던 곳에 분리가 심화된다.

이러한 지구화 속에서 아시아의 지역 여성들은 어떤 위치에 놓여 있는가? 서구라는 중심의 입장에서 보면 이 집단은 저 멀리 떨어져 있는 이국적 유산과 전통을 지닌 원주민·토착민이다. 중심의 위치에 있는 서구는 자기를 공고하게 해줄 순수하게 비서구적인 것을, 서구의

---

2) 마리아 미즈Maria Mies의 용어로, 『가부장제와 세계 규모에서의 축적 *Patriarchy and Accumulation on a World Scale: Women in the International Division of Labour*』(Zed Books, 1986)에서 개진되는데, 월러스틴의 세계 체제론을 원용하여 최근 젠더 관계의 인종주의적 구조화를 분석하고 있다.

순수한 타자를, 토착적인 것을 필요로 한다. 세계시장을 움직이는 서구 메트로폴리스는 중심과 다르면서도 중심에 동화될 수 있는 '지역적인 것'을 계속 요구한다. 이러한 서구의 시선 아래 아시아의 지역 여성들은 '문화적 차이' 및 '지역적인 것'으로서 분석과 호기심의 대상일 뿐, 역사의 주체로서나 대항지구화의 원천으로서 인식되지 못한다. 서구 남성지식인은 물론 페미니스트 지식인들도 아시아의 지역 여성들 사이의 광범위한 물질적·역사적 차이들을 무시한 채, 아시아 여성의 이국적 형상에 함축된 문화적 결핍을 추인하기 일쑤이다.

지난 10여 년간 서구 페미니즘 진영에서는 뭔가 특별히 다른 차이를 갈구하며 아시아 여성문학 및 아시아계 미국 여성문학 독해, 워크숍, 미팅, 세미나를 열렬히 펼쳐 왔다. 이 행사들을 떠받치는 온정주의적이고 자화자찬격인 명색만의 관심은 불쾌한 분리주의 이데올로기를 가린다. '원주민 여성'은 어디를 가든지 서구 페미니즘의 주요 대상들과의 불가피한 '차이'를 나타내도록 요구받기 때문이다. "그것은 마치 우리가 어디에 가든지 누군가의 개인동물원이 되는 것과 같다."[3] 이러한 불쾌한 압력에 맞서기 위해서는 아시아의 지역 여성이라는 포지션을 아시아 여성 편에서 적극 구축할 필요가 있다.

여기서 아시아의 지역 여성이라는 포지션은 또 하나의 차이로서 서구 페미니즘을 풍요롭게 해주는 역할을 거부하는, 지구적 식민화 과정들에 반응하며 개입하는 초국가적·비교적·관계적인 페미니즘적 실천[4]을 사유하도록 해준다. 이 사유는 각 지역, 국가, 민족을 거점으

---

3) Trinh T. Minh-ha, *Woman, Native, Other: Writing Postcoloniality and Feminism* (Indiana University Press, 1989), p. 82, pp. 79-88 참조.
4) M. Jacqui Alexander & Chandra Talpade Mohanty, "Introduction: Genealogies, Legacies, Movements," in M. Jacqui Alexander & Chandra Talpade Mohanty eds. & intro., *Feminist Genealogies, Colonial Legacies, Democratic Futures* (Routledge, 1997), p. xx.

로 지구적 자본주의 가부장제에 대항하는 맥락에다 아시아 여성의 위치를 놓는 데서부터 시작된다. 나름의 방식대로 토착 공동체를 지키거나 떠나거나 해온 아시아 여성들의 일상 경험을 형상화하는 문화적 재현물들은 바로 대항지구화의 토대로서 특정한 지역성을 구체화한다고 볼 수 있다. 이때 지역성이란 서구 입장에서 구획화해서 식민화한 영토이면서도 서구에서 발생된 근대성 논리에 포획되지 않은 차이의 공간을 시사한다. 서구적 논리에 결코 환원되지 않는 아시아라는 거대한 이질적 영역을 구성하고, 아시아 국가들의 정치경제적·인종적·문화적 차이들을 구성하는 핵심이면서도 각 지역의 여성들은 민족 부르주아지 중심의 남성주의 논리에 의해 가려져 왔다. 이러한 아시아 여성들을 가시화하고 거기에 초점을 맞추어 보면, 서구 남성중심 지구화와는 다른 국제적 연대의 원천이 될 요소들을 발굴해 낼 수 있을지도 모른다.

서구 쪽으로 편향되어 왔던 우리의 시선에 비판적 거리를 갖고 아시아에서 나온 페미니즘 문학작품들에 의식적으로 관심을 가져야 아시아 각국의 토착어로 된 의미 있는 작품들과 제대로 만날 수 있다. 그런데 아시아 페미니즘 문학작품의 아시아에서의 소통과 교류가 각 토착어 연구자들로부터 한국어로 번역되는 방식보다 영어 번역을 통해 더 많이 이루어지고 있는 형편에서 보듯, 서구문화의 첨병인 영어의 힘은 강력하다. 그렇다고 영어제국주의를 비판한다는 뜻에서 영어 번역물을 그냥 부인하는 것도 해결책은 아니다. 이런 복잡한 형편이 바로 오늘날의 소위 포스트식민적postcolonial 현실이라고 불리고 있다.

사실 아시아 페미니즘 문학작품들의 영어 번역물은 각 지역의 토착문학을 지구적 차원에서 읽히도록 하는 조건을 마련한다는 점에서 중요하고도 적극적인 의미를 지닌다. 문제는 서구 메트로폴리스 중심의 출판시장 메커니즘과 번역 작품들의 선별을 둘러싼 오리엔탈리즘적 상업적 기준, 비서구권 문학에 대한 번역자들의 안이한 태도, 각 작품의 역사적 문학적 의미망을 정확하게 인지하고 제시하는 이론적 역량이 미비한 데에 있다. 가야트리 스피박Gayatri Spivak이 인도 민족주의 문단에서 널리 인정받고 있는 마하스웨따 데비Mahasweta Devi의 작품들을 영어로 번역하고 거기에 치밀한 작품해제를 붙이는 것[5]도 바로 이 문제들에 대한 비판의식 때문이다.

2. 『상상의 지도들』의 지구지역적glocal 맥락

마하스웨따는 캘커타를 중심으로 광범위한 인도 중산층 독자층을 확보하고 있으면서 국제적으로 널리 알려진 아시아 여성작가이다. 1926년생인 마하스웨따는 동벵골(현 방글라데시) 지역 인도 좌파 지식인 집안의 영향으로 1942년부터 액티비스트로 활동하기 시작한다. 인도 독립 후에 그녀는 실천적인 언론인이자 작가로서 소수자minority로 밀려난 인도의 부족민tribe 문제[6]에 관심을 갖고 부족민들의 통합 운동

---

5) 스피박의 첫 번째 저작인 『다른 세상에서 In Other Worlds』(Routledge, 1987)에 영역英譯되어 있는 「드라우파디」와 그 해제, 「젖어미」와 그 작품분석인 제14장 「하위주체의 문학적 재현: 제3세계 여성텍스트」, 『상상의 지도들 Imaginary Maps』 (trans., Gayatri Spivak, Thema Calcutta, 1993)에 실려 있는 작품들의 영역과 「작가와의 대담」(i-xvi), 「역자서문」(xvii-xxvii), 「부록」(199-210)을 그 예로 들 수 있다. 『상상의 지도들』에는 단편 「사냥」, 중편 「한없이 너그러운 두올로티」, 중편 「쁘떼로닥틸, 퓨란 사하이, 삐르타」가 차례로 실려 있다. 한글 번역은 현재 「사냥」만 되어 있다. 박혜영 옮김, 「트랜스토리아」 제4호 (2004 하반기), 19-44쪽.
6) 인도의 원래 주민들로서 제국주의의 세례를 거의 받지 않은 아대륙subcontinent의 제4세계에서 살아왔다. 이들은 인도 독립을 위해 가장 열심히 끈질기게 싸움으로써 인도의 독립에 결정적인 역할을 한다. 그러나 막상 인도가 영국으로부터 독립한 이후 그들은 제반 권리로부터 배제되며 독립 후 인도 사회에서 가장 하위층으로서 차별받아 왔다.

에 개입하였고, 벵골 지역 부족민 여성들의 삶을 다루는 단편 및 역사소설을 많이 썼다. 스피박도 동벵골 출신인데 캘커타 대학을 졸업한 후 영국, 미국에서 학위를 한 후 미국 학계의 중심부인 컬럼비아 대학에 진입한 디아스포라diaspora 이론가이다. 1979년에 마하스웨따를 처음 만난 이후 스피박은 지금까지 마하스웨따와 긴밀한 관계를 유지하고 있다. 마하스웨따의 세 작품을 싣고 있는 『상상의 지도들』은 스피박에 의해 영역되어 1993년에 미국과 인도에서 동시에 출간된다.

스피박과 마하스웨따의 만남은 서구의 중심부에서 활동하는 디아스포라 포스트식민주의 페미니즘 이론가와 아시아 지역의 토착 액티비스트 겸 작가 사이의 유대라는 점에서 시사하는 바가 크다. 스피박은 마하스웨따와의 지속적 유대를 통해 자유주의적 다문화주의 미국 학계의 맹점과 한계를 날카롭게 인식해 낼 수 있었다. 스피박은 미국 문단에 확산되고 있는 영어로 번역된, 비서구권 여성작가들 및 비서구 출신 디아스포라 여성작가들[7]의 작품들이 '불쌍한' 비서구권 지역 여성의 삶에 대한 피상적인 호기심이나 동정심을 유발하는 또 하나의 문학적 재현으로 소비되는 현상을 누구보다도 신랄하게 비판해 왔다. 그래서 스피박은 자신의 이론적 역량과 영향력을 인정해 줄 국제적인 독자 대중을 염두에 두어서가 아니라, 자신부터 작가와 인도 소수부족 여성들과 제대로 만나기 위해 번역에 착수한다.[8] 번역이야말로 작품에 가까이 다가가 작품을 가장 친밀하게 읽어낼 수 있는 방법이기 때

---

7) 특히 이들의 작품들이 서구 문단에 인기리에 유포될 수 있었던 것은 "전형적으로 자유주의적인 중심부 독자들의 미적·정치적 취향에 근접해"(릴라 간디, 『포스트식민주의란 무엇인가』, 이영욱 번역, 현실문화연구, 2000, 196쪽) 있고, 지구화한 출판시장에서 국제어가 된 영어로 글쓰기에 디아스포라 저자들이 유리하기 때문이다.

8) Judy Burns ed., "An Interview with Gayatri Spivak," *Women & Performance* 5: 1 (1990), p. 85.

문이다. 그러한 마음으로 작품을 읽고 번역해야만 서구 제국주의의 역사에 동참하기를 거부해 온 사람들이 지켜온, 지구적 자본주의 가부장제 시대에 필요한 유물론적이면서도 생태학적인 인식소와 그것을 담아내는 문학 활동의 실천적 의미가 실감나게 전달될 수 있다는 것이다.

『상상의 지도들』은 '서발턴'[9]인 인도 소수부족민 중에서도 '젠더화된 서발턴gendered subaltern'의 삶에 초점을 맞추고 있다. 이 책에 재현된 '젠더화된 서발턴'의 삶은 이 개념의 비판적이고 저항적인 의미를 되살려 놓는다. 젠더와 계급과 인종을 둘러싼 차별적 구조들이 포스트 시대에 재편되는 과정에서 억압과 착취는 보이지 않게 작동되고, '차이'와 '문화'로 은근슬쩍 대체됨으로써 서발턴의 원래 의미가 희석된다. 자유주의적 다문화주의 미국 학계는 온갖 에스닉한ethnic 주변부, 소수자들에 무분별하게 '서발턴'을 갖다 붙임으로써 진보성을 자임하여 왔던 것이다. 스피박은 열광적으로 쓰이는 서발턴 개념에 맞서 "내가 말하려는 서발턴은 이 사회 밑바탕ground 층의 사람으로 이미 가부장적 실천의 희생자"를 뜻한다고 하면서 단순히 포스트식민 시대의 사람 혹은 에스닉 소수집단의 구성원을 지칭하지 않음을 분명히 한다. "변동중인 제국주의적 구성체들의 지속적인 서사에서 외국의 보조(IMF, IBRD) 및 외국 무역(GATT, WTO)에 의해서 실행되는 채무속박과 조공체계"[10]를 온몸으로 떠받치고 있지만 잘 보이지 않는 층위의 사람들이 바로 젠더화된 서발턴들이다.

이들은 자본의 회로에 포섭되지 않은 타자라기보다 사회적 이동

---

9) '서발턴'은 기존의 '민중'과 달리 계급이라는 층위만이 아니라 젠더 및 인종이라는 층위도 고려해 넣는 하층 주체의 다중적 위치를 개념화하는 용어이다. 이것은 단일한 본질 혹은 실체적 주체성으로서의 주체 개념을 비판하며, 포스트 시대의 복잡하고 복합적인 주체구성 방식을 함의한다.
10) Spivak, 1999, p. 101.

성에서 위로부터나 또 달리 말해 바깥으로부터 단절된 사람들과 집단들을 뜻한다. 따라서 이들은 식민주의적 주체를 생산했던 문화적 노선들로부터 어느 정도 단절되어 있는 것은 사실이지만 자본의 영향권을 완전히 벗어나 있는 것은 아니다.[11] 그렇다면 '젠더화된 서발턴'은 현 지구적 자본주의 가부장제라는 지배구조 안에서 그 구조에 균열을 내고 내부를 파열시킬 수 있는 근거지를 구축할 수 있는 가능성의 포지션을 가리킨다고 볼 수 있다.

그런데 「서발턴이 말할 수 있는가?」라는 스피박의 문제제기에서 보듯, 더욱 교묘해지는 제국주의적 문화장치와 지식생산체계[12]로 인해 젠더화된 서발턴들은 갈수록 더욱 깊은 침묵 속에 있게 된다. 그러므로 이들의 침묵을 말해 내기 위해서는 '아래로부터 배우는 법을 배우기'[13]로써 이들의 말에 제대로 귀 기울이는 노력을 끈기 있게 또 집요하게 해내어야 한다. 『상상의 지도들』의 「역자 서문」에서 그람시의 유기적 지식인 개념을 바탕으로 서발턴과 지식인의 관계가 소중한

---

11) Gayatri Spivak, "The New Subaltern: A Silent Interview," in Vinayak Chaturvedi ed. & intro., *Mapping Subaltern Studies and the Postcolonial* (Verso, 2000), p. 325, p. 327 참조.
12) 이것의 주요 구성인자는 1990년대 이후 미국 문화연구 진영을 주도하고 있는 디아스포라 포스트식민주의 이론가들이다. 거대한 비서구권의 전체 문제를 이민자·이산자의 문제와 동일시함으로써 제국주의의 진짜 문제를 가리는 결과를 빚는 이들의 다문화주의적 주장은 토착지역에 붙박이로 남아 있을 수밖에 없는 대다수 젠더화된 서발턴 여성들의 침묵과 착취를 은폐하는 데 공모한다. 이들은 국제적 노동분업 관계 속에서 특정한 지정학적 입장을 갖고 지식 시장에서 물질적 이익을 얻고 있으면서도 그렇지 않은 투명한 존재인 양함으로써 신(재)식민화를 꾀하는 제국주의적 문화침탈의 정치, 지식생산의 정치에 공모한다. Gayatri Spivak, "Women in Difference," in *Outside in the Teaching Machine* (Routledge, 1993)과 *A Critique of Postcolonial Reason*의 제4장 「문화」 참조.
13) 'learning to learn from below': "The New Subaltern," p. 333. 이 테제는 엘리트/서발턴 사이의 이분법과 엘리트주의를 넘어서고자 하는 동시에 지금 시점에서 절실하게 필요한 '아래로부터의 지구화'를 위한 '아래로부터의 미학,' '아래로부터의 역사 쓰기'에 동참할 것을 요청한다.

'비밀의 만남'이라고 규명되고 있는 것도 바로 그러한 맥락에서이다. 이 만남은 주체 대 주체 사이의 친밀하고도 깊은 관계를 함축한다. 그래서 제국의 메트로폴리스에서 활동하는 디아스포라 이론가인 스피박에게 가장 먼저 필요했던 것은 벵골 토착 지역성을 구현하는 여성작가 마하스웨따 데비가 지구적 자본주의 가부장제 구조 속에서 가장 박탈당한 인도 소수부족여성이라는 젠더화된 서발턴들과 오랜 세월에 걸쳐 지속적으로 형성하게 되는 관계를 이해하는 것이다. 역자가 그 관계에 가까이 다가가지 못하면 인도 소수부족여성의 삶을 번역을 통해 제대로 재현할 수 없다.

『상상의 지도들』은 지구적 자본주의 가부장제 체제 속에 있는 '젠더화된 서발턴'으로서 인도 소수부족여성들의 삶을 가시화하고 이들의 말을 재현해 내고 있다. 이들은 지구적 자본과 민족국가에 공모하는 인도 민족부르주아지 개발업자들, 녹색혁명주의자들, 농업 자본가들과 아주 다른 이질적인 공간에 거주한다. 무엇으로도 환원될 수 없는 아시아 지역 여성들의 이질성이야말로 소위 신생 독립국가들이 대부분 직면하고 있는 재(신)식민화 현실에 관철되고 있는 '개발,' '근대화,' '민주주의'라는 코드들 ― 기존의 폭력적 구조들 ― 을 안에서부터 해체할 수 있는 탈식민의 원동력을 갈무리할 원천이다. 『상상의 지도들』에 실린 세 작품들은 바로 이러한 지구지역적 맥락 속에 놓여 있다.

3. 「사냥」에 나타난 벵골 지역 여성의 대항지구화

『상상의 지도들』맨 앞에 실려 있는 「사냥」은 탈식민 역사의 주체로서 여성재현, 저항의 페미니즘적 지역 정치에 대한 비전, 젠더-계급-인종이 다중적으로 얽히는 주체구성이라는 결들로 짜여 있다. 특정 지역에서 살아 움직이며 갈등하고 선택하는 개별 남녀들의 구체적인 일상 생활세계가 이 결들의 바탕을 이룬다. 「사냥」은 인도의 원래 주인이었던 부족민들의 변해 가는 삶 속에서, 독립 후 인도가 처한 포스트식민 상황 속에서 소수부족여성 노동자 메리 오라온Mary Oraon이 저항적 주체가 되어가는 과정을 그리고 있다. 작품의 주요 배경은 부족공동체의 숲 생활에 주류 민족세력의 개발과 근대화 바람이 몰아치고 기차·도로·트럭·벌목[14])이 횡행하는 상황에서 12년에 한 번 돌아오는, 여성들이 주체가 되는 사냥 축제이다.

    메리는 백인 플랜테이션 목재업자의 아들과 그 목재업자의 집에서 하녀로 일했던 비끄니Bhikni라는 부족여성 사이의 사생아이다. 메리의 아버지는 메리가 태어나기도 전에 호주로 떠나가 버린다. 따라서 메리는 부족민의 땅과 부족여성의 몸을 동의 없이 강제로 점령한 백인 식민주의의 폭력으로부터 생겨난 부족민, 혼혈아, 사생아, 하녀, 여성이라는 혼종적 정체성을 갖는다. 그녀는 자연과 여성과 이민족의 식민화를 기반으로 한 지구적 자본주의 가부장제의 산물이다. 메리는 백인 농장주가 떠난 후 그 자리를 차지한 토착 지주인 쁘라사드Prasad의 집안일을 도맡아 할 뿐만 아니라 숲의 사라수 열매를 따서 시장에 내다 팔고 장을 보아오는 등, 열 사람 몫의 일을 한다. 쁘라사드 부부는 메리가 없으면 어떻게 살아 나갈지 모르겠다고 말할 정도이다. 그런데도 그녀가 받는 급료는 변변치 못하며 착취되고 있다. 하지만 그녀는 부족공동체의 능동적인 사회구성원으로서 공사영역을 가로지르며 야무지게 많은 일들을 해내며, 자신의 독립적 미래를 적극적으로 구상한다.

---

14) 마하스웨따는 서구적 근대화의 이러한 산물들을 벵골어가 아니라 영어로 강조해서 쓴다.

「사냥」의 중심 플롯은 숲의 거주민들은 안중에도 없고 토착 지주들마저 속여서 무차별 벌목으로 이윤을 거두는 도시의 거간꾼 떼호실다르Tehsildar가 메리에게 욕정을 느껴 그녀를 쫓아다니며 못살게 구는 상황에서부터 펼쳐진다. 메리는 저열한 욕망에 희번덕거리는 떼호실다르를 바로 그 욕망을 역이용해 12년에 한 번씩 여성의 사냥을 허용하는 수렵제에서 잡아 죽인다. 그리하여 그녀는 가부장제의 법과 제도에 의해 늘 쫓겨 다니던 사냥감에서 여성을 위해 준비된 지역의 특이한 전통에 힘입어 과감한 사냥꾼으로, 옛날의 강간을 여성의 입장에서 재전유해 다시 쓰는 사냥꾼으로 변모한다.

이러한 주체로의 변모를 놓고 인도 소수부족여성의 저항성을 지나치게 낙관적으로 그린 것은 아닌가 하는 의문을 제기할 수 있을지도 모른다. 하지만 자신을 추격하는 사나운 짐승을 사냥할 수 있었던 메리의 힘은 자기의 삶에 끊임없이 위협을 가해오는 많은 파도들을 타넘기 위해 현재와의 살아 있는 접촉을 통해 토착적인 방식들을 창의적으로 변형시켜 내는 능력에서 나온다. 메리는 집, 숲, 들판, 강에서 다양한 노동을 하는 과정에서 이 능력을 키워 왔다. 그녀는 자신에게 낯익은 삶의 지평 안에서 자신에게 다가온 갈등적 상황을 회피하지 않고 직면해 결단하고 행동을 취한 것이다.

또한 메리의 행동을 생명을 양육하고 보살피기는커녕 살상이라는 폭력을 실행한다고 배격하고 비판할 수도 있을 것이다. 하지만 그러한 분석은 사냥 자체가 자연에 입각한 행위임을 부정하고 폭력/비폭력의 관념론적 이분법에 빠져, 지배자 입장에 있는 떼호실다르의 반여성적 범죄 행위의 의미를 묵인하면서 생명은 무조건 지켜야 한다는 획일적 보편주의에 빠진다고 하겠다. 사냥이라는 것은 먹고 먹히는 관계망이라는 생태계의 원리에서 보자면, 생명을 약탈하는 인위적인 살상 행위라기보다 매우 자연적인 행위이다. 한 개체가 다른 개체의 생명을 빼앗는 것 자체가 생태계를 작동시키는 자연의 원리이기 때문이다. 따라서 사냥도 무분별한 잔인한 살상 행위로 이어지지 않는다면 자연에 부합하는 행위이다. 살상이라는 폭력도 죽음과 생명의 순환이라는 생태계의 원리에서 보면 자연의 흐름이다. 자급적 공동체라는 것 자체도 항상 이상적인 상태로 있다기보다 가부장제 요소들에다 자본주의적 요소가 이미 들어가 있는 복잡하고 복합적인 생활공간이다.

지구적 자본주의 가부장제라는 현재의 조건과 터전에서 가능한 새로운 관계맺음의 원동력을 지역의 특정한 자연 및 노동조건에서 또 전통의 창의적 재구성에서 구한다는 것은 무엇을 말하는가? 생명을 존중하고 공생을 추구하는 삶을 살고자 하되 무엇과의 공존을 위한 것인지 구체적 상황마다 개별 여성의 개체성에서 연유하는 결단과 선택에 따라 결정됨을 말한다. 메리는 자본주의 가부장제의 악덕을 대변하는 떼호실다르와는 결코 공생할 수 없다는 상황적 지식에 따라 행동한 것이다. 그 행동은 광활한 숲과 대지와 상호작용하고 호흡을 함께 하는 가운데 자신의 몸과 마음으로 살고 판단하는 개체로서 메리가 치르는 하나의 의식儀式이다. 그 의식을 치르고 나서 자신의 새로운 삶을 실현하기 위해 작품의 결말에 이르러 약혼한 남자한테 달려가는 메리는 그와의 성관계를 기쁜 마음으로 열망하는 성적性的 주체로 재현되고 있다. 이 결말에 대해 결국 인도 소수부족여성의 저항성을 낭만화, 이상화하고 있다는 혐의를 둘 수도 있겠다. 하지만 지역공동체를 떠나 낯선 곳에서 새로운 삶을 꾸려가야 할 메리의 삶은 그리 순탄하지 않을 터이니 사실 작품의 결말은 온갖 가능성들로 열려 있는 셈이다.

「사냥」은 부족민의 오랜 생태적 상상력을 바탕으로 지구화에 대항하는 주체성의 원천을 지역에서 구하는 페미니즘 정치를 보여준다. 「사냥」의 이 면모는 작가의 생생한 현실 감각에서 나온다. 이것은 숲에서의 채집으로 살아가는 대다수 부족여성들의 생존 기반인 숲을 지키기 위해 다국적 기업의 벌목업자들이 벌목하지 못하도록 나무를 부둥켜 앉고 벌인 칩코Chipko 운동의 성공적인 사례[15]를 통해서도 확인된다. 「사냥」은 지구적 자본주의 가부장제의 사정없는 공략으로 급속히 변화해 가는 인도 부족공동체 속에서 있을 법한, 지역의 페미니즘 정치를 실행하는 여성의 주체화 과정에 주시할 것을 우리에게 종용한다.

4. 마하스웨따와 박경리의 작품들 겹쳐 읽기

마하스웨따와 박경리 선생은 같은 시기에 태어나 지금까지 열정적으로 활동하고 있다는 점에서 경이적이다. 식민지 시대 여성 삶을 다루는 단편들뿐만 아니라 민족주의자, 공산주의자, 아나키스트들을 다루는 대하 역사소설들을 많이 쓴다는 점에서나, 벵골 지역들, 하동 및 충무 등 경남 지역의 토속어 사용은 물론 민간 토속 전통을 그려낸다는 점에서 두 작가는 유사한 작품 활동의 의미 있는 궤적을 보여주고 있다. 한국이라는 땅에서 한국의 문학에 닫혀 있기보다 아시아 문학을 향해 열린 눈을 갖기 위해서 이 두 작가의 작품들을 읽고 서로 비교하는 작업은 시의적절하고 유용한 부분이 많을 것이다. 21세기라는 지금의 시점에서 두 작가의 작품들을 함께 읽는 가운데 그 관계성과 공통성을 찾아내고 그것을 바탕으로 차이와 특이성을 규명해 내는 것은 지구지역적 맥락에서 아시아 문학을 보는 새로운 눈을 갖도록 할 것

---

[15] 1973년 테니스 라켓 제조회사인 사이몬은 호두나무 벌채작업을 시작한다. 고페쉬왈 산간마을을 벌목하기 시작하자 마을의 여자들은 벌목대상 나무를 껴안고 "나무를 베려거든 차라리 내 등에 도끼질을 하라"고 온몸으로 저항하여 벌목작업을 중지시켰다. 제레미 치브룩, 「칩코 운동과 인도여성」, 『녹색평론』 통권 제27호(1996년 3-4월), 41-50쪽 참조.

이다. 이 새로운 눈을 밝히는 데서 그동안 가장 비가시화되어 온 '젠더화된 서발턴' 여성들에 주목하는 페미니즘적 시선은 선호의 문제나 선택의 문제가 아니라 필수적인 축이라고 본다.

앞서 살펴본 「사냥」에서 우리는 영국 제국주의의 잔재인 개발의 폭력에 대항하는 부족여성을 볼 수 있었다. 이 책의 3장 5절에서 논의된 마하스웨따의 「젖어미」와 「한없이 너그러운 두올로티」에 그려진 젠더환된 서발턴 여성은 자본주의 가부장제의 거센 압력 앞에 외롭고 비참하게 죽어간다. 이 두 작품은 여성주의 의식에 눈 뜨게 되어 자신의 정체성을 찾아가는 서구 개인주의적 부르주아 여성주체와 달리 그러한 성장과정을 밟지 못하는 이질적인 궤적에 초점을 맞춤으로써 주체가 주체로 되지 못하는 '서발터니티'의 공간을 재현한다.

「드라우파디」는 돕디라는 부족여성을 그리고 있다. 그녀는 영국 제국주의에 맞서 싸우는 인도 독립운동에 남편과 함께 참여하다가 수색을 피해 도피하던 중, 영국 제국주의에 기생하는 인도 지역 사령관에게 체포되어 군인들에게 윤간을 당한다. 그런데 윤간을 당한 돕디는 그저 불쌍한 피해자만은 아니다. 그녀는 군인들이 이미 찢어놓은 자신의 옷을 완전히 벗어버린 채, 그녀를 취조하러 온 사령관과 벌거벗은 몸으로 대면한다. 사령관은 돕디의 행위를 이 세상 무엇보다도 무섭고 두렵게 느낀다. 「드라우파디」의 이 마지막 장면은 아무리 벗겨도 계속 새 옷을 입을 수 있는 인도 여신 드라우파디를 토착 부르주아 남성 세력에 대항하는 자원으로 활용하고 다시 쓴 셈이다. 말하자면 돕디는 피해자인 동시에 대항하는 주체로서 그 원동력과 생명력을 부족여성의 입장에서 재전유한 힌두 신화에서 구한 것이다.

한국에는 인도의 부족공동체나 부족 문화 집단 같은 것은 없었다. 그러나 『토지』에서 오랜 시련과 싸움을 거쳐 평사리 공동체를 어느 정도 회복하게 한 해방의 원동력은 대지가 갖는 신성한 생명창조의 원리 혹은 영성이다. 이 토지의 영성은 주로 숲에서 살았던 인도 부족민의 생태적 생명사상 혹은 영성과 유사하다.[16] 『토지』에 나오는 수많은 미미한 인물들 하나하나를 "각기 어떤 것으로도 비길 수 없는 실존의 무게를 가진 인물들로 묘사"한 것은 "영성의 존재로서 생명을 표현하고… 한민족의 세계관으로서 생명 사상"을 표현한다.[17] 평사리는 신분제의 억압 속에서도 그것을 넘어 만물의 성장과 소멸, 생과 사, 희극과 비극이 서로 교차하고 어우러지는 자연의 순환론적 시간구조와 함께 함으로써 농촌 공동체를 유지해 왔다. 그러다가 일본 제국주의가 부과하는 근대 자본주의의 일직선적 시간구조와 그 물질주의의 힘 앞에 토지를 빼앗겼지만 결국 그것을 되찾게 된다. 평사리 농민들의 결속과 응집력으로 가능했던 그러한 탈환의 원동력은 바로 평사리라는 농촌지역의 대지와 땅이 함축하는 생명사상에서 구해질 수 있다. 그들이 지리산이나 머나먼 만주의 용정으로 또 신경으로 가서 독립운동을 하게 했던 힘도 그들 삶의 오랜 터전이었던 대지와 땅을 떼어 놓고서는 생각할 수 없다. 『토지』는 서구 제국주의와 일본 제국주의의 이중적 식민화의 공략에 맞서는 아시아의 토착 지역으로서 평사리라는 농촌 삶의 면면을 풍부하고 방대하게 기록함으로써 대항지구화에 필수적인 '농촌적인 것the rural'의 가치를 되새겨보게 한다.

『토지』에는 「드라우파디」의 돕디와 같이 직접 독립운동에 개입해 체포되는 좀더 강력한 의식을 갖고 행동하는 젠더화된 서발턴 여성은 나타나지 않는다. 그런 점에서 『토지』는 대항적인 여성주의적 주체의 역동성에서는 떨어진다고 하겠다. 하지만 국내 독립운동의 거점이었

---

16) 『토지』에 그려진 대지의 신성함을 지모신地母神으로 파악하며 인도의 다산 숭배 신화와 연결시키는 논의로는 이윤정, 「신화로 풀어본 『토지』의 '땅성' 연구」, 『왜 다시 토지를 말하는가』, 김형자 외(태학사, 2007); 217-56 참조.
17) 최유찬, 『『토지』를 읽는다』(솔, 1996), 490쪽.

던 지리산에 반드시 투쟁을 위해 모여든 것만은 아니지만 그 저항적 공동체에 합류하는 여성들이라든가 귀녀, 월선, 봉순의 재현은 좀더 광대한 삶의 촘촘한 그물망이라는 맥락에서 보면 분명 의미가 있다.

『토지』를 이끄는 중심인물 서희는 출신은 서발턴이 아니었지만 땅과 신분을 빼앗기고 쫓겨나 서발턴이 된다. 그녀는 자신의 땅과 원래 신분을 되찾기 위해 만주에서 매점매석 행위를 하는 상업적 자본가로 변신함으로써 평사리로 귀환할 수 있었다. 물론 서희의 이러한 면모는 애초에 작가가 작품의 제목을 정할 때부터 염두에 두었던, 원시적 자연성으로서의 "대지도 아니고 땅도 아닌 것"으로서 인간의 역사와 관련되는 "땅문서를 연상하게 되고 '소유'의 관념을 포함"하는 토지[18]와 연관된다. 다시 말해, "'토지'는 삶의 기본 터전이라는 의미를 갖고 있으면서도, 다른 한편으로 전통적 봉건사회의 붕괴 이후 자본주의 체제의 교환 대상으로서 자본 개념이 투입된 의미를 갖는다."[19] 그러나 카스트 제도가 엄격한 신분제 사회인 인도에서 최하층인 부족 서발턴 여성이 보여준 바, 제국주의나 자본주의에 몸으로 대항하고 투쟁하는 공간이라는 대목은 『토지』에서는 아무래도 약한 부분이라 하겠다.[20]

인도의 부족공동체는 독립 후 개발과 발전에 여념이 없는 인도 주류사회와 거리를 두고 있고, 인도의 최고 밑바닥 문화권에 속한다. 그렇지만 인도 부족집단의 공동체 문화에 잠재된 가치와 인식은 자본의 물결에 휩쓸리지 않고 그것을 다시 고쳐 쓸 수 있는 행성의 사유, 행성의 지평 같은 것을 제시하고 있는지도 모른다. 구체적인 역사 속의 생

---

18) 김치수, 「박경리와 이청준」, 『박경리와의 대화』(민음사, 1982), 167면.
19) 김성수, 「일제 상업자본의 유입과 식민지 근대의 양상」, 최유찬 외, 『『토지』의 문화지형학』(소명, 2005), 170쪽.
20) 『토지』에 나타난 여성문제 인식에 대한 자세한 논의로는 김성희 외, 「『토지』에 나타난 여성문제 인식과 역사의식」, 『여성』 3호(1989년 4월) 참조.

활공간에서 보자면 부족여성들의 민주적 문화적 권리를 확보하기 위한 노력들이 시급하다. 그것과 동시에 좀더 깊은 시선에서 우리가 지녀야 할 사유의 지평이나 전망을 새로운 차원에서 상상해 보는 노력도 필요하다. 우리와 같은 아시아 권역의 인도 부족 문화에 좀더 깊은 관심을 기울여야 하는 것은 바로 그 때문이라고 생각된다.[21]

---

21) 10장 4절의 논의는 마하스웨따와 박경리 선생의 작품에 대한 본격적인 비교문학적 연구라고 보기엔 미흡하다. 「드라우파디」와 같은 단편소설과 『토지』와 같은 대하장편소설을 비교하는 것도 비교대상의 적절성 자체에 문제의 소지가 많다. 하지만 10장의 문제의식에 비추어 앞으로 좀더 정밀하게 아시아 여성문학작품들의 비교를 촉구하려는 뜻에서 일단 시도해 보았다는 데 의의를 두고자 한다.

11

아시아 디아스포라, 민족국가, 젠더: 『딕테』

10장에서 아시아의 토착 지역을 배경으로 한 여성문학작품들을 서로 비교해 보는 작업을 본격적으로 착수하지는 못했지만 그 작업이 갖는 의미와 중요성을 탐색한 바 있다. 비교적 유동성이 덜한 아시아 토착 지역의 여성문학에 비해 아시아 디아스포라diaspora(이산離散) 여성문학은 지구화 시대에 본격화된 복수의 지역성을 적극 구현한다. 그러므로 이 두 영역은 각기 어떤 상상력과 인식의 지평을 보여주는지 비교해 보고 둘 사이의 관계 또한 살펴볼 만하다.

    아시아의 토착 지역은 서구의 입장에서 구획화해 식민화하고 약탈한 영토에 머물지 않고 서구중심의 제국주의적 근대성 논리에 아직 포획되지 않은 공간을 상정하는 지역성을 내포한다. 그 지역성이란 민족국가의 경계를 상당부분 유지하면서도 서구화, 지구화에 대항하는 능력을 잠재하고 있었다. 그러한 지역성을 생생하게 구체화하는 것은 바로 지역의 문화와 가치체계를 바탕으로 한 주체적인 시선과 몸짓을 형상화하는 문학적 재현 작업이라는 점에서 문학을 읽는 일의 중요성을 강조한 바 있다.

그런데 오늘날 특정 지역에 고착되어 사는 대부분의 토착 아시아 여성들의 삶 자체도 국경을 넘고 다양한 문화들이 중첩되는 '이산의 경험'과 무관하지 않다. 물론 아시아 디아스포라 여성주체들과 비교하면 아시아 토착 지역 여성들에게 '이산'은 덜 결정적일 것이다. 그렇지만 토착 지역 여성들도 영토로는 아닐지 몰라도 비유적으로는 이미 '이산' 상태에 있다고 볼 수 있다. 그러므로 아시아의 토착 지역성에서 출발하는 여성문학과 아시아계 디아스포라 여성 글쓰기는 그렇게 동떨어진 것이라기보다 접점을 가지고 있으면서도 차이를 갖는다고 보는 편이 맞을 것이다.

이 장에서는 아시아 토착 지역의 여성문학과 아시아 디아스포라 여성문학이라는 두 영역을 놓고 본격적인 비교문학적 접근을 시도한다기보다 '민족국가'에 대한 디아스포라적 상상력과 인식의 지평은 어떤 것일지를 살펴보고자 한다. 그 작업에서 예컨대 디아스포라는 '민족국가'의 의미망과 관련하여 좀더 유연한 새로운 주체성의 지대를 구축할 것인가, 복수의 지역성들을 유랑하며 배회하는 것으로 끝날 뿐인가 하는 물음은 주요한 잣대가 될 것이다. 여기서는 이 물음에 젠더의 범주를 개입시키는, 디아스포라에 대한 페미니즘적 개념화 작업에 중점을 두고자 한다. 필자는 이 개념화 작업에 몸의 유물론적 페미니즘 시각이 필요하다고 본다. 그래서 왜 이 시각을 주장하는지 논의하는 것으로 이 장을 시작하고자 한다.

1. 디아스포라를 몸의 유물론적 페미니즘 시각에서 개념화하기

최근 우리의 삶은 전지구적global 맥락에서 진행되는 빈번한 이동으로 점철되고 있다. 비평이론 영역에서 탈영토화deterritorialization, 안-사이

in-between, 경계border, 경계지대border/land, 탈장소displacement와 같은 공간적 비유들이 많이 등장하는 것도 그러한 이동과 무관하지 않다. 그러므로 대규모의 지구적 이동으로 경계를 넘는 '탈장소'의 경험이 많아지고 새로이 부상하는 디아스포라 주체들이 생긴다는 것은 놀라운 일이 아니다. 이와 같은 현상은 여러 이유들에서 발생하는 것일 터인데, 최근의 이동들은 소위 '망명'이나 '추방'과 같은 정치적 이동들과 '이민'과 같은 경제적 이동들 사이의 역사적 구분을 이미 깨뜨리고 있다.

지구적 경계 넘기라는 최근의 맥락에서 주목할 것은 디아스포라, 노마드, 추방, 이주 등과 같은, 공간성과 탈장소에 기초를 둔 새로운 주체화 양식들이다. 지구적 이주의 시대에 이 새로운 현상들과 부상하는 주체성들을 이론화하는 데서 시간보다는 장소가 중요한 요소임은 명약관화하다. 계속 바뀌는 장소들은 이제 더 이상 추상적 개념들이 아니다. 우리가 언제나 특정한 장소에 있고 우리가 몸을 지닌 현존으로서 산다는 것은 우리 몸이 바로 그 장소라는 점을 말하기 때문이다. 그러므로 지구화 시대 삶을 이해하는 데서 '몸의 문제틀'은 중요해진다.

1절에서는 우리의 현재 삶을 표상하는 공간적 비유와 관련된 주체화 양식 중에서도 디아스포라에 맞춘다. 디아스포라가 지구화 시대 일반과 소위 제3세계 중 하나의 대륙이자 권역region인 아시아 출신의 디아스포라 여성을 해명해 주는 역사적으로 유용한 담론적 분석적 도구로 보기 때문이다. 여기서 아시아를 '제3세계'로서 다시 상기하는 것은 '제3세계'가 갖던, 제국주의적 서구 국가들에 의해 초래된 위계적 '세계구획'에 대한 비판 의식과 그 구획을 '아시아'로 재구축하는 과정에서 다양한 형태로 드러나는 정치적 수사적 잠재력을 인식하기 위한 것이다.

이러한 목표에 따라 '제3세계'로서 아시아라는 인식에서 제기될 만한 지구화 시대 (초)민족국가(주의)[1]라는 이슈를 젠더와 연결시키는 방식으로 디아스포라에 대한 페미니즘적 개념화를 시도하여 본다. 민족국가는 지정학적 이해관계에 따라 전지구화 경향에 동조하면서 동시에 저항하는 식으로 재위치화되고 있는데, 거기서 아시아 여성들의 이동과 이주가 핵심 역할을 하고 있기 때문이다. 지금까지 디아스포라, 젠더, (초)민족국가(주의)라는 상호연결된 이슈는 간간히 다루어져 왔지만 몸의 유물론적 페미니즘적 관점에서 이론화하려는 시도는 거의 없었다. 1절에서 그 공백을 메워볼 터인데, 먼저 디아스포라 일반에 대해 살펴보고자 한다.

현대의 디아스포라는 특히 1960년대 이후 가속화된 전지구적 자본의 유연한 재배치와 관련된 (초)민족국가성transnationality의 정치경제적 기표이다. 서구 사회에서 디아스포라는 바빌론 유수 이후 유태인이 전세계로 흩어진 현상과 강력하게 연관되어 있는 종교적 이유 때문에 일어난 탈장소의 특수한 형태로 언급되어 왔다. 하지만 이 '전통적'(실은 유럽중심적)인 디아스포라 모델은 20세기 후반 디아스포라들을 이론화하는 데에 더 이상 적절하지 못하다. 우리 시대의 디아스포라는 여러 가지 이유들 때문에 형성되어 왔으며 그 에스니시티 또한 그들로 하여금 고국을 떠나지 않을 수 없게 한 상황들만큼이나 다양하여 각 디아스포라 집단의 역사적 궤적들은 결코 동질적이지 않다.

20세기 후반 디아스포라 구성체들은 특히 자본의 자유로운 이동에 따라 국민국가의 경계들을 횡단하면서 '민족국가' 개념을 흔들어 놓고 있기 때문에 '민족국가'라는 이슈와 결정적으로 관련되어 있다.

---

1) transnationalism은 미국의 입장에서 보면 '초국가주의'이지만 제3세계로서 아시아의 입장에서 보면 국가는 단순히 국가라기보다 민족국가에서처럼 '민족'의 함의가 여전히 강하고 '초'에 대해서도 민족국가를 넘어서면서도 그렇지 않는/못한 측면을 갖는다는 점에서 '(초)민족국가(주의)'라고 쓰기로 한다. 이에 따라 transnationality도 '(초)민족국가성'이라고 표현한다.

우리가 살고 있는 바로 그 1차적 장소인 몸을 지닌 우리의 존재를 다른 곳에서 다시 뿌리내리도록 하는 게 디아스포라가 의미하는 바이다. 그렇다면 이산자들에게 '민족국가'란 고국 외의 다른 곳에 살고 있으면서도 그들이 동일시하는 고국 혹은 하나의 상상된 공동체라는 의미를 지니는 것일까? 우리는 다시 뿌리를 내린 몸들의 견지에서 (초)민족국가성을 어떤 식으로 정의할 수 있을 것인가?

이 물음에 대한 답의 일환으로, 디아스포라를 다른 형태의 이동들과 구분해 보도록 하자. 디아스포라는 추방, 노마드, 이민과 어떤 차이를 갖는가? 추방이라는 이동 형태는 자신의 '고향' 사회와 (정치적으로) 대립하는 개인이 추구하는 것으로서 소위 자유민주주의 사회의 코드들이 확립되었던 서구 근대 사회로부터 출현하기 시작하였다. 정치적이거나 그 밖의 다른 이유에서 자기 의지로 선택하는 면이 많으며, 언제든 고향으로 돌아간다는 열망과 고향에 대한 향수가 크다. 이렇게 주로 개인과 관련된 추방과 달리 디아스포라는 집단성과 관련되며, 나아가 "디아스포라 집단들 사이의 지리적으로 흩어진 네트워크들"[2]을 시사한다. 그렇다면 디아스포라는 유태인들과 연루된 유럽중심적 틀에서 드러나는, 역사적으로 특수한 경험에 한정될 필요가 없다. 오히려 디아스포라는 "서로 다른 디아스포라 구성체들 사이와 내부의 관계성에 대한 계보학적 분석"[3]을 위한 하나의 이론적 개념으로서 확장되고 풍부해질 수 있다.

몇몇 이론가들의 작업과 더불어 노마드는 포스트모던 주체성으로 재형성된다. 노마드는 권력을 행사하는 국가와 사회의 고착된 권위나

---

2) John Durham Peters, "Exile, Nomadism, and Diaspora: the Stakes of Mobility in the Western Canon," *Home, Exile, Homeland*, ed. Hamid Naficy (Routledge, 1999), p. 20.

3) Avtar Brah, *Cartographies of Diaspora* (London and New York: Routledge, 1996), p. 241.

정체성, 지역, 고향을 부정하며 세계의 모든 곳을 자기 집처럼 자유자재로 떠돌아다니는 포스트모던한 주체성을 표상한다. 브라이도티는 포스트모던한 페미니즘적 형상화들 중 하나로 노마드 주체를 꼽는데, 노마드는 "정해진 관습들을 전복하기 위한" 가능한 방식들을 보여주는 "정치적 허구"이지 문자 그대로 세계 곳곳을 여행하는 사람이 아니라고 한다.[4] 그렇다면 브라이도티의 '노마드 주체'는 일종의 지적 노마드이며, 사유와 전복적 위반의 새로운 영토적 이미지들로써 우리를 유혹한다.

그렇지만 이와 같은 지적 유목주의는 흑인들의 디아스포라에서 보듯 강요된 이동에 의한 고통이나 새로운 고향 만들기의 어려움을 고려하건대 상징적/문화 자본 혹은 전자적 이동성에 접근할 수 있는 특권층과 일정하게 연결되어 있다. 그 노마드 주체는 아직 접촉되지 않은 유목민의 '사막'과 같은 경계지대의 야생성을 접수하고자 시도한다.[5] 특정 지역에 고착되거나 뿌리내리기를 거부하는 노마드의 탈주flight 욕망은 특정 문화권 내부의 주체들과 다른 문화권 출신 주체들 사이에 있는 구체적인 물적 토대들의 차이를 은폐하는 가운데 '코스모폴리탄'이라는 새로운 '보편적' 정체성을 향한 욕망을 드러낸다. 그렇다고 해서 노마드 주체들에 의해 열리는 새로운 비전들이 지적 유목주의에 한정될 필요는 없다. 오히려 그러한 비전들은 강요된 것이건 자발적인 것이건 지구를 가로질러 사방에서 일어나고 있는 실제 장소이동에 대한 유물론적 이해에 기반을 두어야 할 것이다.

디아스포라를 추방, 노마드와 다르게 만드는 것은 '고향,' '조국,'

---

4) Rosi Braidotti, *Nomadic Subjects* (Columbia UP, 1994), pp. 4-5.
5) David Morley, "bounded realms: houshold, family, community, and nation," *Home, Exile, Homeland: Film, Media, and the Politics of Place*, ed. Hamid Naficy (Routledge, 1999), pp. 160-1.

'민족,' '국가' 등을 서구근대의 이데올로기적 잔여물로 보고 그것들을 비판하면서도 새로 몸담게 되는 다른 곳에서의 고향 만들기, "'고국'에 대한 욕망과 똑같지 않은 고향 만들기"⁶⁾이다. 여기서 다른 곳에서의 고향 만들기라는 것은 강요되건 자발적이건 장소이동을 해서 다른 어떤 곳에 현재 놓이게 된 상황에 대한 긍정을 함축한다. 그리하여 이 고향 만들기는 그러한 상황에 처하게 되는 물질적 조건들이 어떠하건 자신을 위치시키는, 더욱 정확하게는 다시 뿌리내리는 디아스포라적 행위를 또한 함축한다.

이러한 맥락에서 제임스 클리포드는 '디아스포라'를 "그저 (초)민족국가성과 이동의 기표만이 아니라 탈장소의 역사적 맥락에서 특정 공동체로서 지역을 정의하려는 정치적 투쟁의 기표"⁷⁾라고 논의한다. 브라Brah와 클리포드의 정의를 따르자면 디아스포라는 지구적인 장소이동의 세계에서 매우 정치적이고도 집단적인 적극적 주체성을 갖는다. 디아스포라 주체들은 다른 곳에서 "고향을 만들고" 살아가면서 지구성/지역성의 이분법을 해체한다. 와해된 고착된 경계들로부터 새로운 지정학적, 심리적 영토를 구성하는 경계지대borderland에 비해 디아스포라는 특정 지정학적 경계에 한정되지 않는 복수의 지역성 multi-locality⁸⁾을 허용한다. 그렇다면 디아스포라는 (초)민족국가성의 정치경제적 기표 아래, 지역공동체로서 민족/국가에 대한 새로운 물음을 제기할 수 있는 하나의 의미 있는 출발점으로 작동될 수 있다.

한편 디아스포라는 (종종) 물질적으로 좀더 나은 삶에 에너지를 투여하는 이민과도 다르다. 물론 디아스포라 주체들은 이민 주체들과

---

6) Brah, p. 180.
7) James Clifford, "Diasporas," *Cultural Anthropology* 9.3(1994), p. 307: a signifier not simply of transnationality and movement, but of political struggles to define the local, as distinctive community, in historical contexts of displacement.
8) Brah, p. 190, p. 194.

공통점을 갖는다. 하지만 디아스포라와 이민은 개념적으로 좀더 구분하여 볼 필요가 있다. 우리가 포스트 산업 시대인 21세기에 일어나야 할 사회변화에 유용한 정치적 주체성의 전략적 지대로서 디아스포라는 용어를 사용하기 위해서 그렇다.

'아메리칸 드림' 판본에서 보듯이, 이민자들은 모국 생활에 대한 환멸(이민 온 이유)과 향수(제국의 멸시와 가혹함. 모국의 중상층 생활 대 제국에서의 하층민 생활의 간극에서 오는 감정들)의 양가적 감정 사이에서 혼란스럽게 동요한다. 동시에 다른 한편으로 그들은 적극적으로 '제국'의 중간계급 시민들에 동일시하며 제국에서의 하층민 underclass이라는 위치에서부터 탈출하는 데 전념함으로써 전지구적 자본의 재배치와 제국의 이해관계에 종속되는 동시에 고향에 대한 막연한 향수를 벗어버리지 못한다. 개인의 능력에 기초한 자유로운 상향 유동성이라는 '제국'의 수사야말로 '제국'에 대한 이민자들의 적극적인 동일시를 고무하는 가장 유혹적인 수단들 중 하나이다.

이민자에 비해, 디아스포라는 모국은 물론 제국에 대한 적극적 동일시보다는 최소한 대항동일시counteridentification나 좀더 적극적으로는 탈동일시disidentification의 입장을 취한다. 그동안 주체성의 형성 과정을 이해하는 데서 프로이트와 라캉의 정신분석학적 틀은 동일시의 심리적 메커니즘, 즉 '흉내내기mimicry'라는 동일시 형태에 집중함으로써 탈동일시의 측면을 간과해 왔다. 그러한 정신분석학적 개념화는 결국 기존 주체성의 형태를 벗어나지 못하고 모국과 제국, 동양과 서양, 민족/국가주의와 초민족/국가주의의 이분법 안에서 맴돌고 그 이분법을 좀더 근본적으로 심문하지 못하는 결과를 빚게 한다. 그래서 '제국'의 메트로폴리스들에 거주하는 주체들의 다양한 주체화 방식을 놓고 여러 문화들의 피상적이고 절충적인 혼합이라는 혼종화hybridization 논의들이 헤게모니를 잡게 된다.

여기서 『맑스주의와 문학Marxism and Literature』에서 '지배적인 것 the dominant,' '부상하는 것the emergent,' '잔여적인 것the residual'의 복합적인 역학에 대한 레이몬드 윌리엄스Raymond Williams의 논의를 주시할 필요가 있다. 그에 따르면 '지배적인 것'은 '부상하는 것' 중 저항성을 가질 가능성이 있는 것을 재빨리 병합시킴으로써 자신을 더 강하게 살찌우며, '부상하는 것'은 지배적인 것에 병합하는 척하면서 더 강하게 저항할 잠재력을 담보한다고 한다. 그렇다면 인간 주체성들의 구축은 무의식적 차원뿐만 아니라 자신의 욕망과 의지를 좌절시키는 것들에 저항하는 자로서 자신을 만들거나 위치화하는 정치적·의식적 차원을 내포하게 된다. 이러한 의미에서 우리의 몸들과 정체성들은 우리 내면의 힘들이 바깥의 힘들에 적극 반응하는 전쟁터이다. 인간의 정체성이나 주체성이 "동일시와 차이화의 내재적으로 관계적인 과정들"9)의 잠정적 결과라면, 우리는 〈주체화의 탈동일화 양식〉에 좀더 많은 관심을 기울여야 한다. 그때, 동일시와 탈동일시의 내적 역학 관계에 자의식을 갖는 정치적으로 의식화된 주체성 같은 것을 상상할 수 있다.

　탈동일시를 경유하는 디아스포라의 자기-위치화는 모국에서의 폭력적인 식민경험, 제국에서 받은 다양한 종류의 차별, 전지구화하는 자본주의 착취로 인한 피폐한 삶에서와 같은 몸의 경험들에 기초를 두고 있다. 그러한 삶의 물질적 조건에 대한 날카로운 인식과 더불어, 디아스포라는 한계를, 특히 제국의 메트로폴리스 사회가 요구하는 사회적 동화assimilation 노력의 불모성을 인식한다. 그래서 차라리 디아스포라는 자신의 정치적 의지와 자기존중에 따라 탈동일시를 선택한다. 우리가 가능한 정치적 전복의 의미심장한 기표를 간과할 수 있는

---

9) Brah, p. 247.

것은 디아스포라의 탈동일화라는 주체화 양식에서이다. 이러한 새로운 주체화 과정이야말로 소위 '제3의 공간'에서 정치화되고 역사화된 방식으로 진행된다. 그 과정은 우리에게 다문화주의적 포섭의 흐릿한 수사를 꿰뚫어보고서 동화 혹은 병합보다 탈동일화 양식에 초점을 맞출 것을 요청한다. 이렇게 디아스포라에 내재된 정치화된 탈동일시 주체화 양식은 소위 혼종적 주체화 양식을 비판할 수 있다.

이십여 년에 걸쳐 진행된 혼종성hybridity 논의는 이것과 저것, 이곳과 저곳, 주변과 중심이 서로 섞이면서 상호작용하는 가운데 일어나는 문화의 융합(both/and)을 마치 불균등한 권력 관계들을 탈중심화하고 탈안정화하는 것인 양 오도하여 왔다. 결과적으로 '혼성성' 담론은 '제3세계' 내부의 주체들이나 '제3세계' 출신인 주체들의 행동교섭 능력을 약화시키는 데 이바지한다. 식민화로 인한 강제적 동일시 경험은 물론, 문화적 혼종화에 엄연히 얽혀 있는 모국과 제국 사이의 불평등 관계와 착취 구조에 대한 인식을 약화함으로써 포스트식민 주체들에게 '수동적인' 흉내내기를 부과하는 아이러니한 효과를 생산하여 왔던 것이다.[10] 사실, 혼성화란 문화적 혹은 사회적 '동화'라고 불리는 강요된 동일시와, 또 한때 식민지였던 고국과 제국 사이의 불균등하고 착취적인 권력 관계들과 떼려야 뗄 수 없이 연관되어 있다. 그래서 이 부분을 경계하면서 몇몇 디아스포라 페미니즘 이론가들[11]은 여성과 (초)민족국가성을 다시 사유하고자 한다. 그들은 권력의 견지에서 혼종화/혼종성을 다루는 확실한 프레임들인, 차이들과 차별의 다중적 축들 사이의 상호교차성, 관계성, 연관성을 강조하는 경향을 지닌다.

---

10) Smadar Lavie and Ted Swendenburg, "Introduction: Displacement, Diaspora, and Geographies of Identy," *Displacement, Diaspora, and Geographies of Identity*, eds., Smadar Lavie and Ted Swendenburg (Duke UP, 1996), p. 8.
11) Avtar Brah(1996), Ruth Frankenburg & Lata Mani(1996), Norma Alarcon & Caren Kaplan & Minoo Moallem(1999), and Patricia Hill Collins(2000) 참조.

그러면서도 그들은 다양한 방식과 형태들로써 가중되는 착취의 이슈로부터 은연중 그들의 비판적 시선을 돌려버린다.[12]

'제3세계'로서 아시아인들을 디아스포라로 점점 더 많이 떠돌게 몰아가는 지구적 자원의 최근 재배치는 새로운 형태와 방식으로 진행되는 '제3세계'로서 아시아의 신/재식민화와 밀접하게 관련되어 있다. 소위 '제1세계'의 제국주의는 담론의 폭발을 통한 '문화' 제국주의 형태로 추진되고 있다. 이러한 문화 제국주의는 '제1세계'의 '급진적' 엘리트 지식인들과 상업적 성향의 기업가들 편에서 서발턴 집단과 박탈당한 소수자들을 정치적으로 미화하는 (외견상) 진보적인 경향을 유도하여 왔다. 이와 동시에 '제1세계' 제국주의는 자신의 권력을 행사하는 데 유리하도록 경계들을 확장하고 조정함으로써 새 천년의 도래 시점에서 가부장적 자본주의의 복잡한 재배치를 비가시화하여 왔다. 이 재배치는 잔인하게 착취하는 성격을 지닌다. 우리가 좀더 다급하게 검토할 필요가 있는 지점은 '포스트식민postcolonial' 의식이라는 것이 정치적 행동교섭능력을 '탈식민화decolonizing' 하는 데로 급진화할 수 있는, 물질적 조건들에 대한 정치적 인식을 갖는 것이다.[13] 이러한 인식은 '제1세계'와 '제3세계'의 경계를 빈번히 넘나들면서 '제1세계' 안에 '제3세계'를 만들어 나간 '혼종적' 주체들의 흔적들과 역사적 궤적들을 유물론적 시각에서 이론화할 것을 요청하는 셈이다.

---

12) 여기서 필자가 말하고 싶은 것은 그들이 착취 이슈를 모른다거나 언급하지 않는다는 게 아니라 상호교차성, 관계성, 연관성이라는 장황한 수사를 사용하는 가운데 부지불식간에 착취 이슈를 무시하고 지운다는 점이다. 이러한 종류의 '혼종성' 담론은 아메드의 표현대로 "노동과 생산의 역사들에 대한 근본적인 망각하기"(Sara Ahmed, *Strange Encounters*, Routledge, 2002, p. 53)이다.
13) '포스트식민'은 정치적 독립 이후에도 지속되는 시대와 경험을 망라하는 것인 반면, '탈식민화'는 예전에 식민지였던 국가들이 지금까지도 부딪치고 있는 신(재)식민화를 비판적으로 극복하려는 지속적인 과정을 가리킨다. 이 기본적인 구분에 대한 의식이 모호한 데서 많은 이론적 실천적 혼란이 야기되어 왔다.

우리는 혼성화의 토대로서 혼종적 주체들의 물질적 조건들을 인식하고 그 연관된 상황들과 연결 국면들의 복잡성을 염두에 두는 식으로 디아스포라를 달리 접근할 필요가 있다. 그렇게 함으로써 지구화(실제로는 '미국화')가 탄력적으로 병합시키는 차이들의 복잡화가 해명될 것이며, 디아스포라에 대한 우리의 급진적 형상화는 '제1세계와 '제3세계' 사이의 위계적 이분법에 함축된 부정적 의미들을 넘어 확장되는 새로운 지평의 사유와 정치를 열어줄 것이다.

디아스포라에 관한 이러한 종류의 유물론적 이론화를 위해서 우리는 몸의 문제들을 필요로 한다. 몸은 인간 주체성의 물질적 기초이기 때문이다. 몸이 '자연스런' 것으로 지각될 때, 우리는 정신의 수동적 용기로 배당되거나 성적 만족이나 종의 번식을 위한 도구로 축소되어 온 서구 철학에서 몸에 주어져야 했던 비판적 관심을 상실하는 셈이다. 몸은 우리가 살고 있는 바로 그 장소이며, 우리는 몸에 의해 살아간다. 몸은 우리의 주체성들에 선행하며 그것들을 각인하는, 주체성들의 뿌리이다. 몸 위로 또 그 내부로 온갖 종류의 사회적 코드들이 각인된다. 정동성affectivity이 내부에 박혀 있는 지점인 몸은 우리의 욕망과 남성적/여성적 코드들과 역할들을 체현하며 우리의 경험들과 상호작용함으로써 인간 주체들의 근본적인 육체성을 재현한다. 몸은 또한 젠더, 섹슈얼리티, 인종, 에스니시티, 민족, 나이, 계급, 삶의 스타일, 종교 등에 따른 다중적 차이들이 계속 복잡하게 서로 얽히는 육체라는 운동성을 갖는 하나의 장field이다.

몸을 인종화·젠더화되고 섹슈얼화되는 구체적인 장으로서 보는 유물론적 페미니즘 시각에서 보면 디아스포라 여성의 몸들과 노동이라는 이슈는 결정적으로 중요한 것이 된다. '제1세계'와 '제3세계' 사이에 위치한 디아스포라 주체는 젠더, 세대, 에스티시티, 민족, 계급 등의 축들에 따라 변함없이 남근중심적인 방식으로 형상화되어 왔다.

이러한 분위기 속에서 최근 지구적 노동분업 구조는 여성 디아스포라들의 노동에 의존하고 있지만, 그들은 제1세계에서의 소위 '초국가적' 자유나 제3세계로부터 최소한의 법적 경제적 보호마저 박탈당한 채 착취와 억압의 새로운 형식들에 노출된 채 남아 있다. 여성 디아스포라들 가운데 하층계급 여성들은 점점 더 가속화되는 착취 속에서 점점 더 비가시화되면서 또 다른 '제3세계'를 구성하고 있다. 그들과 유사하게, '제1세계'를 향해 떠날 수도 없는 서발턴 여성들은 자신들의 민족국가의 주변부 중에 주변부에 남는다. 디아스포라이건 토착이건 이 서발턴 여성들의 몸들과 노동은 '백인중심' 페미니즘들과 '남근중심' 포스트식민 연구를 비판하는 핵심 의제로서 지구상에 흩어져 있다.

몸의 유물론적 페미니즘 시각에서 디아스포라를 지구적 자본주의 가부장제에서의 주체화 양식으로 접근하고자 하는 것은 바로 이와 같은 맥락에서이다. 여기서 시사하고자 하는 것은 젠더화된 디아스포라 여성들을 다양하게 서발턴화하는 위치들에 따른 구체적인 분석들에 근거해 디아스포라 주체성을 '젠더화' 할 필요가 있다는 점이다. 그렇게 하는 것은 여성들의 계보를 복원하는 것을 도와주기 때문이다. 이 작업을 위해, 여성의 역사를 다시 쓰고 민족국가(주의)를 다시 정의하는 텍스트들을 몸의 유물론적 페미니즘 시각으로 자세히 검토할 필요가 있다. 아시아 디아스포라 여성 중에 한국계 미국 여성작가인 차학경Cha Hak Kyung의 『딕테』는 이러한 종류의 페미니즘적 검토에 많은 통찰을 던져 주는 텍스트이다. 2절에서는 몸의 유물론적 페미니즘적 분석틀에 따라 디아스포라, (초)민족국가(주의), 젠더가 『딕테』에서 어떻게 다시 배치되고 있는지를 논의할 것이다. 그렇게 하는 과정에서 현 지구화 시대의 정치적 인식을 갖춘 급진적 주체성에 관한 페미니즘적 개념화를 더 진척시켜 나갈 것이다.

2. 민족이라는 몸체를 재구축하기: 이중부정(Neither/Nor)의 정치

『딕테』는 젠더화된 디아스포라 여성주체로부터 흘러나오는 복잡하고 고통스런 목소리들을 그려낸다. 그 목소리들은 일본 식민 압제의 경험, 피식민 주체로서 또 해방 이후 아직 탈식민에 이르지 못한 채 어정쩡한 포스트식민 상태에 있는 주체로서 겪는 언어문제, 포스트식민 시대 전지구적 자원의 신식민주의적 재배치에의 종속화, 제국이건 모국이건 가부장적인 사회에서 여성이 겪는 젠더 억압, 60, 70년대에 이민 간 미국이라는 제국 내부의 한국계 미국인이라는 변방인(이등 시민)으로서의 위치 등이 복잡하게 얽혀서 울려나온다. 이 작품은 민족·공동체·젠더·인종·계급의 축들을 따라 아시아 디아스포라 여성의 주체화 과정을 실제 몸이 이동하는 가운데 마음 상태도 바뀌는 빈번한 경계 넘기border-crossing를 통해 형상화한다.[14] 주체의 공간 이동 경험은 특정 공간에 거주하는 살아 있는 경험을 바탕으로 몸의 수준에서 느껴지는 것이다. 그래서 공간 속에서 움직여 나가는 몸에 대한 육체적 감각이 또한 다른 장소에 대한 기억을 불러일으킨다.

    이 작품은 일반화된 초역사적 지리가 아니라 구체적인 문화적, 민족적, 지구적 관계들 속에서 아무런 사전 설명은 없지만 특정 시점과 지점으로, 즉 독립운동(1919)의 현장, 1930년대의 만주, 20세기 초반의 하와이, 1960년대 서울, 1970년대 로스앤젤레스, 1980년대 뉴욕으로 복수의 지역성 속에서 유동적으로 옮겨 다니는, 파열적이고 불연속적인 역사기술과 함께 움직이는 주체를 보여준다. 일본의 식민지 시절에

---

14) Shelley Sunn Wong, "Unnaming the Same: Theresa Hak Kyung Cha's *Dictee*," *Writing Self, Writing Nation: A Collection of Essays in Dictee by Theresa Hak Kyung Cha.* eds. Elaine H. Kim & Norma Alacon (Berkeley: Third Woman Press, 1991), p. 120.

있었던 독립운동, 만주로 유랑하며 모국어를 쓰지 못하던 어머니의 침묵, 미국을 한국의 독립을 도와주는 우방으로 잘못 알고서 하와이 이주민들이 루스벨트 대통령에게 쓴 편지, 제2차 세계대전이 끝난 후 전세계의 신식민주의적 재편과정에서 일어난 한국의 내전과 분단, 화자의 귀향에서 부딪힌 군사독재로 얼룩진 민족국가의 억압, 제국 내에서의 여성에 대한 가부장적 억압, 주변부 여성의 새로운 실험적 글쓰기에 대한 미국 주류 문화계의 무관심 등이 자신을 디아스포라로 정체화하는 주인공의 아이러니하고 비판적인 거리를 통해 그려진다.

예컨대 18년 만에 귀향한 한국에서 『딕테』의 화자는 주위 풍경과 기후와 체질 등에서 거리감 없이 동질감과 친근함을 느낌으로써 미국적 환경이 채워줄 수 없었던 뭔가를 한국동포들에게서 기대한다(57-8).[15] 그러나 이런 열망을 허물어뜨리는 것은 그녀를 한국의 토착 주체들과는 다른 주체로 규정짓는 서류들이다. "당신은 귀향하지만 그들 중 한 사람은 아니다. 그들은 당신을 무관심하게 다룬다. 내내 당신은 그들이 말하는 소리를 알아듣는다. 하지만 서류들이 당신을 제쳐버린다"(56). 게다가 많은 한국 사람들에게 피눈물을 흘리게 한 독재와 억압으로 점철된 민족국가에 대해 갖는 화자의 비판적 의식은 국가적 형태에 귀속되는 정체성과의 동일시를 거부하게 만든다.

그런데 화자가 미국에 이민 온 지 15년 만에 시민권을 갖게 되는 대목이 바로 같은 56쪽에서 그려지는데, 자신을 2인칭으로 칭하면서 ("어느 날 당신은 오른손을 들고 맹세하고 미국인이라고 합니다. 그들은 당신에게 미국 여권을 줍니다. 미합중국. 어디에선가 누군가가 나의 정체성을 빼앗더니 나의 정체성을 그들의 사진으로 대치시켰습니다. 다른 것, 그들의 서명, 그들의 날인들. 그들 자신의 이미지." 56). 이 대목은 미국의

---

15) Theresa Hak Kyung Cha, *Dictée* (Berkeley: Third Woman Press, 1995), pp. 57-8. 이후 이 책에서의 인용은 본문 중에 쪽수만 표기하기로 한다.

정체성에 동화하려고 노력했지만 실패하는 것이 아니라 동화 자체를 문제시하고 거부하는 화자를 보여준다. 이렇게 『딕테』가 화자를 통해 그려주는 모국도 제국도 모두 거부하는 이중부정의 의식은 모국과 제국 둘 다를 섣불리 합친 혼종적 의식에 비해 불안정하고 불확실한 공간이다. 하지만 이런 이중부정의 정치를 구현하는 의식의 공간에서라야 새로운 형태의 주체화 자원을 찾아볼 수 있을 것이다. 우리의 무의식을 이루는 미국적 정체성에 대한 흉내내기와 냉소주의를 넘어설 수 있게 하는 자원은 이와 같은 비판적이고 아이러니한 전복적 태도에서 시작될 수 있기 때문이다.

그리하여 『딕테』는 모국과 제국 어느 것과도 동일시하기를 거부하고 둘 다에 대한 '탈동일시'를 통해 자신을 의식적으로 디아스포라로 정체화identification하는 의식을 보여준다. 『딕테』의 디아스포라 주체는 소위 혼성적 주체의 both/and가 아니라 neither/nor 영역을, 주변부 여성의 다중적이고 복잡한 삶의 공간을 주변부와 중심의 이분법에 빠지지 않고 '안의 밖 밖의 안outside in inside out'이라는 제3의 지점에서 구현한다. 이 주체가 구현하는 새로운 의식의 공간에서는 정체성의 국가적 형식들로부터 '탈동일시'함으로써 새로운 형태의 연대solidarity를 또한 상상하고 있는 것 같다.[16] 여기서의 연대란 단순히 한국과 미국 사이의 간극적 틈새/사이에 머물지 않고 아시아계 미국인들을 서로서로, 또 다른 소수자 집단들에게, 미국 사회에, 또 그 너머로 연결시키면서 남성과 여성 사이, 다른 세대와 국적들 사이의 다리 역할을 할 수 있다.[17] 그렇지만 이런 주장은 전지구화 시대에 민족국가가 여전히 갖고 있는 힘을 좀더 치밀하게 분석한 후라야 유효할 것이

---

16) Lowe, p. 53.
17) Trinh T. Minh-ha, *When the Moon Waxes Red: Representation, Gender and Cultural Politics.* (New York & London: Routledge, 1991), p. 159.

다.

『딕테』가 함축하는 아시아계 디아스포라 여성의 위치에서 가능한 초국가적 연대는 민족국가와 어떤 관계 속에 있는가? 이 문제의식은 좀더 일반적으로는 민족국가를 둘러싼 다음과 같은 물음과 연결되어 있다. 즉, 전지구적 경제에서 민족국가의 일차적 기능이 초민족적 자본의 흐름을 위한 터미널인 시점에서 민족국가를 투쟁의 지점으로 어떻게 다시 주장할 것인가, 포스트식민 민족국가가 기업적 초국가주의에 점점 더 통합되어 가는 민족 부르주아지의 권력도구가 되어 가는 때에 '민족의 이익'을 어떻게 재정의할 것인가, 여성, 동성애자들, 에스닉, 종교적 소수자를 명백히 차별하고 국민의 일원으로 인정하지 않는 민족국가의 무능력을 보건대, 민족국가가 지니던 비판적 지점을 어떻게 재사유할 것인가 등.

초국가적 자본주의, 기업문화, 국가 사이의 밀접한 관계로 인해 개개 민족국가의 영향력이 축소된 것은 사실이다. 하지만 그나마 전지구화의 부정적 결과를 제한하고 완화시킬 수 있는 것은 여전히 민족국가이다. 축소되었을 뿐인 개개 민족국가 자체의 역할과 힘을 근거로 포스트국가 입장을 주장하는 것은 미국중심의 전지구화 논리가 유포하는 초국가주의 논리에 편승함으로써 민족에 대한 재사유를 포기하는 셈이다. 민족국가는 우리가 반대하거나 넘어서야 한다기보다 기존 국가 형태의 억압성을 타파하는 새로운 종류의 공동체로서 어떻게 나아갈 수 있을 것인지를 사유하는 편이 전지구화 시대에 민족과 국가의 재구성을 도모하는 바람직한 방향일 것이다.

『딕테』는 탈민족주의, 탈국가주의를 옹호하는 최근의 주장들과 달리, 민족국가를 폐기하자고 주장하지 않는다. 오히려 한국이라는 민족국가와 민족사에 강한 애착을 보여준다. 그렇지만 거기 깔려 있는 정동affect은 민족국가를 자기 정체성의 원천으로 삼기 위해서가 아니라, 제국의 언어들과 문화들로 인해 식민화된 국가 사람들의 몸과 지역에 새겨져 있는 물질적 훼손의 역사를 망각하지 않고 되살려내기 위해서이다. 『딕테』의 속표지에 일제 식민 시절에 일본으로 끌려간 한국농부들이 탄광에서 일하면서 배고픔과 외로움, 고향에 대한 그리움을 한글로 써놓은 장면이 나오고, 일본 제국주의에 의해 훼손당한 유관순 및 처형당하기 직전의 독립투사들의 사진이 실리는 것도 그 때문이다.

일본 제국주의로 인한 한국인 농부들의 고통과 무력함은 오늘날 미국이라는 제국의 메트로폴리스에서 인종적 하층민racial underclass으로 산 작가 차학경이 겪은 것과 상통한다. 일본으로 끌려간 한국 농부들의 상황은 제국주의로 인해 더욱 하위화된subalternized 주체들의 전지구적 흩어짐으로 맥락화된다. 그렇다면 『딕테』는 제3세계의 국가주도 민족주의도, 최근의 지구화 담론에 의해 유포된 탈민족주의도 아닌 '디아스포라 민족주의diasporic nationalism'를 시사하면서 민족을 거부하거나 부인하기보다 민족이라는 거점에서 출발하되 그것을 아시아 디아스포라 여성이라는 자신의 지점으로부터 재구성하려는 사유를 펼친다고 하겠다.

일단 『딕테』는 식민주의적, 민족주의적, 미국주의적Americanist, 신식민주의적 역사의 물질적 힘에 대한 명백한 인식을 갖고 '민족'을 제국주의, 미국화, 전지구화에 저항하는 거점으로 구축한다. 그러한 '민족'은 모국도 제국도 아닌 제3의 새로운 민족의식을 담아내는 공간으로서, '민족주의에 대한 서발턴적 비판'[18]을 바탕으로 한다. 이 서발턴적 포지션이야말로 기존 민족주의로부터 폐제되어 온 많은 공간들을 열어준다. 차떼르지가 민족의 파편들로 형상화한 이 공간들에는 서구

---

18) 라드하크리슈난(1991), 가야트리 스피박(1993), 존 비버리(1999) 등이 그 대표적인 논자이다.

적 주체와 대립되는 토착 민족주체(외부/내부, 제국/식민)라는 이분법을 벗어나, 독립 이후 스스로의 역사적 경험 가운데 형성되는 내면성[19]에서부터 다져지는 새로운 주체의식과 민족의식이 배치되어야 할 것이다. 이 내면성은 각 포스트식민 국가의 특수한 지역적 경험에서 생기는 것이며, 거기서부터 각 민족국가 자체의 인식론적 패러다임을 구축할 수 있게 된다. 그리하여 새로워진 민족의식이라는 것도 비로소 가능하게 될 것이다.

여기서 페미니즘 관점은 서로 경쟁하는 퍼스펙티브들 가운데 하나로서가 아니라 아시아의 각 포스트식민 국가가 충분히 자체의 사회성을 드러내는 역사적 재구축의 근간으로서 채택되어야 하는 사안이다.[20] 차학경의 〈이중부정〉(Neither/Nor)의 정치는 '민족'의 역사와 관련하여 이것도 저것도 아닌 소극적인 데 머무르는 게 아니라 부정의 부정을 통해 적극적인 정치적 에이전시를 향해 나아가는 것이다. 차학경이 기존 역사 속에서 폐제된 아시아 여성의 몸들을 복원하기 위해 '민족'을 페미니즘적 계보로서 급진적으로 재형상화하는 새로운 역사쓰기herstoriography를 감행하는 것도 그러한 맥락에서이다.

3. 아시아 여성 몸들의 역사를 고쳐/다시쓰기: 페미니즘적 계보로서의 민족

『딕테』는 백인남성(여성)중심 정전이나 아시아계 미국 남성중심 정전이 제공하는 공식 내러티브와 역사들로부터 지워지고 배제된 경험과

---

19) 이 내면성은 외적 물질적 발전에 매진하는 진보적 민족주의 남성주체/전통과 정신성을 지키는 여성이라는 이분법에서 여성에게 할당된, 시대의 흐름을 거슬러 가는 비현실적인 내면성과 다른 종류의 것이다.
20) R. Radhakrishnan, *Diasporic Mediations: Between Home and Location* (Minneapolis: University of Minnesta Press, 1991), p. 194.

목소리를 담는다. 그런 만큼 이 작품은 바바가 주장하는 대로 문화적 차이를 지킴으로써 문화적으로 살아남기cultural survival[21] 위한 글쓰기로서 주류 공식 사회가 지워버린 양상들을 살려내는 대항역사counter-history를 각인한다. 이러한 대항역사의 복원은 "다시 기억하는 행위, 단편들을 짜 맞추는 행위, 몸(육신의, 역사의, 기억의)을 다시 주장하는 행위"[22]이다. 주변부 여성이 주체로 가시화되고 제 목소리를 내기 위해서는 먼저 지워진 여성 몸들의 역사를 다시 써내는 단어들이 흘러나와야 한다. 이러한 대항역사 쓰기는 "개인적·집단적 기억들이 충돌하면서 서로 닮아 가는 중에 재형상화되는 문화적·정치적 지형들"[23]에서 대항기억counter-memory을 살려낼 것이다.

이와 같은 글쓰기를 이 글에서는 '고쳐 글쓰기unwriting'로 개념화한다. 이 용어는 특권을 깨닫고 벗어나 '고쳐 배운다'는 가야트리 스피박의 'unlearn'에서처럼 기존 역사기술의 맹점을 깨닫고 벗어나 젠더화된 서발턴의 기억과 계보를 다시쓰기 위한 공간을 열어 가는 기획을 함축한다. 트린 민하의 'un-writing'은 여성의 글쓰기는 몸으로 글쓰기라는 점에서 기존 글쓰기와 다르다는 프랑스 페미니즘에서의 정의를 이어받아 "텍스트몸체-소리-손-어머니-생명The text body-cry-hand-mother-life"(144)이라고 정의된다. 3절에서 제시하는 '고쳐 글쓰기'는 다음 두 가지 점에서 민하의 정의와 다르다. 첫째는 단어라기보다 피로 쓰는 글쓰기blood writing라는 점에서, 둘째는 환원불가능한 이

---

21) Homi K. Bhabha, *The Location of Culture* (London and New York: Routledge, 1994), pp. 171-5.
22) Donald C. Goellnicht, "Blurring Boundaries: Asian American Literature as Theory," *An Interethnic Companion to Asia America Literature*, ed. King Kok Cheung (Cambridge UP, 1997), p. 352: "the act of re-membering, of putting fragments back together, of reclaiming the body(of flesh, history, and memory)."
23) Brah p. 193: "cultural and political terrains where individual and collective memories collide, resemble and reconfigure."

질성들을 각인하기 위한 글쓰기이지만 글쓰기 영역에 국한되지 않는 열린 기획이라는 점에서이다.

『딕테』는 먼저 식민역사를 불러낸다. 작가는 일제 식민사를 다루는 많은 역사적 기술들이 반복하는, 그저 말에 지나지 않는 추상적인 역사의 기록이 아니라 몸들의 고통을 생생하게 전달하는 피의 역사를 쓰고자 한다. 특히 서구에서는 일제 식민사가 그저 멀리 떨어져 있는 제3세계 국가에서 일어난 억압과 정복, 침입과 잔인함의 기록에 지나지 않는다. 작가가 새로운 역사 쓰기로써 전달하려고 하는 것은 피와 살로 각인되는 식민화의 과정과 그것으로 인한 고통 자체이다. 이 부분은 그동안 "충분히 육체적이지 못하다보니 바로 그 살과 뼈, 정수, 표식, 개입할 필요가 있는 지점에 이르지 못한"(32) 것이다. 게다가 서구 및 일본 제국주의가 파괴한 식민화된 사람들의 주체성은 물리적 지배에서 벗어난 오늘날까지 그 부정적 결과로부터 벗어나지 못하고 있다(32). 피식민 주체에 가해진 식민화의 고통과 부정적 결과는 그저 단어들로써는 전달되지 않는다.

차학경이 피로써 고쳐 쓰는 역사는 소위 '텍스트성'을 초과한다. 피로 된 역사의 물질성은 언어적 재현을 능가한다. 교수형에 처해지는 세 명의 한국 독립운동가에 대해 아무런 언급 없이 사진을 싣는 것도 그 때문이다. 구체적이고 물질적이며 신체적인 피blood가 특히 식민사에서는 가장 유창한 글쓰기writing가 된다. 몸에서, 피부에서 흘러나오는 피가 종이에 흩뿌려져서 얼룩이 질 때 피가 글쓰기처럼 된다.[24] 역사의 폭력이 물리적으로 드러나는 '글쓰기'는 '피'(잉크)를 흘리는 과정으로서 개념화될 수 있다. 이런 측면은 『딕테』에서 다음과 같이 기술된다.

---

24) Shih, p. 153.

이 경계 위에 이 표면 위에 비워지고 또 비워진 내부로부터의 얼룩을 닮은 잉크 같은 것. 더 많은 무엇, 다른 것들. 찢어 긁고 새기는 게 영원히 가능할 때. 다시 한 번 피를… 쏟아버리자. 피를 억류하고 있어 확장된 몸의 피를(65).

피가 흐르는 하나의 형식으로서 글쓰기라는 개념은 디아스포라 여성 주체가 18년 만에 한국에 돌아와 목격하게 되는 군인과 경찰에 의한 학생들의 진압 장면(83-5)에서도 생생하게 나온다. 오랜 세월 동안 많은 비가 내렸어도 결코 지워지지 않는, 도로에 뿌려졌던 반정부 학생들의 피가 이 장면에 배여 있는 듯하다. 피로 쓰는 글쓰기로 『딕테』가 새로 보여주는 역사는 일제 식민시절 칼에 찔려 죽는 유관순과 교수형 당한 독립운동가들의 목에서 흘러내린 핏자국에다, 독립 후 한국이 미국의 신식민지로서 반정부 학생들의 피를 덧씌우고 있는 역사이다. 이렇게 흘러내리는 피로써 식민화/신식민화의 역사를 쓰는 것은 발전·진보·이성의 연속주의적 continuist 역사를 보여주는 것이 아니라 피처럼 흩뿌려지는 혀, 몸, 가족, 민족의 흩어짐·단절·분리를 시사한다.[25] 피는 역사의 폭력의 물질적 '글쓰기'(각인/얼룩)이며, 글쓰기는 우리가 '피'(잉크)를 쏟아내는 과정이 된다. 이렇게 한국의 식민사를 짚어보는 것은 고국에 대한 시대착오적 향수 때문이 아니다. 작가가 고통스럽지만 과거 역사를 다시 불러오는 것은 역사의 아픔을 망각하지 않고, 기존 역사를 반복하지 않고[26] 새로운 역사를 쓰기 위함이다.

25) Lowe, p. 109, p. 111.
26) 과거의 감정이 다시금 일어난다. 똑같은 어리석음을 다시 살아내기 위해 털어놓기. 역사를 망각 속에 되풀이하지 않기 위해 이름짓기. 그 단어로부터 그 이미지로부터 각기 단면을 추출해 다른 단어, 다른 이미지를 만들어내기. 그 답변은 역사를 망각 속에 되풀이하지 않을 것이다(33).

새로운 역사쓰기는 "또 다른 서사시로부터, 또 다른 역사로부터, 빠져 버린 내러티브로부터"(81) 가능해진다. 바로 여기에 페미니즘 관점을 개입시켜 쓰는 역사는 페미니즘으로 고쳐 쓰는 글쓰기이다. 이를 위해 작가는 유관순Yu Guan Soon이라는 어린 여성이 무참하게 죽게 되는 일대기를 전면화한다. 17년의 짧은 생을 일본군에 의해 마감한 유관순의 훼손된 몸은 훼손된 민족이 되고, 민족의 이름으로 전시된 여성의 몸은 역사의 물질성을 나타내는 등기부가 된다. 딸의 죽음에 뒤이어 4·19때 아들의 죽음에 흐르는 것은 어머니의 피눈물이다. 이런 장면을 볼 때 민족nation은 피/말들이 흘려지고 씌어지는 텍스트로서 스피치와 글쓰기의 물질성과 몸성corporeality이라는 주제를 검토하는 데 유용한 메타포의 기능을 한다. 일레인 킴이 주장하듯, "우리는 식민적 지워짐colonial erasure에 맞서 항의하는 조상들이 흘린 피에 의해, 또 조상들과 우리를 가시화하기 위해 사용하는 잉크에 의해 민족에 연결되어 있다."[27] 이런 지워짐에 맞서 작가가 가시화하는 것은 바로 어머니와 딸의 역사이다.

작가의 어머니는 식민화/재식민화의 폭력 앞에서 탄식하며 고통과 한을 삼키며 침묵하는 병든 어머니이다. 일제 식민주의로 인해 모국어를 말하지도 못하는 데다 여자라는 이유로 또다시 언어가 금지된 어머니에게는 자기 언어가 없다. 그러므로 이 어머니는 가부장적 상징질서를 넘어설 수 있도록 한다는 기호계적인semiotic 충만함으로 가득 찬 어머니가 결코 아니다. 그렇지만 작가에게 어머니는 "나의 처음 소리, 첫 옹성거림, 첫 개념"(50)이다. 이렇게 말과 글의 원천이면서도 침

---

27) Elaine H. Kim, "Poised on the In-between: A Korean American's Reflections on Theresa Hak Kyung Cha's *Dictée*," *Writing Self, Writing Nation: A Collection of Essays in Dictée by Theresa Hak Kyung Cha*, eds. Elaine H. Kim & Norma Alarcon (Berkeley: Third Woman Press, 1994), p. 23.

묵하는 어머니에게 작가는 "저는 글을 씁니다. 당신에게 씁니다. 매일 요. 여기서부터요. 제가 글을 쓰고 있지 않더라도 글쓰기를 생각한답니다. 글을 구상하면서요"(56)라며 말을 걸고 편지를 쓰며 어머니로부터 물려받지 못한 말하기와 글쓰기를 복원해 내기 위해 안간힘을 쓴다.

> 죽은 단어들. 굳은 혀. 말하는 여자 안에 파묻힌.
> 시간의 기억, 사용되지 않고 말해지지 않은. 역사.
> 과거. 말하는 여자를, 아홉 날 밤을 기다린 어머니를 찾아,
> 기억을 복원하게 하자. 말하는 여자,
> 딸로 하여금 땅 아래로부터 나타나게 하여
> 봄을 되찾도록 하자.
> 잉크가 마르기 전에, 글쓰기를 멈추기 전에
> 잉크가 가장 짙게 흘러내린다(133).

식민화된 어머니의 침묵으로 지워진 기억을 회생하는 것은 포스트식민 주체로서 딸의 몫이다. 딸은 침묵하는 어머니에게 애타게 말을 걸며 과거, 역사, 기억을 불러내는 가운데 여성의 계보를 확립함으로써 새로운 힘을 얻어 어머니도 치유하고 자신도 고통스런 역사와 현실로부터 구원되고 초월되기를 바란다. 이러한 과정을 통해 재구축되는 것은 한국의 가부장적 민족주의가 비가시화해 온 유관순-만주의 처녀 선생님인 어머니-미국 땅으로 건너가서도 작동되는 가부장제가 가하는 침묵의 압력 아래 말없는 어머니에 이어 말하기와 글쓰기의 어려움을 극복하려는 딸로 이어지는 페미니즘적 계보이다. 『딕테』에서는 한국계 여성들의 계보뿐만 아니라 여성화자 diseuse와 사포 Sappo, 디미터 Demeter와 퍼시폰 Persephone, 바리공주와 여왕의 계보들도 복원되고 가시화된다. 동서양 여성들 사이의 이런 계보들이 복원되는 것

은 기존 역사의 보편적인 가부장성을 입증한다. 『딕테』는 동서양을 막론해 가부장적인 기존 역사를 다시 쓰는 가운데 여성들의 몸들을 가시화하고 그 역사를 다시 쓴 것이다. 이로써 '민족'과 '역사'는 페미니즘적 계보로 재구성되며 여성이 만들어가는 새로운 민족을 상상할 수 있게 한다.

4. 노동, 젠더, '제3세계'로서 아시아

『딕테』는 읽기 어려운 텍스트이다. 그 난해함으로 인해 이 작품은 서구 메트로폴리스에서 어느 정도 특권을 누리는 디아스포라 여성작가가 벌이는 과도하게 심미적인 예술적 실험이라는 측면을 분명 갖는다. 『딕테』에 구현된 재현의 정치는 끊임없이 비가시화되는 여성의 몸과 역사라는 여성들의 물적 토대에 대한 인식에 기반하고 있다. 그러면서도 또 그것을 부지불식간에 은폐하는 스스로의 위험을 끝까지 경계하지는 못함으로써 재현의 모태가 젠더화된 '다중들'의 몸과 노동이라는 점을 부차화한다.

『딕테』는 토착 지역을 계속 탈영토화해 가는 제국주의의 역사 속에서 이접적disjunctive인 시간성을 그려준다. 한국의 식민사/신식민사의 시간성은 그리스 여신들의 신화적 시간성과 마지막 바리공주 설화의 시간성과 단절된 채, 파열적으로 그려진다. 『딕테』의 마지막에 나오는 어머니를 향한 기도문은 힘들게 획득한 여성의 언어 능력을 통한 구원과 초월을 아름답게 표현한다. 쉬Shih는 이와 같은 구원과 초월에 대한 열망과 신화적 해결 방식에 대해 다음과 같이 긍정적으로 평가한다.

여기서 글쓰기 혹은 서사화는 누군가가 어머니에게, 어머니를 위해, 어머니에 대해 말하는 과정이다. 그 말하는 과정을 통해 역사와 신화 속의 어머니들과 딸들의 목소리들과 몸들이 다음성적으로 함께 함을 그 존재의 핵심으로 삼는 자아가 발생된다. 여기서 그 자아는 어머니-딸의 연속체라는 축에 위치해 있다. 이 연속체야말로 시간적/공간적, 자연적/초자연적 구분들을 궁극적으로 초월하게 하는 것이다(159).

이런 연속체continuum 상의 포스트식민 디아스포라 여성주체에게서 삶의 뿌리를 이루는 가치들root values ― 효성으로 나타나는 헌신 같은 것 ― 이 구현된다. 모든 것이 파편화하고 탈중심화하며 자본의 영역에 포획되는 때에, 비록 신화적 방식을 통한 것이기는 하지만 여전히 살아 있는 근원적인 뭔가를 『딕테』는 느끼게 한다. 이 여성주체가 우리에게 불러일으키는, 이질 문화들 사이에서 '아이 같이' 무기력하게 상처받는 존재의 나약함이나 영락abjection[28]에서 벗어나 아름다움을 구하게 하고, 이것도 저것도 아닌 부정적 형상화의 모호함과 당혹감을 버텨내도록 하면서 우리에게 힘을 주는 지식 같은 것을 이 작품에서 얻는 것도 바로 그 때문이다.

그렇지만 이 비장한 아름다움과 지식은 현재 제국 내부에서 실제로 많은 아시아계 미국인들이 열악하게 행하고 있는 세탁소 일과 토마토 따는 일과 같은 노동 영역을 간과하는 대가를 치르고서 구현된다. 예컨대 『여성전사』[29]라는 작품에 나오는 중국계 미국 어머니는 시

---

28) Rey Chow는 다인종의 제국에서 주변부 에스닉 집단 사람들은 혼종적 수사의 해방적인 힘을 구가하기보다 수치심, 모호함, 혼란, 무기력, 비참함과 같은 부정적 감정이 뒤범벅된 '에스닉한 영락'의 상태에서 일상 삶을 영위하고 있다고 주장한다. "The Secrets of Ethnic Abjection," *Traces: A Multicultural Journal of Cultural Theory and Translation*, 2 (2001), pp. 53-77 참조.

29) Maxine Hong Kingston, *The Woman Warrior: Memoirs of a Girlhood* (New York: Vintage Books), 1975.

민권을 받은 어엿한 미국인이지만 밤낮 없이 멈추지 않고 일하는 미국적 삶의 환경을 끔찍한 유령ghost의 나라라고 느낄 뿐이다. 여기서 어머니가 미국을 유령이 출몰하는 곳이라고 말하는 것은 그녀에게는 전혀 현실감이 없는 곳이지만 꼼짝 못하고 붙들려 있는 그런 곳이기 때문이다. 이러한 형상화는 서비스업인 세탁소 일과 비정규 농업노동자 일 자체에서라기보다 가혹한 노동 강도로 유지되는 미국 자본주의의 체계 자체가 인간의 몸에 가하는 억압과 손상 자체에 대한 인식에서 가능하다. 전지구적 자본의 흐름을 주도하는 미국 경제체계는 중국계 이민 여성들에게까지 복지 혜택을 주지 않으려고 하며 오히려 일하는 그들의 몸에 대한 착취를 기반으로 하고 있다.[30] 미국에 살고 있는 아시아 출신 여성들의 몸들은 대부분 인종화, 게토화, 폭력 및 노동 착취의 역사를 각인하는 생생한 지형terrain이다.

『여성전사』는 중국계를 비롯해, 필리핀계, 베트남계 등의 아시아 여성을 초국가적 노동자로 가시화하면서 인종화되고 젠더화된 몸들로 가득 찬 전지구적 자본주의 가부장 체제의 저변을 드러낸다.[31] 이 주변부 여성들은 한결같이 그들의 고국에 돈을 보내고 있으며, 몸이 아파도 일을 나와야 하며, 고국의 50명 혹은 100명을 먹여 살려야 하므로 마음대로 죽지도 못한다고 한다. 이 대목은 고국에 대한 향수 때문이 아니라 가족 이데올로기로 인해 계속 고국의 식구들에게 돈을 보내야 하는 여성억압적 현실을 여성/노동/몸의 문제틀에서 실감나게

---

30) "토마토 줄기가 내 손을 막 찔러 대. 장갑 밑으로 토마토 줄기의 솜털이 느껴진다니까. 내 발은 썩은 토마토 속에서 질척거려, 토마토 진흙탕 속에서 말이야. 토마토 솜털 때문에 가려운 것을 멈추게 하는 가장 좋은 방법이 뭔지 알아? 싱싱한 토마토 하나를 으깨어 그것으로 세수를 하는 거야. 그럼 얼굴이 좀 시원해진다니까. 하지만 감자들이 내 손을 못 쓰게 만들 걸. 감자 더미 위에 웅크리고 앉아 감자를 씻다가 류머티즘에 걸릴 테니 말이야"(103).

31) Laura Hyun Yi Kang, "Compositional Subjects: Enfiguring Asian/American Women." Ph. D. dissertation, University of California Santa Cruz, 1995, p. 258.

보여준다. 그러므로 우리는 『딕테』와 함께 『여성전사』와 같은 소설을 접하는 동시에 주변부 여성들의 옥중수기prison memoir, 증언문학 testimonial literature, 에스노그라피 글쓰기ethnographic writing, 생물 신화전biomythography, 문화 자서전cultural autobiography, 규정적 정신전기 regulative psychobiography[32]를 다양하게 접할 필요가 있다.

우리는 이런 문화적 자원들에서 새로운 형태의 주체성과 공동체에 대한 통찰과 비전을 얻을 수 있다. 지구적 이동으로 형성되고 가시화되는 다중적 '차이들'이 그저 '파편들'로 남지 않고 어떤 식으로든 연대로 나아갈 수 있는 유연한 주체성의 지대를 생성하는 데 디아스포라적 상상력은 도움이 될 것이다. 그렇지만 명심하여야 할 점은 주로 제국의 메트로폴리스에서 '영어'로 생산되어 제3세계/아시아 국가들의 지식인들 중심으로 유통되고 소비되는 문화적 재현물들은 서구 메트로폴리탄 틀의 빈곤함을 면하기 힘들다는 점이다.[33] 이 빈곤함은 배타적인 민족 범주를 넘어서되 민족이 상정하는 저항성을 견지하는 생동하는 지역성과 비교될 때 명확해진다. 아시아 토착 지역의 여성 글쓰기와 아시아 디아스포라 여성 글쓰기 사이의 비교문학적 연구는 '민족'에 대한 우리의 재사유를 풍부하게 하는 데 기여할 것이다.

---

32) Caren Kaplan, "Resisting Autobiography: Out-Law Genres and Transnational Feminist Subjects," *De/Colonizing the Subject: The Politics of Gender in Women's Autobiography*, eds. Sidonie Smith and Julia Watson (Minneapolis: UP of Minnesota, 1992), pp. 115-38.
33) 메트로폴리스의 빈곤함은 '제3세계' 출신 여성 지식인들이 "토착정보원 겸 혼종적 글로벌리스트"(Gayatri Spivak, *A Critique of Postcolonial Reason: Toward a History of the Vanishing Present* [Cambridge, Massachusetts: Harvard UP, 1999], p. 399)로서 자유주의 다문화주의 미국 학계에 기꺼이 순응함으로써 사회적 상향 유동성을 추구하는 경향에서, 그들을 서구에서의 '에스닉 소수자'로서 합법화하는 데 여념이 없는 경향(Rey Chow, *Writing Diaspora: Women and Chinese Modernity* [Minnesota: UP of Minesota, 1991], p. 118)에서 기인한다.

5. 또 다른 〈아시아 디아스포라 여성문학〉을 상상하기

『딕테』는 참으로 읽기 힘들다. 여러 외국어 구사나 소수자 여성 경험을 재현할 언어의 부족이 초래하는 작가의 고통에 동참해야 하기 때문이다. 또한 사포Sappo에서의 인용으로부터 중국 침술에 필요한 인체해부도에 이르기까지 이질적인 제재들을 조합해 서양과 동양 양쪽 문화의 경계를 허물고 서로 스며들게 하여 동서양 문화의 결합이라는 원대한 조망에 압도된다. 하지만 아무튼 복잡하고 난해한 실험을 통해 성취되는 이 작품의 창조성은 미국 (신)자유주의적 다문화주의 경향이 노리는 주변부 여성경험의 일회적 소비를 막아준다.

영문학 전공자한테도 읽기 힘든 작품을 언급하면서 영문학을 전문적으로 연구하지 않는 보통 독자들 생각을 하지 않을 수 없다. 그때 "문화의 기록치고 야만의 기록 아닌 것이 없다"는 벤야민의 구절이 뇌리를 스치는 것은 무슨 연유일까? 『딕테』는 지구적 이주의 시대에 새로운 초국가적 주체화 방식으로서 의미 있는 형상화를 한국독자들에게 분명 제공한다. 하지만 미국 메트로폴리스에 자리 잡은 특권층의 여성작가가 벌이는 다양한 문화적 실험은 또 다른 측면에서는 나날이 수행되는 노동의 힘겨움을, 미국 내부에서 이주민들이 겪는 실제적인 차별과 착취를 가리는 데 본의 아니게 기여하는 결과를 빚는다는 생각이 든다. 1965년에 이민법이 개정된 이후, 1980, 90년대를 거치면서 미국 내부의 인종차별은 표면적으로는 없어진 것 같지만, 다른 한편으로 더 심화되고 복잡해진다. 여기서 결정적인 역할을 하는 기제가 바로 다인종의 문화적 차이를 포용한다는 미국 다문화주의다. 이 포용은 그럴듯해 보이지만, 다인종의 노동력을 좀더 효율적으로 이용하기 위한 전지구화 시대의 새로운 전략이라는 측면도 분명히 있다.

이러한 생각의 궤적은 한류문화가 화려하게 아시아에서 각광받는 사이, 한국에 이주해 온 조선족, 동남아시아 여성노동자들이 겪고 있는 차별과 착취에 대해 한국문단은 어떤 시선을 갖고 조망하고 재현할 것인가 하는 문제로 향하게 한다. 몇 년 사이 부쩍 많아진 동남아시아 이주여성노동자들은 대부분 가사도우미, 엔터테이너, 성적 서비스업 노동자, 성매매 여성 등으로 한국 여성들의 노동공간에 종속되어 있다. 이들은 합법적 체류를 보장받지 못하는 데서 한국 사회로부터 배제되고, 이주노동자의 값싸고 인종화된 노동력에 대한 한국의 경제적 요구에 부합하는 측면에서만 한국 사회에 포섭된다. 이 이중적이고 모순된 구도 속에서 이주여성들은 육체적 성적 폭력에 방치되고 초과 착취되고 있다. 여기서 이들의 경험을 가시화하는 〈아시아 디아스포라 여성문학〉이 나온다면, '코리안 드림'의 실체를, 한국의 하위제국주의적 위치를 말할 수 있을 것이다. 이러한 작품을 추동시키는 것은 결국 오늘날 아시아에 거주하는 디아스포라 여성주체들의 새로운 경험과 정치적 의식일 텐데, 이 작품 또한 영어로 쓰여야만 소통될 것인가 하는 문제가 또다시 뇌리를 스친다.

12

〈아시아 여성주의 문화연구〉를 구축하기:
비교문화적 사유와 상상력

1. 왜 〈아시아 여성주의 문화연구〉인가?

이 글에서는 한국이라는 일국의 문화연구 영역이 단일 민족-국가 틀을 넘어서 '아시아'라는 지평에 놓이면서 또한 여성주의적이어야 함을 주장하고자 한다.[1] 먼저 여기서 사용하는 '아시아'란 1930년대 일본의 대동아 공영권 개념에 의해 공고하게 되고 강화된 하나의 패권적 정체성에 반대한다. 또한 여기서의 '아시아'는 냉전 시대에 미국의 이익에 부합하게 세계를 포섭하려는 기획이었던 지역학 연구에 함축

---

1) 문화연구는 맑스주의 정치경제 위주의 현실인식 및 분과학문체제의 특수전공중심주의를 비판하고 넘어서기 위한 통합학문적 실천으로서 70년대에 서구에서 시작된 새로운 비판적 이론/연구 흐름이다. 아시아에서는 90년대에 이 흐름을 본격 수용하며 아시아 각국에서 번성, 팽창하는 동안 상업화와 제도화를 겪는다. 협소한 정치경제학적 인식 및 문예이론을 광범위한 문화적/운동적 관점으로써 재정향해 온 한국 문화연구의 독자적인 전개 과정에 대해서는 강내희, 「문화사회와 대안적 세계화를 위한 한국문화연구의 방향」, 『문화/과학』 52권(2007년 겨울), 391-410쪽 참조. 아시아 문화연구의 현황을 비판하고 그 새로운 방향을 모색하는 책으로는 이동연, 『아시아 문화연구를 상상하기』(그린비, 2006) 참조. 한국문화연구자들의 가부장적 무의식 및 인식구조에 대한 비판으로서는 이 책의 제3부 1장 참조.

된, 잘 알 수 있는 자기충족적 '지역들' 중 하나로서 아시아를 비판한다.[2] 90년대 이후 아시아 각국들에서 부상하기 시작한 아시아 담론은 예전의 아시아 상像을 버리고 탈냉전 시대에 필요한 하나의 의미 있는 권역region으로서 새롭게 구축되어야 할 아시아에 대한 지향과 상상을 담는다. 말하자면 미국중심의 신자유주의적 세계체제의 지구화 흐름에 맞서는 세력으로서 재구성된 '아시아'는 탈민족-국가적, 탈제국, 탈식민을 실천하려는 비판적 권역주의critical regionalism의 새로운 가능성을 담보하고자 하는 것이다.

이 움직임은 90년대에 아시아에서 개최되었던 두 번의 아시아 문화연구 관련 국제학술대회에서 발의된 『인터-아시아 문화연구Inter-Asia Cultural Studies』에 의해 구체화된다.[3] 창간호가 나온 2000년부터 지금까지 『인터-아시아 문화연구』는 아시아에 진지를 둔 지식인들과 아시아계 디아스포라 지식인들에 의해 8권까지 발간되었고, 아시아 대중문화, 소비문화, 아시아의 새로운 정치경제적 쟁점들, 섹슈얼리티, 월드컵 등을 폭넓게 다루고 있다. 천꽝싱에 따르면 『인터-아시아 문화연구』는 "좀더 협동적이고 집단적이며 비교적인comparative 실천"[4]을 통해 "지금도 우리의 현재를 적극 형성 중인 식민적 제국적 문

---

2) 포스트냉전 시대에 일어난 지역학에서의 변화를 보려면 Masao Miyoshi & H. D. Harootunian eds., *Learning Places: the afterlives of area studies* (Duke UP, 2002); Peter A. Jaction, "Spaces, Theory, and Hegemony: The Dual Crises of Asia Area Studies and Cultural Studies," *Sojourn*, Vol. 18, No. 1(2003): 1-41 참조.
3) 이 저널의 편집인 천꽝싱Kuan-Hsing Chen이 쓴, 『인터-아시아 문화연구』 창간호에 실린 창간 취지문 중 "냉전 이후 아시아에서의 정치 경제적 변동은 탈식민화를 향한 새로운 사회운동과 더불어 비판적 문화연구 등 대안적 지식생산의 가능성을 열어주었다. 그런데 이러한 목표를 실제 구현하려는 실천적 지식인들 사이의 소통과 교류를 위한 적절한 수단은 부재한 형편이었다. '아시아 문화연구' 기획은 비판적인 아시아 주체성들의 구성 및 재구성을 향한 부단한 운동의 일부로서 자리매김한다"는 구절 참조.
4) Kuan-Hsing Chen, "The Decolonization Question," *Trajectories: Inter-Asian*

화 상상을 탈구하여"(3) 지역적, 권역적, 지구적 수준 모두에서 정치적, 사회적, 문화적 담론과 인식에 기여하고자(xii) 시도하여 왔다. 그렇다면 그 기여의 수준이 어떠한지 지금까지 진행된『인터-아시아 문화연구』의 작업을 점검해 볼 필요가 있겠다.

우선 필자는『인터-아시아 문화연구』가 내걸고 있는 비판적 기치에도 불구하고 지역 지식인들의 남성 흐름male stream이라는 주류 mainstream에 편승하고 있다는 느낌을 받는다. 그래서『인터-아시아 문화연구』의 기획은 그렇게 비판적이거나 탈식민적인 것으로 보이지 않는다. 그러한 판단을 하게 되는 두 가지 근거를 들자면, 첫째, 자본주의, 가부장제, 이성애중심주의, 자인종중심주의, 신식민주의 등과 같은 지배의 공통구조들을 모두 함께 열거하며 말하는 습관, 두 번째, 식민적 동일시를 극복하는 해결책으로서 포스트식민적 동일시post-colonial identification를 위해 제시되는 '비판적 조합주의a critical syncretism'이다. 이제 천꽝싱과 관련하여 이 두 가지 논점을 좀더 자세히 살펴보고자 한다.

『인터-아시아 문화연구』창간호에 실린 천꽝싱의 권두논문 「탈식민화의 문제」에서 그는 지리적, 민족국가적, 권역적 경계들을 가로지르는 중심범주들로서 "젠더, 섹슈얼리티, 인종, 종족성ethnicity, 계급"(7)을 설정하면서, 우리 주체성의 구축에 연루된 식민주의적 동일시를 깨뜨리기 위해 '비판적 조합주의'가 필요하다고 주장한다. 그의 설명에 따르면 '비판적 조합주의'는 "식민적 권력관계들, 가부장제, 자본주의, 인종주의, 쇼비니즘, 이성애주의, 민족주의적 외국인 혐오증 등에 의해 역사적으로 구축된 경계들과 분리적 포지션들을 넘어서기 위

Cultural Studies ed. by Kuan-Hsing Chen with Hsiu-Ling Kuo, Hans Han and Hsu ming-Chu (London and New York: Routledge, 1998), p. 4. 이후 이 글에서의 인용은 본문 안에 쪽수만 표기함.

해서 타자들의 요소들을 자아의 주체성 속에다 적극 내면화하는, 타자들 되기"(25)이다. 천꽝싱에게 이러한 "넘어서기"의 이론적 기초는 "이제 더 이상 그저 편협한 유형의 계급정치에 기반을 두지 않고 게이와 레즈비언, 양성애 및 트랜스섹슈얼, 여성주의자, 노동, 농부, 환경, 선주민aboriginal, 반인종주의, 반전 집단의 범좌파적pan-leftist 사회운동이 함께 작업해야 할"(28) 새로운 종류의 맑스주의이다.

여기서 이해하기 어려운 점은 왜 천꽝싱은 자신이 비판하는 "민족주의nationalism, 토착주의nativism, 문명론civilizationalism," 또 맑스주의의 서구적 인식소 및 이론의 기저에 있는 가부장적 무의식을 비판적으로 성찰하지 않는가 하는 것이다. 그의 이론적 시야에는 맑스주의의 틀을 여성주의적으로 재구축할 실제적 여지를 거의 남겨두고 있지 않다. 이것은 그 자신이 가부장제에 기반을 두고 있는 현 단계 지구적 자본주의가 유지하는 현 국가체제에 좋든 나쁘든 영합하고 있음을 뜻한다. 서로 병행하거나 등가적이거나 다원화된 억압의 축들을 죽 계속해서 나열하는 태도는 억압적이고 착취적인 지구적 구조들에 도전하고 식민적인 문화적 상상을 탈구하는disarticulate 작업을 진척시키기 힘들게 만든다. 여기서 감지할 수 있는 것은 자화자찬격인 대항성과 그것과 똑같이 자기 잇속을 챙기는 진보성이다.

여성주의 관점에서 보자면 가부장적인 것the patriarchal은 식민적 문화상상에 핵심적인 것이다. 그래서 아시아 남성 이론가들의 심리와 상상적 지평의 가부장적 구조를 깨뜨리지 않고는 현재의 지배적인 상상을 넘어선다는 것은 어불성설이다. 그러므로 아시아에 진지를 둔 남성이론가들은 일상 삶 속에 깊숙이 스며들어 있는 현 단계 가부장적 상상에 대한 자기성찰을 필요로 한다. 가부장적 기제는 식민주의의 잔재들, 민족주의의 재부상들, 지구적 자본주의의 힘들과 처음부터 이미 결부되어 있고 우리 삶의 구조들에 광범위하게 포진되어 있다. 이 부분을 끊임없이 비판적으로 성찰하는 데서부터 자기변혁으로 나아갈 때라야 가부장제 기제와 맞물려 있는 불균등한 제국주의적 지구화에 맞서는 인식 틀을 갖추어나갈 수 있을 것이다.

사실, 『인터-아시아 문화연구』는 여성주의적 관심사들과 범젠더적 운동들을 향해 표면적으로는 열린 구조를 갖고 있다. 하지만 그렇다고 해서 그 이론적 오리엔테이션을 자동적으로 여성주의적인 것으로 만들어 주지는 않는다. 『인터-아시아 문화연구』는 여성주의를 하나의 중대한 일반적 범주로서가 아니라 그저 여성 및 여성주의자들, 성적 소수자들이 다루어줄 식민화의 한 부문으로서 포괄하고 인정한다. 『인터-아시아 문화연구』가 여성주의 연구 및 트랜스/젠더연구를 간헐적으로 끼어 넣고 전시하는 이유는 그 영역들이 이 저널의 진보성 및 급진성을 입증하는 데 하나의 좋은 구색 맞추기 역할을 톡톡히 해 주고 있기 때문이다. 필자는 여성주의에 저항했던 서구(영국) 문화연구와 달리 아시아에서의 문화연구는 여성주의를 초석으로 삼고 있다는 주장[5]에 대해 동의하지 않는다. 오히려 이 저널의 기본 틀인 **변형되지 않은 맑스주의를 통해 고스란히 재생되는 아시아 남성주의**를 실제로 변혁시켜 이론과 문화연구에 반영해 보려는 어떠한 실질적인 노력 없이, 여성연구에 대해 이렇게 선심 쓰는 수용은 문제적인 것으로서 아시아적 인식구조와 상상의 새로운 형성을 가로막는 장애물이 된다. 여성주의 의제들과 관심사들을 요란하게 포용하는 태도는 아주 종종 상당히 동화주의적이고assimilative 전유적인 것이기 때문이다.[6]

---

[5] Tejaswini Niranjana, "Feminism and Cultural Studies in Asia," *Interventions*, Vol. 9, Issue 2 (July 2007), p. 211.
[6] 이러한 경향은 비단 *Inter-Asia Cultural Studies*뿐만 아니라 듀크 대학에서 1993년부터 발간되기 시작한, 아시아 각국의 문화정체성을 조명하는 *Positions*, 1999년에 시작된 다언어 국제저널로 아시아의 식민지 근대성을 주로 다루어온 *Traces*에서도 나타난다.

그리하여 이 저널이 애초에 내건 운동성, 진보성은 상당 부분 상실되고 만다.

젠더는 특별한 경우들이나 사례들에서만 중요한 요소가 되는 것이라기보다 일반적인 비판적 분석도구이자 범주이다. 젠더는 근대 탈근대 세계 체제 자체의 제반 시스템(자본주의, 민주주의)을 지탱하고 구성하는 범주로서, 주체화의 역사적 과정에 대한 탐구에, 신자유주의 세계 체제의 지배와 착취 연구에 반드시 필요한 분석영역이다. 사실 세계 체제의 식민주의, 제국주의, 자본주의, 민주주의, 신자유주의 자체가 재생산(자원, 인간, 노동력)에서의 거래가 아니고 무엇이겠는가?

이러한 문제의식으로 연결된 하나의 연합된 장으로서 〈아시아 여성주의 문화연구〉를 구축할 수 있다면, 현 아시아 남성중심의 지식생산에 좀더 효과적으로 개입해 그 틀을 바꾸어 내는 선봉장 역할을 할 수 있을 것이다. 그렇게 할 수 있으려면 그동안 각국에서 나름대로 다양하게 비판적인 활동을 해온 아시아 여성주의자들이 이제 서로 소통하고 개입하고 간섭하는 네트워크를 형성함으로써 각기 떨어져서 하던 작업에서는 가능하지 않던 새로운 토론들과 연결들을 적극 생산해 낼 필요가 있다. 이 글에서 〈아시아 여성주의 문화연구〉라는 장을 주장하는 것도 바로 그러한 필요성에 부응하는 가운데 '젠더'를 일반적인 범주이자 개념으로서 다시금 상기하고 부각하고자 함이다.

2. 〈아시아 여성학〉에서의 여성주의

〈아시아 여성주의 문화연구〉를 구축하자는 필자의 주장은 2007년 6월 10일 고려 대학교에서 있었던 한국 영미문학 페미니즘 학회 제5차 국제학술대회 발표문 형식으로 나온 바 있다. 필자의 이 주장은 2007

년 11월 16일에 이화여자 대학교에서 있었던, 한국 여성학자들을 비롯해 그 외 아시아 각국의 여성학자들이 대거 결집한〈아시아 여성학회 창립식 및 국제학술대회〉의 큰 주제「지구화 시대 아시아 여성학의 발생Engendering Asian Women's Studies in the Age of Globalization」에서 논의된 취지와 상통하면서도 다르다. 2절에서는 그 다름을 밝히는 일환으로 11월 발표문 중〈아시아 여성학〉에 대한 의미규정을 하고 있는「'아시아' 적인 것의 의미생산과 아시아 여성학」이라는 발표문을 검토하여 보고자 한다. 그 글에 따르면 새로운 지식생산의 패러다임으로서 아시아 여성학에서 말하는 '아시아' 라는 규정은 "아시아를 구성하는 단위들 혹은 부분들 사이에 동일성 혹은 통합성이 결핍되어 있지만 아시아인들이 공유하는 그 무엇을, 공동의 경험을 함의"하는 "진행 중인 관념으로서 맥락에 따라 지속적인 의미생성을 허용하는 기표"[7]라고 정의된다.

아시아의 범위를 어디까지로 하느냐[8]에 대해서도 의견이 분분한데다 아시아를 구성하는 국가들 사이에서도 엄청난 이질성과 다양성이 존재한다. 그렇다고 할 때, '아시아' 가 고정된 단일한 정체성이 아니라 지속적으로 헤쳐 모여 할 수 있는 기표임은 분명하다. 그런데 최근 아시아 담론의 부상은 주로 경제적인 측면에서 두각을 나타내는 몇몇 아시아 국가 중심이라는 배경을 갖는다. 이 경제발전은 신자유주의적 글로벌 자본주의에, 미국 중심의 다국적 경제에 편승해 얻은 것을 환호하는 무리들이 그 대열에서 뒤쳐진 국가들, 또 그 국가들 내부

---

7) 이상화,「 '아시아' 적인 것의 의미생산과 아시아 여성학」, 47쪽. 이하 이 발표문에서의 인용은 본문 안에 쪽수만 표기함.
8) 서로 긴밀하게 얽혀 있는 전지구적 자본주의 가부장제, 미국의 패권적 헤게모니, 전쟁 체제에 비판의식을 갖고 있다면, '아시아' 의 범주에 예컨대 이슬람을 어떻게 배치할 것인가 하는 것도 21세기에 일고 있는 아시아에 대한 재지역화 작업에서 중대한 사안이다.

에서의 탈락자들을 배제하는 승리주의자들 위주의 것이다. 그러므로 "서구 여성주의로부터 탈식민화하려는 의도"(48)와 "지적 식민성"에 대한 자각(58)에서 나오는 공동의 경험과, 이질적이고 다양한 아시아라는 규정에서 나오는 "각기 너무나도 다른 양상의 식민화의 역사와 경험"(61)을 어떻게 연결시켜 말할 것인가 하는 것은 〈아시아 여성학〉 기획의 핵심의제로 떠오르는 셈이다.

〈아시아 여성학〉에 함축된 아시아 여성주의에서의 아시아 여성은 "아시아에서 이론적으로 그리고 실천적으로 수행되고 있는 여성주의 정치학의 전략적 개념으로서, 아시아 내의 이질적인 여성들 간의 연대성과 연합을 구축할 수 있는 집단적인 권력 형성을 위한 실천적이고 전략적인 범주로서 의미를 갖는다"(51)고 한다. 그런데 이 대목에서도 아시아 여성의 탈식민화라는 큰 목표 외에는 구체적으로 무엇을 위한 연대와 연합인지를 파악하기가 힘들다.

그렇다면 "아시아인들이 공유하는… 공동의 경험"이라는 것이 어느 층위의 무슨 경험인지에 대한 좀더 구체적인 해명이 필요하다고 하겠다. 최근 아시아의 지구적 부상은 제3세계로서 아시아가 갖던 비판적 입장을 약화하는 대가[9]를 치르면서 지구적 가부장적 자본의 흐름에 편입되는 현상과 밀접하게 연루되어 있다. 그러므로 이 현상에 비판적 거리를 둘 필요가 있다. 그때, 이 현상이 배제하는 것은 제3세계로서 '아시아'에 대한 규정에 내포되어 있던 비동맹 중립노선과 사회주의 노선이 함축하는 다른 발전의 길[10]임을 파악할 수 있게 된다.

---

9) Mary E. John, "Women and Feminism in Contemporary Asia: New Comparisons, New Connections?" *Interventions*, Vol. 9, Issue 2 (July 2007), pp. 165-73 참조.
10) 여성주의 입장은 아니지만 이 점에 대해 자세히 조망하고 있는 글로는 백원담, 「전후 아시아 사회주의권에서의 아시아주의」, 『문화/과학』 52호(2007년 겨울), 73-97쪽 참조. 이 논의를 냉전 이후 시대로 확장하여, 미국과의 동조 속에서 농민, 농촌에 대한 억압 및 착취를 자본주의화의 기본 구조로 택하고 있는 중국 상황을 고려하는 것은, 아시아 맥락에서의 맑스주의의 변형과 관련해서도 주요한 사안이다.

이 배제된 것들의 여정을 밝히노라면 현재 아시아 담론을 주도하는 동아시아 담론의 아시아적 관계상에 대한 인식이 얼마나 제한된 것인가 하는 점도 드러날 것이다.

〈아시아 여성학〉의 취지에서 아시아라는 권역과 관련된 지구화에 대한 입장을 표명하는 것은 중요한 사안인데 그 점에서도 분명하지 않다. 그러한 모호함은 아시아 여성학에서의 개념, 범주, 전망을 작동시키는 근간의 원리로 제시되는 '현장 여성주의locational feminism'를 통해서도 해소되지 않는다. 여기서 '현장' 개념은 "지역적 분할에 의거한 공간 개념이 아니라 동질성과 이질성이 끊임없이 교차하며 다양한 차이가 생산되는 장소, 정황으로 정의된다"(51). 이 발표문의 51쪽 각주 5번에서 '현장 여성주의'는 에이드리언 리치Adrienne Rich의 '현장의 정치학politics of location'에서 나온 것이라고 하며 리치의 사상에 대한 설명이 나온다. 하지만 그 설명을 통해서도 location을 '현장'이라고 하는 취지가 정확하게 파악되지 않는다. 오히려 '주체가 다양하게 처해 있는 구체적인 위치 혹은 지역으로서의 location에다, 이론이나 개념과 구분되는 실제 현실 층위에서의 살아 움직이는 현장의 활동성을 함의하는 '현장field'이라는 용어를 갖다 붙임으로써 개념상의 혼란을 초래한다.

사실 리치를 비롯해 미국의 급진적 여성주의자들 사이에서 주장되는 '위치의 정치학'은 그러한 현장성을 강조한다기보다 존재론적인 의미를 강하게 내포한다. 미국의 급진적인 여성시인이자 섹슈얼리티 이론가로서 리치 사상의 핵심은 이성애주의의 강제성과 억압성을 벗어나 여성들 사이의 정신적 기쁨을 나눈다는 레즈비언 연속체lesbian continuum 개념을 상정함으로써 여성해방의 의미를 존재론적으로 심화하는 데 있다.[11] 「'아시아'적인 것의 의미생산과 아시아 여성학」에서 언급된 리치의 「피, 빵, 시: 시인의 위치」라는 리치의 글은 이성애주의를 벗어나는 자유로운 섹슈얼리티를 마음껏 그려보고 싶은데 가부장적 언어체계를 사용할 수밖에 없는 시인의 위치에 대한 안타까움을 표현한다. 만약 아시아의 여성주체들이 처해 있는 다양한 지역들을 통해 그들 사이의 차이와 동일성을 사유하기 위한 'location'이라면 그것에 더 부합하는 것은 오히려 모한티의 사유와 개념이라고 생각된다.

게다가 「'아시아'적인 것의 의미생산과 아시아 여성학」에서 말하는 location은 뒤에 가면 결국 '구체적인 경험의 현장'(61)이라고 강조됨으로써 아시아 여성학이라는 주제에 대해 비판적인 이론적 성찰을 하려는 발표의 원래 목적을 견지하지 못하고 경험주의로 떨어질 위험을 노정하게 된다. 또한 "'수입이론'이 아닌 자생적인 이론화 작업"(58)이라는 데서 보듯 서구/아시아의 이분법을 전제하고 있다. "동일성과 차이의 오랜 이분법을 청산하고 차이/생성의 정치학이라는 관점에 서서"(54)라는 대목을 봐도, 동일성/차이의 이분법은 청산하고 싶다고 해서 곧바로 청산되는 게 아니며 '차이'를 들이민다고 해서 바로 폐기되는 것도 아니고 계속 우리의 사유를 틀짓는다는 점을 고려하지 못함을 드러낸다. 두 항목의 위계적 구분과 고정된 경계를 깨뜨리고 분리를 연결로 새로 관계 짓는 과정을 통해 기존의 이분법과는 다른 관계설정을 제시하는 것을 오히려 생산적인 대안이라고 말할 수 있다.

이러한 이론적 개념적 혼란들을 넘어 출범하는 아시아 여성학자들의 학문공동체에서는 "구체적인 현장에서 다양한 실제적 이슈를 중심으로 연대하는 실천을 활성화하면 할수록, 여성들은 그 과정에서 자신의 고유한 문제를 포착하는 더욱 강력한 정치적 감각을 지닌, 또한 전지구적 과제에 구체적이고 섬세하게 반응하는 공감 능력을 지닌 여

---

11) 그 자세한 내용은 한지희, 「에이드리언 리치와 존재의 지도」, 『영어영문학』 제52권 1호(2006), 95-112쪽 참조.

성주체로 탄생할 것이다… 아시아 여성학회가 우리 모두에게 다종다기한 여성주의적 투쟁과 실천과 자신의 실천을 접속시키는 실험의 장"(61-2)이 될 것이라는 희망적인 전망이 가능하게 된다.

　이러한 전망은 신자유주의적 지구화가 아시아 여성들에게, 특히 엘리트가 아닌 아시아 여성들에게 행사하는 영향력에 대한 치밀한 비판적 인식 없이 제도권 아시아 여성학자들의 강단 아카데미즘으로써 소위 투쟁과 운동으로 점철되는 현장을 접수하고 그것의 운동성을 전유하려는 무의식적 자기 확장 욕구에서 나온다고 보인다. 이러한 전유의 근간에 "영미권 유학파들의 영어 헤게모니에 기반한 글로벌한 문화적 동맹주의의 강화"[12]와 일부 지식인들 간의 상층부 교류에만 치중해 온 관행의 반복[13]이라는 현상이 깔려 있다. 따라서 각국 내부의 지역 문화운동 및 사회운동 주체들이 모색하는 대항적 지구화 흐름들과 유기적으로 접속되지 않은 엘리트 여성들의 배타성을 극복하면서 아시아 여성들 사이의 소통을 아래로부터 실천하는 다양한 통로들을 만들어가는, 아래로부터 아시아 여성들의 초국가적 연대와 교류라는 문제의식이 필요하다고 생각된다. 이 문제의식을 반영하는 〈아시아 여성주의 문화연구〉를 구축하기 위해 필요한 논점으로서 비교라는 관점과 방법, 젠더화된 하위주체subaltern 여성의 위치와 시각에 대해 기술하여 보고자 한다.

3. 비교라는 관점과 방법

〈아시아 여성주의 문화연구〉에서 사용되는 '아시아'라는 단어는 민

---

12) 이동연, 앞의 책, 105쪽.
13) 강내희, 앞의 글, 410쪽.

족국가들과 주체들 사이를 움직이며 그 사이를 흘러간다. 따라서 여기서 '아시아'란 하나의 고정된 실체가 아니라 일련의 변화하는 실천 집단체이다. 이 '아시아'는 경계들을 가로지르는 공통성과 유사성을 지니면서도 동일한 하나는 아니다. 그것은 결코 전체화될 수 없으며, 아시아 혹은 아시아에 진지를 둔 여성주의 지식인들과 하위주체들에 의해 형성되는 특정한 관심사들과 적절한 문제틀로써 동아시아, 동북아시아, 동남아시아, 남아시아, 아시아 태평양, 중앙아시아 등으로 구획될 수밖에 없다. 그러므로 여성주의 의제들에 의해 '아시아'를 새로 정의한다는 것은 국가들이나 지점들을 구체적으로 서로 비교하는 작업을 요구한다.

이러한 비교의 작업은 비교의 기준들과 축들을 어떻게 형성할 것인가 하는 문제를 제기한다. 냉전 시대 아시아 지역학 연구에서 사용된 비교적 방법의 진정한 초점은 민족국가였고, "비교하려는 불가피한 충동은 지정학적 특권에 기초한 기준들에 따른 전략과 뒤섞여 있었다."[14] 이 지정학적 특권은 바로 서구적인 것이었으며, 그것은 아시아와 서구 사이의, 또 아시아 국가들 사이의 "공존의 관계"나 "차이-속의-함께 함"을 배제시켜 왔다.[15] 이 배제된 것을 추적하는 가운데 비교의 새로운 기준을 구축하려면 무엇을 어떻게 할 것인가?

머프티는 '지구적 비교주의global comparativism'를 제안하면서 "우리의 학문을 위해 비교의 축을 유럽 혹은 서구로부터 행성planet으로 치환하고 재정렬하기 위해 우리가 전통적으로 지녀왔던 문화적 지

---

14) H. D. Harootunian, "Ghostly Comparisons," *Traces* (2004), p. 39. 서구의 지정학적 특권으로 인한 기준이 아시아와 서구의 관계를 그림자, 유령, 때늦은 모방, 복사판, 파생담론, 재생산 등으로 표상하게 하였다.
15) '공존의 관계a relationship of coevalness'는 하루투니언의 앞의 글에서, '차이-속의-함께 함togetherness-in-difference'은 Ien Ang, *On Not Speaking Chinese: Living between Asian and the West* (London and New York, 2001)에서 따옴.

적 범위와는 다른 것을 요청해야만 할 것"16)이라고 주장한다. 필자는 우리의 해석적 상상적 지평으로서 머프티가 주장하는 행성성 planetarity이라는 축에 궁극적으로는 동의하지만, 비서구 식민 국가들 뿐만 아니라 비-영어 포스트식민 텍스트들에 대한 '지구적으로 인가된 무지'를 먼저 비판할 필요가 있다고 생각한다. 우리는 그 텍스트들에 관심을 기울임으로써 아시아의 국가적 경계들을 가로지르는 문화적 표현들을 생산적으로 비교할 수 있고 다중적(서구 제국주의, 일본 제국주의, 중국 중화주의가 겹쳐진) 식민화들의 아시아적 형태를 파악해 낼 수 있고, 복잡하게 얽혀 있는 식민주의의 잔재, 민족주의의 재부상, 지구적 자본주의의 힘들과 다양하게 문화정치적 협상을 벌이는 아시아 여성들을 가시화할 수 있을 것이다.

그때 언어들, 분과학문들, 문화들, 역사들 사이에서 그것들을 여성주의화하는 번역과정이라는 일종의 비교주의comparativism가 있을 수 있다. 이 비교주의 작업은 아시아 여성들이라는 우리 사이의 교차지점들과 분기점들, 병행들과 불연속성을 추적하고, 근접성과 파열의 지점들을 보여주고, 차이와 더불어 동일성을 찾고 동일성 내부의 차이를 찾는 구분선을 다중화하는 과제들로 이루어진다. 이러한 과제들은 우리로 하여금 우리가 따로 떨어져 작업할 때 쓸 수 없었던 복합적이며 정밀한 방법들로써 문제들을 새로 제기할 수 있게 한다. 바로 그러한 역동적 과정이 서로 협상하는 풍부한 공간을 열어보이게 할 수 있다.

그 공간을 확보하기 위해 우리는 경제적, 정치적, 사회적 힘들의 다층적인 물질적 작동을 역사화할 필요가 있으며, 아시아 포스트식민 국가들 내부 혹은 사이에서 우리의 현 권력관계들에 미치는 이전 식민주의자들과 신신민주의자들의 다중적 영향들을 인식할 필요가 있

---

16) Aamir R. Mufti, "Gobal Comparativism," *Critical Inquiry* 31(Winter 2005), p. 487.

다. 이러한 역사적 비교 작업은 아시아 포스트식민 국가들을 "포스트식민적 민족문화"를 추구하는 "하나의 특정한 물질적 포스트식민 구성체"로 보는 데서 가능하다.[17] 그 작업에 아시아의 포스트식민적 국가들의 서너 지점들 사이를 왔다 갔다 하며 수평적으로 움직이는 수평적 접근이라는 용어를 붙일 수 있겠다. 포스트/식민적 차이를 지워왔던 수직적 접근과 대조되는 방식으로써 말이다.

결국 이와 같은 접근으로써 구체적인 분석을 해내기 위해 필요한 것은 한마디로 비교문화적 사유이다. 그동안 비교문화적 사유는 동양 대 서양, 미국 대 비미국, 서구 대 아시아 등 서로를 타자화하는 방식으로 진행되어 왔다. 이제 아시아 내부로부터의 비교문화적 사유야말로 아시아를 '제3세계'로 동질화시키지 않으면서 정치적 연대의 권역으로서 이질성을 품고 함께 움직이는 아시아로 다시 상상할 수 있게 한다. 본격적인 지구화 시대에 국가들 사이의 경계들이 횡단되는 초국가적 상황에서 〈아시아 여성주의 문화연구〉는 국가들 사이의 대화의 장을 새로운 방식으로 열어가기 위해 비교문화적 사유를 바탕으로 하되 젠더적 인식으로써 구축되어야 한다.

4. 아시아의 젠더화된 하위주체 여성의 위치와 시각

식민주의 시절 이래, 구전이든 문자이든 비영어권의 수많은 다양한 언어들과 문학전통들은 세계 문학 및 문화 체계로 진입하는 데서 환호받건 왜곡되건 주변화되거나 하위화되어 왔다. 이 하위화subalternization는 제3세계나 남南이라는 규정과 연계되어 있는 아시아 국가들의 비

---

17) Jini Kim Watson, "The New Asian City: Literature and Urban Form in Postcolonial Asia-Pacific," Ph. D. Dissertation (Duke University, 2005), p. 14.

서구 주체들에게 여전히 행해지고 있다. 그중 아시아의 젠더화된 하위주체subaltern 여성의 시각에서 보자면 트랜스식민적 차이transcolonial difference라는 것은 현 제국주의적 가부장적 지구화에 대항하는 가능성의 조건으로서 구체화될 수 있다.

하위주체 개념에 대해서는 〈인도 하위주체 연구회〉의 핵심 구성원인 라나지트 구하는 그것을 "'민중'과 '하위 계급'이라는 용어는 동의어로 쓰여 왔으며… 이 범주에 속하는 사회집단들과 구성인자들은 우리가 엘리트라고 묘사해 온 모든 사람들과 전체 인도 인구 사이의 인구학적 차이를 나타낸다"[18]고 정의한다. 이 정의는 젠더, 인종, 섹슈얼리티, 종족성 등 종속과 억압에 관련된 다양한 사회적 범주들과 권력구조들을 포괄할 수 있게 되어 맑스주의와 민족주의의 해방서사들에 의해 무시되어 왔던 다양한 종류의 저항과 투쟁을 가시화한다. 말하자면 하위주체 개념은 약점이자 강점이 되는, 느슨함과 포괄성을 동시에 지닌다.

하위주체 개념과 관련해 강조되어야 할 또 하나의 중요한 요점은 하위주체는 전적으로 헤게모니적 담론들과 권력체계들 바깥에 있지 않다는 것이다. 오히려 하위주체는 지배체계 내부에 봉쇄되어 있거나 지배체계에 의해 오염되어 있다. 달리 말해 하위주체는 전지구적 자본주의 가부장제라는 헤게모니 구조 안의 바깥, 바깥의 안에 위치해 있다. 이는 하위주체가 전유되지 않은 타자성을 보전할 수 있는 생존 가능한 주체가 될 가능성을 여전히 담보한다는 것을 뜻한다. 이 점 때문에 하위주체는 하나의 통합된 본질을 갖는 '민중'의 자명한 현존과 대조된다. 하위주체적 저항양식은 일관되거나 연속적이거나 단일 논리

---

18) Ranajit Guha, "On Some Aspects of the Historiography of Colonial India," Ranajit Guha & Gayatri Spivak eds., *Selected Subaltern Studies* (New York: Oxford UP, 1988), p. 44.

적이라기보다 유연하고 잠정적이며 다중적인 경향을 갖는다.

　하위주체에 대한 이러한 개념화는 제국주의 문화로부터 상당히 떨어져 있었던 식민적 하위주체보다 포스트식민 시대의 '새로운 하위주체'[19]에 더욱 적합하다. 새로운 하위주체는 신자유주의 세계 체제 속에서 힘겹게 살아남은 잔여적인 것조차 공략하는 지구적 자본, 또 거의 모든 트랜스식민적transcolonial 문화적 차이들을 흡수해 버리는 자유주의적 다문화주의에 크게 영향을 받고 있다. 이러한 국면에서 대항지구화라는 의제를 아시아 여성주의 입장에서 어떻게 제안할 것인가?

　필자는 현 국면에서 대부분의 아시아 여성들을 새로운 하위주체로 위치시킨다. 그들은 교묘한 젠더화와 인종화에 의한 현 초국가적 문화환경 속에서 경제적으로 문화적으로 점점 더 하향하고 있기 때문이다. 아시아의 젠더화된 하위주체 여성들의 경험들과 관점들은 이제 갈수록 더욱더 비가시화되거나 특정 측면만 피상적으로 가시화되고 있다.[20] 그들의 위치와 관점을 대항지구화 운동의 핵심 축으로 가시화하는 〈아시아 여성주의 문화연구〉는 탈식민적 실천으로서 비판적인 동시에 운동적인 관점과 접목될 수 있는 가능성을 갖는다.

　아시아의 제도권 여성주의자들은 아시아의 젠더화된 하위주체 여성들보다 자본과 국가에 더 깊이 연루되어 있으며 사회적 상향 이동성에 사로잡힐 여지가 더욱 크다. 국가와 자본의 지배를 더 많이 받고

---

19) 이것에 대한 좀더 자세한 논의로는 Gayatri Spivak, "The New Subaltern: A Silent Interview," *Mapping Subaltern Studies and the Postcolonial*, ed. & intro. Vinahak Chaturvedi(Verso, 2000): 324-40 참조.

20) 이 점을 비판하는 최근의 좋은 예로서 2007년 11월 1-2일에 있었던 한국 여성연구원 30주년 기념 국제학술대회 발표문 Laura Hun Yi Kang, "Traffic in 'Asian Women': Glocal Circuits of Visibility, Visuality, and Knowledge"에서 거론되는, 아시아 여성을 재현하는 세 책의 표지 이미지 분석을 들 수 있다.

국가와 자본에 더 크게 공모하고 있다는 것은 아시아의 강단 지식인 여성들에게 잠재된 비판적 능력을 약화하고 거세시키는 효과를 갖는다. 그러므로 그들의 분석과 지식에 대한 자기성찰적 평가와 비판이 아시아의 엘리트 여성들에게도 요구된다. 물론 아시아의 젠더화된 하위주체 여성들 또한 지배체계에 박혀 있고 그들의 정확한 포지션에 대해 제대로 잘 알기 힘들며 기존체계에 간섭하거나 대응 및 도전하고자 할 때조차도 혼란과 침묵의 압력에 자주 시달린다. 그러한 와중에서도 아시아의 젠더화된 하위주체 여성은 각기 저마다의 특정한 위치들에서 일상적으로 하는 경험과 실천에 대해 온전하다거나 완벽한 것은 아닐지라도 말을 함으로써 비판적 의식과 전망을 담아내고자 한다.

그런데 누군가가 이들의 이야기들을 귀 기울여 듣고 그 내용을 문화정치학적으로 정교하게 다듬어내어 헤게모니적 국가주의적 가부장적 담론들 속으로 지속적으로 산포시켜야만 아시아의 젠더화된 하위주체여성들의 말하기가 하나의 의미 있는 여성주의 담론으로 결집될 수 있다. 그때라야 아시아의 젠더화된 하위주체 여성들은 아시아적 포스트/식민적 근대성들을 규정해 온 힘들에 대해 말하고 협상하는 주체가 될 수 있다. 그렇다면 아시아의 젠더화된 하위주체 여성들의 말하기가 우리 주변에 만연된 자본주의적 가부장적 문화상상 속에 끼어들 수 있는 방법들을 모색해야 할 것이다.

그러한 방법들은 무엇보다 그들을 여성주의적 분석의 손쉬운 대상으로 삼지 않고, 양방향의 소통과 교환을 통해 엘리트 여성과 하위주체 여성 사이의 거리를 줄이는 가운데 서로 함께 말하려는 다양한 시도들 속에서 발견될 것이다. 주체와 대상이 아니라 주체와 주체의 만남은 결코 동화주의적인 것도 전유적인 것도 아니다. 엘리트 여성과 하위주체 여성 사이의 공유된 만남들로써 양자 모두 풍성해지고 변화하는 경험이 가능해지고 거기서 만들어지는 이야기가 새로운 역사 herstory를 구성할 것이다. 그 과정을 통해 아시아의 젠더화된 하위주체 여성들은 새로운 역사의 주체가 될 수 있고, 아시아 여성주의 지식인들은 더 이상 현재의 분과학문적 제국주의에 의해 조종되지 않고 제도화된 분과학문체계를 재규정하는 주체로 설 수 있다. 이러한 양방향의 교섭을 통한 진정으로 해방적인 아시아 여성주체성들의 생성 작업이야말로 아시아라는 권역의 특정 지역들에 안착되어 있는 전지구적 자본주의 가부장적 상상을 바꾸어 갈 수 있도록 할 것이다.

그 과정은 아래로부터의 경험과 문화를 배우고 그것을 언어화하는 노력을 통해 지식인과 하위주체가 함께 말하기를 실천하게 함으로써 새로운 여성주의 지식을 생산하도록 유도한다. 이 지식은 "하위주체와 주변화된 사람들의 행위주체성을, 서구를 지배하는 엘리트의 상상, 기준, 지식, 실천들이 명령하는 것과는 다른 발전의 길을 따를 권리"를 긍정하기 위해 활용되며, "구체적이고 지역적"이다.[21] 하위주체들의 지식은 변혁을 가져올 시각들과 비전들을 형성하기 위해 다른 개념들을 사용한다. 그러므로 이들과 함께 하는 여성주의 지식인은 저항을 발명해 낼 소통 가능한 공간들과 영역들을 만들어가는 과정에서 개인적으로도 큰 변화를 겪을 것이다. 바로 이러한 동시적 변화야말로 비교문화적 상상력으로 수행되는 문화연구가 관여하고자 하는 바이기도 하다.

이와 같은 지식생산은 '학계'의 연구로 인정받지 못할지도 모르지만, 중요한 것은 변화를 가져오도록 돕는 일이다. 그렇게 하기 위해서는 아시아 지식인 여성들 사이의 교류와 네트워크 형성을 젠더화된 하위주체 여성을 대항지구화의 핵심주체로 놓는 〈아시아 여성주의 문화

---

21) Tani E. Barlow, "What kind of knowledge Do We Need?: An Interview with Kin Chi Lau," *Positions* 12: 1 (2004), p. 226, p. 227.

연구〉를 통한 지식생산이라는 분명한 입장을 견지하고서 추진해야 할 것이다. 그럴 때, 우리의 연구와 지식이 젠더 정의와 윤리 의식을 바탕으로 각 국가에서 또 아시아의 여러 지역들에서 또 세계의 여러 지역들에서 심원한 변화를 촉진하는 창의적인 것이 되리라고 생각된다.

에필로그

한국 여성주의자의 상상력으로 그려보는 이론과 운동의 새로운 지형도

자기 변신과 쇄신을 향한 섬세한 물밑 움직임이, 또 그 움직임을 구체화할 거시적인 조짐이 도처에서 일어나고 있다. 물론 이것은 전지구적 기업문화를 환호하며 이익과 발전을 위해 데이터화된 정보를 회수하기 바쁜 경제 동물들에게는 전혀 감지되지 않을 것이다. 그렇지만 상품과 물자가 넘쳐나는데도 전혀 행복하지 않은, 그래서 왜 그럴까 하고 생각하는 대다수 사람들은 새로운 기운의 징후들을 읽을 수 있을 것이다. 이론/운동 영역, 지구적/국가적/지역적 차원, 남/북 사이의 경계를 풀고 넘나드는 가운데 새로운 경계가 다시 설정되고 있다. 또 인문학과 사회과학, 대학과 지역사회, 제도권과 비제도권, 지역과 지역, 도시와 농촌, 남북한, 아시아 국가들 사이에서 매 국면마다 제시되는 의제에 따라 헤쳐 모이기를 거듭하는 복잡다단한 움직임들로 분주하다. 어둠이 깊은 만큼 그것을 헤쳐 나오게 하는 힘 또한 형성되고 있는 것 같다.

한국 사회의 저변에서 현재 합종연횡하는 다종다기한 움직임들은 차이들이 자아내는 긴장과 반목을 억압, 삭제하기보다 생산적인 것으로 만들어낼 창의성을 실험하려는 기세들로 소란스럽다. 이 기류엔 놀라운 잠재력이 담겨 있으리라 기대하게 된다. 여태껏 들어보지 못한 새로운 종류의 연대를 만들어 나갈 이 움직임들의 새로운 흐름과 기운에 여성주의 진영은 어떻게 접속해서 그 사상적 틀을, 이론적 지평을 재구축해 나갈 것인가? 이 책을 통해 제시한 바를 1) 초국가적 지식능력transnational literacy과 행성planet의 사유, 2) 초국가적 문화연구/교육/활동, 3) 변형되는 맑스주의, 4) 초국가적 틀에서의 아시아 문학/문화연구, 5) 비판적 지역 연구 방법으로서 '아시아' 여성주의와 젠더화된 하위주체라는 다섯 가지 핵심 요소로써 다시 아울러보면 다음과 같다.

1. 초국가적 지식능력과 행성의 사유

초국가적 지식능력은 국가적인 것, 지구적인 것, 지역적인 것, 디아스포라적인 것, 권역적인 것the regional 사이의 연결성과 불연속성을 단일 국가 모델이 아니라 국제적인 틀 속에서 파악하는 능력을 말한다. 다시 말해 기본적으로 글로컬한 인식을 갖고서 그 지구적인 것과 지역적인 것 사이를 매개하는 국가적인 것 또 권역적인 것의 맥락 또한 놓치지 않고 보는 능력을 말한다. 이 능력을 좀더 구체적인 상황에 놓고 보면, 그것은 남南의 포스트식민 국가의 농촌 빈민과 구미중심적 이주로 인한 메트로폴리스의 빈민 사이의 연결고리와 불연속성을 동시에 읽어내는 능력이고, 포스트식민성과 이주 사이의 차이를, 선택받은 글로벌 엘리트의 그럴 듯한 세계시민주의와 강제된 글로벌 하층계급의 무자비한 일상 사이의 차이를 인식하는 능력을 말한다. 초국가적 지식능력은 그러한 차이를 인식할 뿐만 아니라 새로운 이민 집단의 경험 재현에 경도된 미국 에스닉ethnic 문화연구의 메트로폴리탄 디아스포라 문화주의를 간파하고 비판하는 능력이다.

전지구적 자본주의 가부장제에 대항하고 새로운 지구화를 꿈꾸는 사람들에게 필요한 이와 같은 초국가적 지식능력은 전지구적 자본에, 메트로폴리스의 문화에 종속되어 온 남南의 하위문화들이 각인하고 있는 이질성과 대타성alterity을 지배적인 인식소로 환원시키지 않고 그것들에 다가가게 한다. 여기서 말하는 지배적인 인식소란 편협한 이성이 추진하는 합리적 추상화를 기반으로 관념론, 이항대립 논리, (다)문화주의로써 구성되어 왔는데 현재 전자 텔레커뮤니케이션 시대에서는 '발전'을 도와주는 '사이버-지식능력'이 그 주요성분을 이룬다. 이 전자화된 지식능력은 데이터와 정보의 쉴 새 없는 움직임에 의해 추동되며 새로운 데이터와 정보에 의해 관리 혹은 폐기처분 여부를 결정하기만 하면 되는 것으로 축소된다. 이렇게 인터넷과 정보문화를 통해 국가의 경계를 허물고 종횡무진 국경을 넘나드는 기업화된 지식, 상품화·자본화된 지식의 팽배는 인간의 사유와 지식을 협소하게 만들고 피상적이고 형식적인 것으로 만든다.

소위 자본주의적 발전이 지체된 남南의 개발도상국에 편재하는, 서구중심적 인식소에 의해 탈합법화된 사회구성체의 종속된 문화들에는 권리 담론 위주인 서구적인 합리적 지식과는 다른 종류의 지식이, '지구성'과는 다른 인식의 지평이 내장되어 있을 수 있다. 한국 여성주의자는 그러한 종속된 문화집단의 편에 서서 다른 종류의 지식을, 다른 인식의 지평을 충분히 가능하다고 상상해 볼 필요가 있다. 지구화 대상으로서 '글로브'라는 틀을 훌쩍 넘어서 있는 '행성'이라는 공간과 지평에서는 협소하게 규정된 자본·노동의 지구적 실체들이나 지구적 행위주체들로서보다, 행성의 창조물 혹은 주체들로서 인간을 상상하고 형상화하게 한다. 자본주의적 가부장적 지구화의 합리적 요청을 굴절시키는 행성의 타자적 공간에서야말로 불확정적이나마 급진적 대타성이 거주하고 있을 것이다. 자본주의에도 사회주의에도 합류하지 못해 현재 종속된 하위문화들에 있는 타자, 대타성을 통해 우리는 행성의 사유에 접근할 수 있다. 지구화는 세계에 똑같은 교환체계를 부과하려 하지만, 행성은 또 다른 유의 체계 속에 있다. 지구화를 통제할 수 있는 것으로서 '행성성'이라는 지평, 행성의 사유는 대항지구화 운동의 바탕이 되어야 한다.

2. 초국가적 문화연구/교육/활동

초국가적 문화연구에서는 현재의 헤게모니적 인식소와 사유를 근본적으로 비판함으로써 다른 인식소와 사유의 지평을 발굴하는 것을 그 목표로 삼는다. 현재의 지구화에 대항하는 의식으로써 다른 세상을 만들어내는 데 동참하려는 초국가적 문화연구는 미국 에스닉 문화연구나 아시아의 한류 문화연구에서처럼 특정 문화현실에 대한 분석 위주로 그 범위를 좁게 설정하지 않는다. 그것은 관심 대상을 남南의 문학들, 문화들로 폭을 넓히되 남南과 북北, 남南과 남南 사이를 각기 비교하는 관점에서 지구화에 대항하는 능력의 원천을 찾아내고자 한다. 여기서 분명히 할 점은 인식소, 사유, 지식능력을 강조함으로써 정치경제적인 것을 삭제한다고 보는 태도에는 정치적인 것에 대한 너무 협소한 이해가 깔려 있다는 것이다. 문화적인 것에 각인되어 있는 인식소, 사유, 지식능력을 판별해 내는 것은 문화적 인식소적 변형의 정치학을 구사하는 정치적 행위이다.

이와 같은 문화정치학의 테두리 안에서는 문화연구가 '교육'이 되고 '활동'이 되는 양상을 볼 수 있다. 연구/교육/활동의 경계를 허물어뜨리는 것 자체가 대항지구화 운동에 유효한 초국가적 지식능력을 함양하는 계기가 된다. 이러한 지식능력을 키우는 활동으로서 교육은 자본주의 기업문화에 따른 (신)자유주의적 다문화주의 교육장치와 제도권 속의 제한된 교육 실천과 다른 입장과 다른 지점에 서 있다. 권리 위주의 산업자본주의 제국주의가 자체의 지배적 인식구조들을 남南의 종속적 문화들에 강요함에 따라, 책임에 기초를 둔 그들의 문화적 실천들은 그 형해만 잔존한다.

우리가 제대로 알지 못하고 접촉하지 못한 남南의 농촌, 선주민, 부족민 문화는 권리의 문화라기보다 책임의 문화이다. 거기서 엿보이는 책임의 사유는 종속된 문화 집단의 여성과 어린이를 교육시키는 교육자들이 여성과 어린이로부터, 즉 아래로부터 배우는 법을 배움으로써 교육주체와 대상이라는 이분법을 해체하고 상호작용하는 새로운 방식을 실천할 때 비로소 접근될 수 있다. 그러한 맥락에서 지구화 시대의 종속된 문화들을 연구하는 자는 그저 연구자만이 아니라 문화교육자, 문화활동가를 오가며 정체성의 쇄신을 거듭해 갈 것이다. 이러한 자기변전과 확장은 연구-지식-이론과 실천-활동-운동이 생성적으로 연계되는 새로운 문화운동, 사회운동의 출발점을 이루게 된다.

3. 변형되는 맑스주의

대항지구화 운동의 이론적 사상적 기반으로 중요한 역할을 해온 맑스주의는 가치형태라는 그 기본 개념의 이해, 아시아에서의 맑스주의 다시 쓰기, 인종화된 젠더 인식과 함께 하는 자본주의 비판이라는 세 가지 맥락에서 변형되고 확장되어야 한다. 먼저 맑스의 기본 개념인 가치형태가 꾀하는 추상화 작업을 제대로 이해하지 못해 사용가치와 교환가치의 이분법을 그대로 두어온 잘못을 인식해야 한다. 여기서 사용가치와 교환가치의 이분법이란 사용가치는 실물 자체에서 유래되는 혹은 실물에 내재되어 있는 그래서 먼저 있는 것이고, 그 실물이 교환관계에 들어감으로써 나중에 교환가치를 갖는다고 이해하는 것을 말한다. 맑스에게서는 자본주의적 관계를 파악하기 위한 개념으로서 사용가치와 교환가치 둘 다 추상적인 것이므로 사용가치에 대해서도 이미 작동중인 추상화를 포착해야 한다. 다시 말해 노동도 그 자체라는 게 있지 않고 노동력으로 상품화, 추상화되는 데서 파악될 뿐이다. 교환관계에서 생기는 가치라는 것도 가치형태로 존재하게 된다. 이렇게 보면 땅, 자연, 여성의 몸을 가치를 생산하는 원천으로 실물화한다든가 농민과 여성의 자급적 노동을 자본주의적 교환관계와 상관없는 듯 별도로 가치화하는 것은 문제가 된다. 따라서 그것들이 지역에 따라 각기 다른 교환-거래-시장 관계 속에서 작동되고 있는 구체적 양상 자체를 주시해야 할 것이다.

그렇지만 여성주의 입장에서 보면 자본주의적 관계의 메커니즘에 대한 추상화된 개념적 파악이 결과적으로 간과하는 것에 주시하지 않을 수 없다. 추상 그 자체란 불가능하다. 예컨대 순수한 금융자본이라는 것도 전지구적 자본주의 가부장제 체제를 떠받치고 있는 남南의 젠더화된 하위주체 여성의 몸과, 또 맑스주의의 도시주의가 폐기해 버린 땅과 연루되어 있다. 그렇다면 생태적 인식에 따라 1) 땅으로부터 주체의 분리라는 양상과, 2)농촌/토착/하위적인 것에 대한 추상화(유령화)의 의미 모색을 통해 땅과 몸의 문제를 전면적으로 재설정하는 것이 맑스주의의 변형에 중요한 사안이 된다.

다음으로 아시아에서의 맑스주의 다시 쓰기라는 과제는 중동, 아프리카, 라틴 아메리카와 달리 영토제국주의의 전성기 이후 펼쳐지는 미국 제국주의와 긴밀히 연관되어 있는 '아시아'가 지니는 특성 때문에 제기된다. 여기서 필요한 것은 초국가적 틀에서의 미국에 대한 비판적 이해, 아시아 권역에 존재하는 사회주의의 여러 판본들에 대한 점검, 아시아에서의 비동맹 노선에 깃들어 있는 해방의식과 상상력의 모색 작업이다. 이 작업들은 자본주의 비판의 맥락에서 수행될 터인데, 인종화된 젠더 인식과 병행되어야 한다.[1]

4. 초국가적 틀에서의 아시아 문학/문화연구

소위 제3세계 문제틀에서 수행되던 식민 담론, 포스트식민 담론 연구의 지평은 초국가적 틀로 확장되어야 한다. 초국가적 틀에서 국가들의 경계를 넘나들며 수행되는 아시아 문학/문화연구는 분과학문들과 적극적인 주고받기를 착수해 효과적인 상호분과적 연구 방법을, 각 분과학문의 차이를 존중하는 하나의 비판적이고 통합적인 연구방법을 실천한다. 고립된 전문주의를 깨뜨리자는 목표를 이루기가 쉽지는 않겠지만 그것을 깨고 나아갈 때 제3세계 혹은 남南에 속하는 아시아 문학들과 종속된 하위문화들을 주변부 범주가 아니라 하나의 일반적 범주로서 제시할 수 있다. 그리하여 요컨대 초국가적 틀에서 다시 읽어내는 아시아의 문학/문화에 대한 비교문화적 접근은 문화상대주의의 다양성 내부에 사로잡힌 다원주의가 아닌, 남南의 문학/문화에 대한 획일적인 오리엔탈리즘적 남성주의적 해석을 넘어서 여러 다른 아시아 국가들의 다양한 문화들이 지닌 사유, 인식, 가치, 관점을 발굴해 낼 수

---

1) '성'을 자본주의와 가부장제의 요소로 놓기보다 오히려 자본주의와 가부장제를 역사적으로 특정한 성체제 양식으로 보자고 제안하는 고정갑희의 〈성체제 이론〉은 맑스주의를 좀더 역동적이며 개입적인 사회변혁이론으로 전격적으로 변형시키는 작업이어서 앞으로 주목을 요한다.

있게 할 것이다.

    이렇게 아시아를 비롯한 남南의 여러 국가들의 문학/문화들에 비교문화적으로 접근하는 것은 북에서 소비되는 영어번역물에 내재된 영어 일방주의를 벗어나 국제적이며 다언어적인 문학/언어 영역을 구축하게 할 것이며, 다른 언어를 통한 다른 윤리를 시사 받을 수 있게 한다. 이처럼 특정 언어와 문화에 대한 국제적 다언어적 시각은 아시아 비교문학 및 문화연구 분야를 다원화한다. 다원화된 아시아 문학작품들 및 문화 현실을 새로 독해하는 과정에서 필요한 것은 단일 국가 모델을 벗어난 아래로부터의 시각이다. 이 시각은 추상적이고 형식적인 보편 권리 개념과 다른 지반에 서 있는 책임과 정의와 윤리의 지평을 미약하나마 여전히 공통적으로 갖고 있다. 이 지평에서 실천되는 새로운 독해를 통해 아시아 문학/문화연구자는 지구화에 대항하는 능력의 저장소를 찾아나갈 것이다.

5. 비판적 지역연구 방법으로서 '아시아' 여성주의와 젠더화된 하위주체

아시아라는 권역을 파트너 포인트로 제시하는 '아시아' 여성주의는 비판적 권역연구, 새로운 지역연구에 입각한다. 여기서 비판적이라 함은 제3세계라는 문제틀을 대체하는 양상으로 부상된 아시아라는 문제틀이 갖는 위험을 비판하고 넘어선다는 것이다. 그 위험이란 경제적 발전의 측면에서만 과도하게 부각되는 아시아라는 측면과 그 측면과 관련하여 동아시아 담론이 아시아 담론을 주도하는 형국을 둘러싼 것이다. 그러므로 서구중심 제국주의와 자본주의에 맞서는 핵심적인 지정학적 아시아의 형상화는 새로운 대륙주의를 활성화하기 위한 것이 아니라 우리 정체성의 근거로서 '아시아'를 새로 찾자는 지향을 담는다. 다시 말해 권역주의적 일방주의나 디아스포라 헤게모니를 서구와 함께 빗금 치는 비판적인 문화정치적 공간으로서 '아시아'를 함축한다.

비판적 권역주의에서 말하는 '아시아'란 한마디로 젠더화된 하위주체의 대항집단성이 부상하는 공간이 된다. 모든 것을 돈과 성공이라는 블랙홀로 수렴시키면서, 이를 위해 신자유주의 자본주의 군산복합체제가 부추겨온 전쟁들로 점철된 지난 십여 년의 역사를 돌이켜보건대, 젠더화된 하위주체/여성의 시좌standpoint는 지구화 시대의 타자에 대한 감정이입 및 공감 능력으로 타자의 삶과 고통에 대한 상상력을 촉구한다. 이 시좌는 예컨대 일본군 성노예 여성들의 증언, 젠더화된 비정규직 여성들, 성노동자들, 굳건한 인종적 위계질서에 따라 장기, 난자 등을 포함하여 말 그대로 몸을 파는 여성들, 여러 가지 이유로 증가하고 있지만 거의 모든 부자 국가에서 점점 더 고립되면서 더 가혹한 착취와 폭력에 노출되고 있는 이주(여성)노동자들의 목소리에 귀를 기울이는 정치-윤리를, 말 듣기의 실천을 촉구한다. 따라서 이 시좌는 그들의 대항집단성이 부상하는 공간을 각인해 내기 위해 지구화 시대 아시아에 다양하고 복잡한 형태로 존재하는 젠더화된 하위주체들과 만나는 장을 만들고 그 장을 유지하고 열어두어 끊임없이 그들에게 말을 걸고 대화하는 소란스런 소통의 정치/문화를 요청하는 셈이다.

여기서 더 나아가 서로의 차이를 각자의 입장에서 인식하되 서로 연대할 지점을 찾고 발굴하여 전지구적이면서 지역적으로 움직여 가기 위해 필요한 초국가적이면서 비교문화적인 사유가 바로 젠더화된 하위주체의 시좌로부터 나온다고도 상정할 수 있겠다. 그럴 때, 젠더화된 하위주체들의 주변성은 더 이상 억압의 장소만이 아니라 저항의 중심이 되어 '주변에서 중심으로'라는 움직임을 분기시킬 수 있다. 여기서 '주변에서 중심으로' 란 미국의 자본 흐름을 따라가기 식의 선진화 또는 발전이 아니라, 저항의 거점으로서 주변 자체를 새로운 문화와 패러다임과 새로운 삶의 방식을 상상하고 창조하는 그런 중심으로 만드는 창발성을 함의한다.

이처럼 대항지구화와 '아시아' 여성주의를 접맥시키는 데 필요한 다섯 가지 핵심 요소의 큰 윤곽을 그려보았다. 무엇을 어떻게 해야 이 요소들은 좀더 세부화되고 구체화될 수 있을 것인가? 1987년 이후 한국의 사회운동 역사를 보건대 여러 운동 흐름들은 그간의 시도들, 시행착오들로 인한 절망들과 인식적 실천적 실패지점들로부터 경험과 방법을 축적해 왔다. 서로 고립되어 있으면서 각기 자족하던 여러 운동 흐름들이 이제 서로 네트워킹을 할 시점에 이르렀는데, 문제는 누가 주체가 되어 상을 제시할 것이며 어떻게 대화를 시작하여야 상호배움의 장을 열 수 있는가 하는 것이다.

    우선 그동안 동아시아 담론을 이끌어온 한국 학계의 연구자들, 국외 저널을 통해 동아시아 담론의 계보를 짚어온 국내외 논자들, 『인터-아시아』의 국내외 문화지식인들, 국내외 아시아 관련 여성연구소의 연구자들은, 국내외 여성운동 단체 활동가들, 노동자, 농민, 성적 소수자, 성노동자 운동 단체의 활동가들과 함께 **연구자-활동가 연합체**[2] 같은 것을 구성해 볼 수 있겠다. 이 연합체는 현재의 지구화에 봉사하고 협조하는 제도권 지식을 철저하게 비판하면서 연구와 실천, 이론과 운동 사이의 경계를 풀고 새로운 지식과 사유를 형성해 내기 위해 각 차이 지점들을 서로 존중하고 유지하면서도 연결되고 협동하는 연대

---

[2] 주로 여성농민들 및 농촌 활동가들과 여/성주의 학자들의 연합체 ARENA(Asian Regional Exchange for New Alternatives)는 아시아에 진지를 둔 이러한 연합체의 예로 들 수 있다.

의 네트워크를 구축하는 데로 나아가야 할 것이다. 이러한 작업은 물론 우선 한국 지식인들과 활동가들 사이의 교류와 소통에서부터 출발하되 동시에 국내외 문화운동, 사회운동과 접목되는 지속적인 노력을 필요로 한다.

　이러한 시점에서 한국 여성주의자들은 여성주의를 각 운동 영역에 포진시키고 또 산포시켜 나가야 하리라고 본다. 이제 여성주의로써 또 여성주의와 더불어 글로벌 액티비즘을 혁신하고 활성화하는, 이론과 운동의 소통을 위한 네트워킹이 그 어느 때보다 더 필요한 때인 것 같다. 이에 부응하는 한국 여성주의자들은 초국가적 지식능력과 '초국가적 소통'에의 의지를 갖고 여성주의를 축으로 '초국가적 소통의 흐름들'을 생산해 낼 것이다. 이 책에서 내내 강조한 〈초국가적 틀에서 본 아시아라는 권역의 젠더화된 하위주체 이론〉이야말로 곳곳에서 그 흐름을 실제로 만들어가고 있는 변혁의 이질적인 주체들을 잊어서는 안 된다는 것을 상기한다고 하겠다. 이 지적으로써 에필로그를 맺는 것은 우리 시대의 수많은 젠더화된 하위주체들과 함께 하는 고통의 연대감이 다시금 상호의존과 협동의 정신을 떠올리게 했기 때문이다.

참고문헌

간디, 릴라. 『포스트식민주의란 무엇인가』, 이영욱 번역, 현실문화연구, 2000.
강규한. 「『월든』 다시 읽기 문학생태학의 새로운 모형」, 『영어영문학』 제49권 3호 (2003년 가을).
강내희. 「재현체계와 근대성」, 『문화과학』 24호 (2000년 겨울).
─── . 「문화사회와 대안적 세계화를 위한 한국문화연구의 방향」, 『문화/과학』 52권 (2007년 겨울).
강용기. 「자연과 문화의 중첩: 헨리 쏘로우의 자연관과 그 생태비평적 조망」, 『영어영문학』 제46권 3호 (2002년 가을), 747-62.
강자모. 「레슬리 마몬 실코의 『의식』」, 『현대영미소설』 제8권 1호, 2001.
고길섶. 「정치, 새로운 민주주의로: 생태정치와 자치민주주의」, 『문화/과학』 44호 (2005년 겨울).
─── . 「생태문화사회 나의 상상, 나의 실험」, 『문화/과학』 46호 (2006년 여름).
고병권. 「주변화 대 소수화: 국가의 추방과 대중의 탈주」, 부커진 『R』, 창간호, 2007.
고정갑희. 「에코페미니즘: 페미니즘의 생태학과 생태학적 페미니즘」, 『외국문학』 제43호 (1995년 여름).
─── . 「여자들의 시간과 자본 가사노동과 매춘노동의 은폐구조」, 『여/성이론』 3호, 여이연, 2001.

―――.「여성주의 이론생산과 여성운동, 사회운동」,『여/성이론』 17호, 2007.
고진, 가라타니.『트랜스크리틱: 칸트와 마르크스 넘어서기』, 송태욱 번역, 한길사, 2005.
김성곤.『문화연구와 인문학의 미래』, 서울대 출판부, 2003.
김성수.「일제 상업자본의 유입과 식민지 근대의 양상」, 최유찬 외,『『토지』의 문화지형학』, 소명, 2005.
김성희 외.「『토지』에 나타난 여성문제 인식과 역사의식」,『여성』 3호 (1989년 4월).
김욱동.「다문화주의의 도전과 응전」,『미국학 논집』 제30집 1호 (1998년 여름).
―――.『문학생태학을 위하여』, 민음사, 1998.
김은실.「지구화, 국민국가 그리고 여성의 섹슈얼리티」,『여성학 논집』 제9집 (2002).
김임미.「에코페미니즘의 논리와 문학적 상상력」, 영남대학교 대학원 영문과 박사 학위 논문, 2003년 12월.
김치수.「박경리와 이청준」,『박경리와의 대화』, 민음사, 1982.
김현미.「국가와 이주여성: 한국사회의 '다문화가족' 만들기의 갈라지는 희망들」, 한국 여성연구원 30주년기념 학술대회〈지구지역 시대 지식생산과 여성연구의 도전〉, 2007년 11월.
김혜경.「보살핌 노동의 정책화를 둘러싼 여성주의적 쟁점: "경제적 보상 payments for care" 정책을 중심으로」,『한국 여성학』 제20권 2호, 2004.
김혜숙.「여성주의 관점에서 본 다문화주의: 열린 주체형성의 문제」,『철학연구』 제76집, 2007.
노승희.「여성주의 '살림'의 경제학 초안」,『여/성이론』 3호, 여이연, 2001.
―――.「타자의 시대에 글쓰기는 어떤 의의를 가질 수 있는가?」,『여/성이론』 9호 (2003년 겨울).
데비, 마하스웨따.「사냥」, 박혜영 옮김,『트랜스토리아』 제4호 (2004년 하반기), 박종철 출판사.
들뢰즈, 질(외).『비물질노동과 다중』, 김상운 외 옮김, 갈무리, 2005.
매클라우드, 존.『탈식민주의 길잡이』, 박종성 외 편역, 한울, 2003.
모한티, 찬드라 탈파드.『경계 없는 페미니즘』, 문현아 옮김, 여이연, 2005.

무어-길버트, 바트.『탈식민주의! 저항에서 유희로』, 이경원 역, 한길사, 2001.
문순홍.「생태여성론의 이론적 분화과정과 한국사회에의 적용」,『여성과 사회』제 7호, 창작과 비평사, 1996.
미즈, 마리아 · 시바, 반다나.『에코페미니즘』, 손덕수 · 이난아 역, 창작과 비평사, 2000.
박소영.「재생산과 복제: 페미니즘의 상상력, 생명과학의 상상력」,『여/성이론』 14호 (2006년 여름).
박혜영.「제3세계 서발턴 여성의 재현」,『트랜스토리아』제4호 (2004년 하반기).
백원담.「전후 아시아 사회주의권에서의 아시아주의」,『문화/과학』52호 (2007년 겨울).
스콧, 조앤 W.『페미니즘, 위대한 역설』, 공임순 · 이화진 · 최영석 옮김, 앨피, 2006.
스피박, 가야트리.「하위주체가 말할 수 있는가?」, 태혜숙 역,『세계사상』4호, 1998.
―――.『다른 세상에서』, 태혜숙 역, 여이연, 2003.
―――.『포스트식민 이성비판』, 태혜숙 · 박미선 역, 갈무리, 2005.
―――.『교육기계 안의 바깥에서』, 태혜숙 역, 갈무리, 2006.
―――.『대담』, 이경순 역, 갈무리, 2006.
신두호.「남성과 에코페미니즘」,『영미문학 페미니즘』제9권 1호 (2001년 여름).
신문수.「소로우의『월든』에 대한 생태주의적 사유」,『영어영문학』제48권 1호 (2004년 봄).
심광현.「위기의 한국경제 생태문화적 리모델링의 전망」,『문화/과학』43호 (2005년 가을).
―――.「한국 사회-운동의 문화정치적 쇄신을 위하여」,『문화/과학』45호 (2006년 봄).
엘슨, 다이앤.「생존 전략에서 변혁 전략으로: 여성의 욕구와 구조조정」, 김숙경 번역,『발전주의 비판에서 신자유주의 비판으로: 페미니즘의 시각』, 다이앤 엘슨 외 지음, 공감, 1998.
안지현.「한국사회에서 다문화주의 담론의 배치와 그 성격에 관한 연구」, 연세대 석사학위논문, 2007년 7월.

오경석. 「어떤 다문화주의인가?」, 『한국에서의 다문화주의: 실천과 쟁점』, 한울, 2007.

오현선. 「한국 사회 여성 이주민의 삶의 자리와 기독교 교육의 응답」, 『한국에서의 다문화주의: 실천과 쟁점』, 한울, 2007.

이귀우. 「제인 스마일리의 『천 에이커』와 미국적 토지의 개념: 에코페미니즘 시각」, 『영미문학 페미니즘』 제11권 1호 (2003).

이동연. 『아시아 문화연구를 상상하기』, 그린비, 2006.

이상화. 「'아시아' 적인 것의 의미생산과 아시아 여성학」, 〈지구화 시대 아시아 여성학의 발생〉, 아시아 여성학회 창립식 및 국제학술대회 자료집, 2007년 11월.

이수자. 「여성주체 형성의 삼각구도: 몸-섹슈얼리티-노동」, 『여/성이론』 1호, 1999.

이영자. 「신자유주의 노동시장과 여성노동자성: 노동의 유연화에 따른 여성노동자성의 변화」, 『한국 여성학』 제20권 3호, 2004.

이윤정. 「신화로 풀어본 『토지』의 '땅성' 연구」, 『왜 다시 토지를 말하는가』, 김형자 외, 태학사, 2007.

이진경. 「소수자와 반역사적 돌발: 소수적인 역사는 어떻게 가능한가?」, 부커진 R, 창간호, 2007.

이혜경. 「세계화와 이주의 여성화」, 『사회변동과 여성 주체의 도전』 임인숙·윤조원 외, 굿인포메이션, 2007.

임옥희. 『주디스 버틀러 읽기』, 여이연, 2006.

정미옥. 「젠더화된 서발턴들의 소통문제와 재현의 정치」, 『트랜스토리아』 4호 (2004년 하반기).

정화열. 「생태철학과 보살핌의 윤리 — 다시 거주할 만한 지구를 위하여」, 『녹색평론』 통권 29호 (1996년 7-8월).

조희연. 「지구촌 민주주의와 국민국가 민주주의의 대안적 원리 탐색 — 민주주의의 지구적 확장이냐 민주주의의 지구적 허구화냐」, 『황해문화』 49호 (2005년 겨울).

최성희. 「다문화주의의 허와 실」, 『영어영문학』 제52권 1호 (2006년 봄).

최유찬. 『『토지』를 읽는다』, 솔, 1996.

치브룩, 제레미. 「칩코 운동과 인도여성」, 『녹색평론』 통권 제27호 (1996년 3-4월).
킴리카. 『현대정치철학의 이해』, 동명사, 2006.
태혜숙. 『탈식민주의 페미니즘』, 여이연, 2001.
──.「젠더화된 서발턴 여성의 혼성성과 대항지구화의 정치」, 『트랜스토리아』 6호, 2006.
──.「'사회적인 것 안의 자연적인 것'」, 『여/성이론』 15호, 2006.
──.「'운동'으로서의 민주주의와 그 주체들의 구성문제」, 『황해문화』 55호 (2007년 여름호).
파이퍼, 니콜라. 「젠더 관점에서 이주-발전 연계 제재고하기: 아시아로부터의 통찰」, 한국 여성연구원 30주년 기념 국제학술대회 발표문, 2007년 11월.
프레지어, 찰스. 『콜드 마운틴의 사랑』 1, 2권, 이은선 옮김, 문학사상사, 1998.
하트, 마이클. 「포스트식민 연구의 모호한 의식」, 안준범 역, 『트랜스토리아』 창간호 (2002년 하반기).
한지희. 「에이드리언 리치와 존재의 지도」, 『영어영문학』 제52권 1호, 2006.
한혜경. 「빈곤의 여성화와 생산적 복지」, 『여/성이론』 3호 (2000년 하반기).
해러웨이, 다너. 『유인원, 사이보그, 그리고 여자: 자연의 재발명』, 민경숙 역, 동문선, 2002.
허라금. 「보살핌의 사회화를 위한 여성주의의 사유」, 『한국 여성학』 제22권 1호, 2006.
허성우. 「지구화와 지역 여성운동 정치학의 재구성」, 『한국 여성학』 제22권 3호, 2006.
홍성태. 「개발주의와 생태주의」, 『문화/과학』 43호 (2005년 가을).
홍성태. 「생태적 전환의 사회운동」, 『문화/과학』 45호 (2006년 봄).
휴즈, 어슐러. 『싸이버타리아트』, 신기섭 옮김, 갈무리, 2004.

Ahmed, Sara. *Strange Encounters: Embodied Others in Post-Coloniality*, London and New York, Routledge, 2002.
Alexander, M. Jacqui and Mohanty, Chandra Talpade(eds.). *Feminist

Geneologies, Colonial Legacies, Democratic Futures, Routledge, 1997.

Ang, Ien. *On Not Speaking Chinese: Living between Asia and the West*, London and New York, Routledge, 2001.

Barlow, Tani E. "What kind of knowledge Do We Need?: An Interview with Kin Chi Lau," *Positions*, 12:1, 2004.

Benhabib, Seyla. *The claims of culture: equality and diversity in the global era*, Princeton UP, 2002.

Beverley, John. *Subalternity and Representation: Arguments in Cultural Theory*, Durham and London, Duke University Press, 1999.

Bhabha, Homi K. *The Location of Culture*, London and New York, Routledge, 1994.

Brah, Avtar. *Cartographies of Diaspora*, London and New York, Routledge, 1996.

Braidotti, Rosi. *Nomadic Subjects*, Columbia UP, 1994.

Brownhill, Leigh S., Kaara, Wahu M., Turner, Terisa E. "Gender Relations and Sustainable Agriculture: Rural Women's Resistance to Structural Adjustment in Kenya," *Canadian Women's Studies*, Vol. 17, No. 2, 1997a.

Bulbeck, Chilla. "The 'Space Between' or Why Does the Gap Between 'Us' and 'Them' Look Like an Unbridgeable Chasm," *Asian Journal of Woman's Studies*, Vol. 6, No. 3, 2000.

Butler, Judith. *Bodies that Matter*, London and New York, Routledge, 1993.

Burns, Judy. "An Interview with Gayatri Spivak," *Women & Performance*, ed. Judy Burns, 5: 1, 1990.

Cha, Theresa Hak Kyung. *Dictée*, Berkeley, Third Woman Press, 1995.

Chen, Chao-ju. "Unpacking Culture, Unbending Gender: Reflections on 'Culture' and 'Gender' in Asian Feminism," 한국 여성철학회 창립 10주년 기념 학술대회 〈다문화주의와 아시아 여성철학〉 발표문, 2007년 7월.

―――. "The Difference that Differences Make: Asian Feminism and the Politics of Difference," *Asian Journal of Women's Studies*, Vol. 13, No. 3, 2007.

Chen, Kuan-Hsing. "The Decolonization Question," *Trajectories: Inter-Asian*

Cultural Studies ed. by Kuan-Hsing Chen with Hsiu-Ling Kuo, Hans Han and Hsu ming-Chu, London and New York, Routledge, 1998.

Cho, Haejoang. "Feminism Intervention in the Rise of 'Asian' Discourse," *Asian Journal of Women's Studies*, Vol. 3, No. 3, 1997.

Chow, Rey. *Writing Diaspora: Women and Chinese Modernity*, Minnesota, UP of Minesota, 1991.

──. *Ethics after Idealism: Theory-Culture-Ethnicity-Reading*, Bloomington, Indiana UP, 1998.

──. "When Whiteness Feminizes. . . : Some Consequences of a Supplementary Logic," *differences*, 11. 3, 1999/2000.

──. "The Secrets of Ethnic Abjection," *Traces: A Multicultural Journal of Cultural Theory and Translation*, 2, 2001.

Clifford, James. "Diasporas," *Cultural Anthropology*, 9. 3, 1994.

Devi, Mahasweta. "The Hunt," *Imaginary Maps*, trans. Gayatri Spivak, Calcutta, Thema, 1991.

Diamond, Irene and Orenstein, Gloria Feman. "Introduction," *Reweaving the World: The Emergence of Ecofeminism*, eds. Diamond, Irene and Orenstein, Gloria Feman, San Francisco, Sierra Club Books, 1990.

Eschle, Catherine. *Global Democracy, Social Movements, and Feminism*, Westview, 2001.

Forster, John Bellamy. *Marx' Ecology: Materialism and Nature*, New York, Monthly Review Press, 2000.

Fraser, Nancy. "Rethinking the Public Sphere: A Contribution to the Critique of Actually Existing Democracy," in *Harbermas and the Public Sphere*, ed. Craig Calhoun, Cambridge, MIT Press, 1992.

──. "Social Justice in the Age of Identity Politics: Redistribution, Recognition and Participation," in *Redistribution or Recognition?: A Political-Philosophical Exchange*, eds. Nancy Fraser & Axel Honneth, Verso, 2003.

Frazier, Charles. *Cold Moutain*. New York: Atlantic Monthly Press, 1997.

Gibson, Brent. "Cold Mountain as Spiritual Quest: Inman's Redemptive

Journey," *Christianity and Literature*, 55. 3 (Spring 2006).

Goellnicht, Donald C. "Father Land and/or Mother Tongue: The Divided Female Subject in Kogawa's Obasan and Hong Kingston's *The Woman Warrior*." In *Redefining Autobiography in Twentieth-Century Women's Fiction: An Essay Collection*, eds. Janice Morgan and Colette T. Hall, Garland Publishing Inc., New York & London, 1991.

―――. "Blurring Boundaries: Asian American Literature as Theory." In *An Interethnic Companion to Asia America Literature*. ed. King Kok Cheung, Cambridge University Press, 1997.

Goldberg, David Theo. "Introduction: Multicultural Conditions," in *Multiculturalism: A Critical Reader*, ed. David Theo Goldberg, Blackwell, 1994.

Grewal, Inderpal and Kaplan, Caren(eds). "Introduction: Transnational Feminist Practices and Question of Postmodernity." In *Scattered Hegemonies: Postmodernity and Transnational Feminist Practices*, Minneapolis, University of Minnesota Press, 1994.

Griffin, Susan. *Woman and Nature: The Roaring Inside Her*, San Francisco, Sierra Club Books, 1978, 1999.

Guha, Ranajit. "On Some Aspects of the Historiography of Colonial India," *Selected Subaltern Studies*, eds. Ranajit Guha and Gayatri Spivak, New York, Oxford University Press, 1988.

Guillory, John. *Cultural Capital: the problem of literary canon formation*, Chicago, University of Chicago Press, 1993.

Hattori, Tomo. "Model Minority Discourse and Asian American Jouis-Sense," *differences*: A Journal of Feminist Cultural Studies, 11. 2, 1999.

Harootunian, H. D. "Ghostly Comparisons," *Traces*, 2004.

Hutnyk, John. "Hybridity Saves?: Authenticity and/or the Critique of Appropriation," *Amerasia Journal*, 25. 3, 1999-2000.

Jaction, Peter A. "Spaces, Theory, and Hegemony: The Dual Crises of Asia Area Studies and Cultural Studies," *Sojourn*, Vol. 18, No. 1, 2003.

John, Mary E. "Women and Feminism in Contemporary Asia: New

Comparisons, New Connections?" *Interventions*, Vol. 9, Issue 2, July, 2007.

Jordan, Nhlanhla. "Feminist Methodology and Research Among rural African Women in Transkei," in *Gathering Voices: Perspectives on the Social Sciences in Southern Africa*, ed. Teresa Cruz Maria e Silva and Ari Sitas, 1996.

Kang, Laura Hyun Yi. "Compositional Subjects: Enfiguring Asian/American Women," Ph. D. dissertation, University of California Santa Cruz, 1995.

―――. "Traffic in 'Aisan Women': Glocal Circuit of Visuality, Visibility, and Knowledge," 한국 여성연구원 30주년기념 국제학술대회 발표문, 2007년 11월.

Kaplan, Caren. "Resisting Autobiography: Out-Law Genres and Trans national Feminist Subjects." In *De/Colonizing the Subject: The Politics of Gender in Women's Autobiography*, eds. Sidonie Smith and Julia Watson, Minneapolis, University of Minnesota Press, 1992.

―――. *Questions of Travel: Postmodern Discourses of Displacement*, Duke UP, 1996.

Kheel, Marti. "Ecofeminism and Deep Ecology: Reflections on Identity and Difference," *Reweaving the World: The Emergence of Ecofeminism*, ed.&intro. Irene Diamond and Gloria Feman Orenstein, San Francisco, Sierra Club Books, 1990.

Kim, Elaine H. "Poised on the In-between: A Korean American'sReflections on Theresa Hak Kyung Cha's *Dictée,*" *Writing Self, Writing Nation: A Collection of Essays in Dictée by Theresa Hak Kyung Cha*, eds. Elaine H. Kim & Norma Alarcon. Berkeley, Third Woman Press, 1994.

Kincheloe, Joe J. & Steinberg, Shirley R. *Changing Multiculturalism*, Buckingham, Open University Press, 1997.

King, Ynestra. "Healing the Wounds: Feminism, Ecology, and the Nature /Culture Dualism," *Reweaving the World: The Emergence of Ecofeminism*, eds. Diamond and Orenstein, 1990.

Kingston, Maxine Hong. *The Woman Warrior: Memoirs of a Girlhood*, New York, Vintage Books, 1975.

Lavie, Smadar. and Swendenburg, Ted. "Introduction: Displacement, Diaspora, and Geographies of Identy," *Displacement, Diaspora, and Geographies of Identity*, eds., Smadar Lavie and Ted Swendenburg, Duke UP, 1996.

Lawrence, D. H. *Studies in Classic American Literature*, New York, Penguin Books, 1983.

Lawrence, D. H. *Study of Thomas Hardy and Other Essays*, ed. Bruce Steele, Cambridge, Cambridge UP, 1985.

Lim, Shirley Geok-Lim. "Immigration and Diaspora." In *An Interethnic Companion to Asian American Literature*.

Legler, Gretchen T. "Ecofeminist Literary Criticism," *Ecofeminism: Women, Culture, Nature*, ed. Karen J. Warren, Bloomington, Indiana UP, 1997.

Lowe, Lisa. *Immigrant Acts: On Asian American Cultural Politics*, Durham and London, Duke University Press, 1996.

Marx, Karl. *Capital*, vol. 1, New York, Vintage, 1976.

Mies, Maria. *Patriarchy and Accumulation on a World Scale: Women in the International Division of Labour*, Zed Books, 1986.

Mies, Maria and Bennholdt-Thomsen, Veronika. *The Subsistence Perspective: Beyond the Globalised Economy*, trans. Patrick Camiller, Maria Mies and Gerd Weih, London, Zed Books, 1999.

Minh-ha, Trinh T. *Woman, Native, Other: Writing Postcoloniality and Feminism*, Indiana University Press, 1989.

─────. *When the Moon Waxes Red: Representation, Gender and Cultural Politics*, New York & London, Routledge, 1991.

Miyoshi, Masao. & Harootunian, H. D.(eds.). *Learning Places: the afterlives of area studies*, Duke UP, 2002.

McLaren, Peter. "White terror and Oppositional Agency: Towards a Critical Multiculturalism," in *Multiculturalism: A Critical Reader*, ed. David Theo Goldberg, Oxford, Basil Blackwell, 1994.

Mohanty, Chandra Talpade. "'Under Western Eyes' Revisited: Feminist Solidarity through Anticapitalistic Struggles," *Signs: Journal of Women in*

Culture and Society, vol. 28, no. 2, 2002.

Morley, David. "bounded realms: houshold, family, community, and nation," *Home, Exile, Homeland: Film, Media, and the Politics of Place*, ed. Hamid Naficy, Routledge, 1999.

Mufti, Aamir R./Ella Shohat. "Introduction." In *Dangerous Liaisons: Gender, Nation, and Postcolonial Perspective*, eds. Anne McClintock, Aamir Mufti, Ella Shohat. Minneapolis and London, University of Minnesota Press, 1997.

Mufti, Aamir R. "Global Comparativism," *Critical Inquiry* 31, Winter, 2005.

Na, Fae Myenne. *Bone*, New York, Hyperion, 1993.

Niranjana, Tejaswini. "Feminism and Cultural Studies in Asia," *Interventions*, Vol. 9, Issue 2, July, 2007.

O'Conner, James. *Natural Causes: Essays in Ecological Marxism*, New York, Guiford, 1998.

Oh, Yeung-Jin. "Cultural Discontent: D. H. Lawrence and Related Voices," King's College, University of London, Ph.D. thesis, 2004.

Okin, Susan Moller. "Is Multiculturalism Bad for Women?" in *Is Multiculturalism Bad for Women?*, eds. Joshua Cohen, Matthew Howard, and Martha C. Nusbaum, Princeton UP, 1999.

Parekh, Bhikhu. *Rethinking multiculturalism: cultural diversity and political theory*, Harvard UP, 2000.

Pateman, Carol. *The Disorder of Women: Democracy, Feminism, and Political Theory*, Cambridge, Polity Press, 1989.

Peters, John Durham. "Exile, Nomadism, and Diaspora: the Stakes of Mobility in the Western Canon," *Home, Exile, Homeland*, ed. Hamid Naficy, Routledge, 1999.

Piacentino, Ed. "Searching for Home: Cross-Racial Boundary in Charles Frazier's *Cold Mountain*," *Mississippi Quarterly*, 55.1, Winter 2001/2002.

Prakash, Gyan. "The Impossibility of Subaltern History," *After Colonialism: Imperial Histories and Postcolonial Displacements*, Princeton, Princeton University Press, 1995.

Quinby, Lee. "Ecofeminism and the Politics of Resistance," *Reweaving the World: The Emergence of Ecofeminism*, eds. Diamond and Orenstein, 1990.

Quinby, Lee. "The Subject of Memoirs: The Woman Warror's Technology of Ideographic Selfhood," in *De/Colonizing the Subject*, 1992.

Radhakrishnan, R. *Diasporic Mediations: Between Home and Location, Minneapolis*, University of Minnesta Press, 1991.

Radhakrishnan, R. "Nationalism, Gender, and the Narrative of Identity," in *Nationalisms and Sexualities*, eds. Andrew Parker et al., New York, Routledge, Reprinted in Diasporic Mediations, 1991.

Radhakrishnan, R. "Conjunctural Identities, Academic Adjacencies," in *Orientations: Mapping Studies in the Asian Diaspora*, eds. Kandice Chuh & Karen Shimakawa, Duke UP, 2001.

Rifkin, Mark. "Representing the Cherokee Nation: Subaltern Studies and Native American Sovereignty," *boundary* 2, 32.2, 2005.

Ruether, Rosemary Radford. *Integrating Ecofeminism, Gobalization, and World Religions*, Lanham, Rowman & Littlefield Publishers, Inc., 2005.

Ryu, Honglim. "Conceptualizing the Multicultural Public Sphere: Public Sphere, Rationality and Multiculturalsim," 『한국 사회과학』 제24권 제2호, 2002.

Salleh, Ariel. *Ecofeminism as Politics: Nature, Marx and the Postmodern*, London & New York, Zed Books, 1997.

Sen, Krishuna. "Minding Our Lives: Vandana Shiva, Ecofeminism, and the Indian Cultural Context," 영미문학 페미니즘 학회 제4차 국제학술대회, 2007년 6월.

Shih, Shu-Mei. "Nationalism and Korean American Women's Writing: Theresa Hak Kyung Cha's Dictée," in *Speaking the Other self: American Women Writers*, ed. Jeanne Campbell Reesman, Athens and London, The Univ. of Georgia Press, 1997.

Shiva, Vandana. *Staying Alive: Women, Ecology and Development in India*, London, Zed Books, 1989.

――. *The Violence of Green Revolution: Third World Agriculture, Ecology, and*

Politics, London, Zed Books, 1991.

Silko, Leslie Marmon. Ceremony, Penguin Books, 1977.

―――. Yellow Woman and a Beauty of the Spirit: Essays on Native American Life Today, New York, Touchstone Books, 1996.

Spivak, Gayatri(trans.). Of Grammatology, Baltimore, Johns Hopkins University Press, 1976.

―――. "Can the Subaltern Speak?," Marxism and Interpretation of Culture, eds. Cary Nelson and Lawrence Grossberg, London, Macmillan, 1988, 271-313.

―――. In Other Worlds, New York & London, Routledge, 1988.

―――. The Post-Colonial Critic. New York & London, Routledge, 1990.

―――. Outside in the Teaching Machine, New York & London, Routledge, 1993.

―――. Imaginary Maps, Calcutta, Thema, Calcutta, 1993, 1995, 2001.

―――. The Spivak Reader, eds. Donna Landri & Gerald MacLean, New York & London, Routledge, 1996.

―――. A Critique of Postcolonial Reason: Toward a History of the Vanishing Present, Cambridge, Massachusetts, Harvard University Press, 1999,

―――. "The New Subaltern: A Silent Interview," Mapping Subaltern Studies and the Postcolonial, ed.&intro. Vinayak Chaturvedi, London, Verso, 2000.

―――. "Scattered speculations on the subaltern and the popular," Postcolonial Studies, 8. 4, 2005.

Swaner, Scott. "Frustrating Colonial Narratives: Writing and the Body in Dictée," AJWS. Vol. 3, No. 2, 1997.

Taylor, Charles. "Politics of Recognition," in Multiculturalism: Examining the Politics of Recognition, ed. Amy Gutmann, Princeton UP, 1994.

Tompkins, Jane. "At Last Toward home: Charles Frazier's Civil War Novel is the Story of a Search for Love and Healing," Brightleaf: A Southern Review of Books, September 1997

Wallerstein, Immanuel. The Modern World-System, New York, Academic Press, 1974.

Watson, Jini Kim. "The New Asian City: Literature and Urban Form in Postcolonial Asia-Pacific," PH. D. Dissertation, Duke University, 2005.

Way, Albert. "'A World Properly Put together': Environmental Knowledge in Charles Frazier's *Cold Mountain,*" *Southern Cultures*, 10. 4, Winter, 2004. (http://readinggroupguides.com/guides/cold_mountain-author.asp# interview).

Wong, Shelley Sunn. "Unnaming the Same: Theresa Hak Kyung Cha's Dictee," *Writing Self, Writing Nation: A Collection of Essays in Dictee by Theresa Hak Kyung Cha*, eds. Elaine H. Kim & Norma Alacon, Berkeley, Third Woman Press, 1991.

Zinn, Maxine Baca and Dill, Thornton. "Theorizing Difference from Multiracial Feminism," *Feminist Studies*, 22(2), Summer, 1996.